이 책에 보내는 찬사

"저자의 전작은 ~~~~~~~~~~~~~~~~~~~~~ 셰임 머신』은 그보다 더 인상적이다. 타인의 겉모습을 쉽게 평가하는 사람들, 취약계층을 구제하기 힘든 결함 가득한 사법제도 등 사회는 수치심을 무기로 휘두르며 다른 이를 모욕하고 깎아내린다. 게다가 디지털의 거침없는 성장세로 이 힘이 지나치게 강력해졌다. 캐시 오닐은 우리가 남을 평가하고, 업신여기고, 너무 단순하게 바라보려는 욕망에 저항해야 한다고 일깨운다."

— 데이브 에거스, 『디 에브리(The Every)』 저자

"수치심이 현대 사회의 깊은 분열을 어떻게 뒷받침하는지 들춰내는 책. 그러나 모든 수치심이 나쁜 것은 아니며 어떻게 활용하느냐에 따라 불의에 대항하는 강력한 도구가 될 수 있다고 주장한다."

— 니콜 애쇼프, 『자본의 새로운 선지자들』 저자

"저자는 우리가 심리적으로 위축되어야만 그 규모를 키울 수 있는 업체들이 어떻게 수치심을 만들어내고, 수익화하는지 막힘없이 서술한다. 명확한 도덕적 기준과 탄탄한 이야기 구조를 바탕으로 '수치심 머신'을 역설계하고 이를 통해 수치심의 작동원리를 드러내면서, 문화적 청산 절차를 거쳐야 이 구조를 산산조각 낼 수 있는 잠재력이 생긴다고 일러준다."

— 루하 벤자민, 사회학자, 『신기술과 인종차별(Race After Technology)』 저자

"우리가 살면서 때때로 조롱받거나 타인의 심적 보상의 대상이 되었던 경험에 대한 데이터들을 일목요연하게 설명한 책. 저자는 빈곤, 약물 중독,

외모 등 모두가 직면하지만 외면하고 싶어 하는 것들의 불명예를 생생하게 묘사한다. 또한 이런 고통을 겪는 사람들이 어떻게 다른 이들의 재정적, 사회적 이익을 위해 이용되는지도 보여준다." ― 『워싱턴 포스트』

"저자가 주장하듯, 수치심은 자신의 행동과 우리가 살고 있는 시스템을 바라볼 수 있는 귀중한 관점이다. 이 책은 우리가 취약계층을 무의식적으로 짓밟고 있었던 건 아닌지, 화려한 광고로 치장한 각종 산업에 반발하고 있었는지 통찰하게 한다." ― 『파이낸셜 타임스』

"수치심과 권력의 관계를 밝힌 책. 이 시대의 수학자 캐시 오닐은 불특정 다수에게 타의로 공개되는 수치심이 어떻게 위험해지고 있는지 낱낱이 밝혀냈다." ― 『이브닝 스탠더드』

"충격을 안겨주는 책! 빈곤이나 마약 중독 같은 일들이 개인의 실패에서 비롯됐다고 여길 때, 취약계층을 돌봐야 하는 사회적 책임을 대중이 어떤 식으로 저버리게 되는지 문제를 제기한다." ― 『뉴욕 타임스』

"소셜 미디어가 어떻게 번창하고 수치심을 조장하도록 설계되었는지 논의하면서, 수치심에 대한 선입견과 수많은 오류를 밝혀낸 책." ― 『더 뉴 스테이츠먼』

"이 책은 일상에 스며든 각종 유사 과학을 폭로한다. 예를 들면 이미 다이어트 업체들이 통계 자료의 허점을 이용해 다이어트 성공률을 인위적으로 높여 회원 수를 늘리고 있다는 사실이다. 이처럼 개인의 내면에 자리한 수치심으로 이득을 얻는 시스템에 대한 사회적 비판이 담겨 있는 책이다." ― 『뉴요커』

셰임 머신

수치심이 탄생시킨 혐오 시대,
그 이면의 거대 산업 생태계

THE
SHAME
셰임 머신
MACHINE

Who Profits in the New Age of Humiliation

캐시 오닐 지음
김선영 옮김

흐름출판

일러두기

- 도서·잡지는 『 』, 기고문·논문·연설은 「 」, 영화·TV 프로그램은 〈 〉으로 묶었다.
- 각주는 * 로, 미주는 아라비아 숫자로 표기했다.

존중이 사라진 사회,
혐오가 먹고사는 법

친구들에게 요즘 수치심을 주제로 책을 쓴다고 말해보자. 각양각색의 슬픈 이야기를 듣게 될 것이다. 이는 지난 몇 년간 나의 일상이었다. 나는 각양각색의 수치심에 대해 들었다. 여드름이 심해서, 섹스를 못 해봐서, 수학을 잘 몰라서 겪은 창피도 있었고, 고등학생 때 탈의실에서 있었던 어두운 기억, 캠프 지도자나 의사, 교내 인기 운동선수에게 당한 모욕도 있었다. 이 수치심들은 내 마음으로 흘러들어와 공포와 고통이라는 거대한 웅덩이를 이루었다. 이 잔혹한 감정의 웅덩이는 들여다보기 힘들었고 이를 이해하기란 더욱 힘들었다.

그러던 어느 날 저녁, 수치심이라는 주제가 나오자 미술사 교수인 친구가 생소한 이야기를 꺼냈다. "푸에블로Pueblo 광대 집단이라고 들어봤어?" 전혀 들어보지 못했다. 친구는 미국 뉴멕시코주와 애리조나주에 사는 푸에블로 부족의 수치심 의식에 대해 말해주었다. 설명에 따르면, 그들은 어떤 의식에서 광대 몸에 진흙으로 흑백 줄무늬를 그린다고 한다. 광대의 머리는 가운데 가르마를 탄 다음 위로 치솟게 해서 양 갈래로 묶는데, 여기에도 진흙을 바른다. 그리고 옥수수 껍질로 머리를 장식한다.

이런 의식들은 다층적 의미가 있다고 했다. 또 의식들은 종교와 관련이 있고, 매우 민감한 주제이다 보니 의식 참가자들이 외부인과는 이에 대해 말하기를 꺼린다고 했다.

나는 이를 좀 더 알아보려고 피터 휘틀리와 만났다. 그는 뉴욕 자연사 박물관 북미 민족학 큐레이터로, 주로 호피족Hopi 전통을 중심으로 인류학을 연구했다. 호피족은 지난 1,000년 동안 애리조나 북동부 정착지에 살았다. 스페인 사람들이 16세기에 처음 이곳에 왔을 때 여러 부족을 묶어 푸에블로라고 불렀는데, 그 중 하나가 호피족이었다. 푸에블로는 스페인어로 마을이라는 뜻이다.

휘틀리는 푸에블로의 광대가 공동체의 규범과 윤리 기준을 강화하는 역할을 한다고 설명했다. 이틀에 걸친 계절별 의식에서, 몸에 진흙 줄무늬를 그린 광대들이 광장을 둘러싼 공동체 구성원 앞에서 연극을 한다. 이때 광대들은 사회나 인간의 도덕을 전혀 모른 채 의식에 뛰어든 '태양의 아이들'이라고 가정하고 연기한다. 연극 초반에 광대들은 품위 없고 예의를 모르는 타락한 존재처럼 행동한다. 이들은 바닥에 떨어진 오물을 주워 먹고, 서로 물건을 훔치며, 섹스를 흉내 낸다. 규율을 모르기 때문에 아무 행동이나 한다. 그러나 이튿날 정오 무렵이면 이들은 규율을 이해하고 기본적인 윤리를 습득한 사람처럼 행동한다. 한마디로 광대들은 호피족답게 행동하는 법을 배운다.

이 과정에서 광대들은 부족에서 용인하는 행동과 아닌 행동을 관객에게 가르친다. 휘틀리는 "광대들은 세상에 대해 설명하는 뛰어난 논평가다. 이들은 관습에 어긋나는 행동을 지적한다"라고 말했다. 이러한 가르침을 위해 광대들은 수치심을 활용한다.

휘틀리가 기억하기로 1990년대의 한 의식에서, 광대들이 비틀거리고 술병을 내던지며 술에 취한 사람을 우스꽝스럽게 흉내 냈다고 한다. 이는 크리켓Cricket이라는 밀주업자를 조롱한 것으로, 그는 공동체의 규율을 어기고 술을 팔던 사람이었다. 그는 외부인이 만든 독주를 공급해 부족민의 건강을 위협했다. 휘틀리는 당시 크리켓이 심한 조롱을 받았다며, "분명 낯이 두꺼운 자였을 것"이라고 말했다. 이 조롱은 크리켓뿐만 아니라 부족민 전체에게 분명한 메시지를 보냈다. 밀주를 판매하려던 자가 있다면 다시 생각해야 했을 것이다.

공동체의 구성원을 조롱하는 광대의 공연은 비웃음과 헐뜯기로 끝나지 않는다. 의식 후반부에는 광대와 조롱당한 사람 모두 공식적으로 용서받는다. 이제 조롱당한 사람은 죄를 말끔히 털고 부족으로 돌아온다. 물론 그를 주시하는 눈길이 늘 따라붙겠지만 말이다.

하루 이틀 정도 조롱한 다음 구원하는 의식. 이는 내가 그동안 듣던 어둡고 가슴 아픈 사연에 비하면 매우 밋밋했다. 또 나를 평생 괴롭힌 비만에 대한 비하와 비교하면, 이런 의식은 따돌림이 아니라 구슬리는 것처럼 보였다. 휘틀리의 설명처럼 호피족 의식은 규범을 위반한 사람에게 몹쓸 인간이나 패배자라고 낙인찍는 게 아닌, 잘못을 고치라고 충고하는 이벤트였다.

푸에블로의 광대가 구성원을 조롱하는 방식에서 우리는 수치심의 사회적 역할을 깨닫는다. 수치심이 건전하고 심지어 다정할 수도 있다는 점이다(그러려면 일단 날카로운 비판을 받아야 한다). 수치심이 어떤 점에서 건전하다는 것인지 이해하기 위해, 이와 전혀 다른 경우를 살펴보자.

'빙고 날개bingo wings'라는 말을 들어본 적이 있는가? 이는 영국에서 유래한 표현으로, 영국의 은퇴자 가정에서 저녁 식사를 마치고 빙고 게임을 많이 한다. 빙고 게임에서 이긴 여성이 "빙고!"라고 외칠 때, 보통 승리한 숫자 카드를 높이 들고 열정적으로 흔드는데 이때 가족들이 어딘가를 뚫어지게 쳐다본다. 여성의 몸동작 때문에 가족들의 시선이 팔에, 특히 팔죽지에 쏠린다. 이 부위는 지방 때문에 피부가 주머니처럼 늘어나서 앞뒤로 덜렁거리는 경우가 많다. 이를 보고 빙고 날개가 퍼덕거린다고 하는 것이다. 미관상 아름답지 않은 부위라 당사자에겐 수치심을 낳는다. 빙고 날개는 수치심의 또 다른 강력한 근원인 노년과 관련이 있고, 몸매나 나이 때문에 남성보다 훨씬 자주 조롱당하는 여성과도 관련이 있다. 게다가 계층적 수치심도 상당 부분 드러난다. 대부분의 부유층은 중하위층이 즐기는 빙고 게임을 거의 하지 않는다. 반면 중하위층은 게임에서 이기면 흥분해서 팔을 미친 듯이 흔들며 빙고 날개를 드러낸다.

성형 산업은 몸에 대한 수치심을 토대로 번성한다. 이들은 '박쥐 날개'라고도 하는 빙고 날개를 성형으로 없애지 않는 한 긴팔 옷으로 가리고 다녀야 한다고 노골적으로 말한다. 성형 산업을 먹여 살리는 이런 관점이 아침 방송과 정보성 광고부터 미용 웹 사이트에 이르기까지 온 사회에 스며 있다. 이런 인식이 팽배하다 보니, 우리 중에도 이를 복음처럼 여기는 사람이 많다. 노년층 여성을 위한 생활 잡지 『블루 헤어Blue Hare』에는 이런 기사가 나온다. "밤에 벌레 잡으러 날아다닐 게 아니라면, 박쥐 날개가 필요하거나 이를 원하는 사람은 없다. 박쥐 날개는 왜 생기며 현실적인 대처법은 뭘까?"[1] 그 답은 이 보기 흉한 군살을 제거하는 것이다. 팔뚝 살 리프트 또는 상완 성형술이라고도 하는 이 수술은 팔 한쪽에 평균 5,000달러가 든다.

나의 관점에서 호피족 의식과 빙고 날개는 수치심의 두 가지 상반된 측면을 보여준다. 호피족의 광대는 문화적 규범을 행하기 위해 공동체 구성원을 점잖게 놀리며 신호를 보낸다. 광대들은 밀주업자 크리켓에게 이렇게 말한다. "우리에게 독주를 퍼뜨리지 마라. 우리 부족의 오랜 가치를 지켜라."

광대에게 놀림을 받은 사람들은 여전히 공동체의 구성원이다. 다른 구성원들도 이들을 지켜본다. 그리고 이들이 전과 달라졌는지 확인하고 규범을 어기지 않도록 이끌어준다. 광대가 조롱한

것은 이들의 행동이지 존재 자체가 아니다.[2]

자기혐오와 수치심의 관계

수치심은 공동체의 질서 유지를 위한 도구로, 인류가 처음 아프리카 사바나를 무리 지어 돌아다닐 때부터 역할을 해왔다. 진화심리학에 따르면 수치심은 고통과 아주 유사하게 우리가 해를 입지 않도록 보호해준다. 고통은 불과 날카로운 칼날을 조심해서 쓰고 성난 말벌이 보이면 달아나라는 가르침으로 우리 몸을 보호해준다. 수치심은 다른 차원의 고통이다. 수치심은 하나의 집단이 불어넣는 것으로, 그 과정에서 우리의 정신에 집단의 규율과 금기가 새겨진다. 그 목표는 개인의 생존이 아닌 사회의 생존이다. 이런 점에서 수치심은 개인의 욕망과 집단의 기대 사이의 갈등을 내포한다.[3]

수치심은 본질적으로 우리 내면에 품고 다니는 것이다. 이는 신체, 건강, 습관, 도덕 등 관련 규범에서 파생하는 감정이다. 내가 기준에 못 미친다고 자각할 때, 또는 같은 반 친구나 동료, 슈퍼볼 광고가 기준에서 지나치게 벗어났다고 생각할 때, 수치심이 우리를 덮친다. 어떤 때는 그저 기분이 나쁜 정도겠지만 수치심으로 깊은 상처를 받으면 자아가 공허해지고, 인간 존엄성을 부정당한 기분이 들며, 내 존재가치를 의심하게 된다. 수치심이 날리는 잔인한 펀치다.

　낙인은 수치심의 또 다른 가까운 친구로, 겉으로 드러나는 표식이다. 이는 어떤 사람이 잘못을 저질렀거나 흉악한 본성을 지녔다고 다른 사회구성원에게 알려주는 신호다. 어떤 때는 바보모자dunce cap(공부 못하는 학생에게 벌로 씌우던 고깔모자 – 옮긴이) 같은 물리적 표식이 낙인 역할을 한다. 또 어떤 사람을 중독자나 범죄자로 칭할 때처럼 단어 하나만으로 그 역할을 충분히 해내기도 한다.

　수치심과 낙인은 금기를 따르도록 강제한다. 이는 진화론의 맥락에서 합당한 구석이 있다. 예를 들어 근친상간이 주는 수치심은 인간이 더 풍부한 유전자 풀을 퍼뜨리게 한다. 또 대다수 사회에서 수치심은 식량 비축 같은 반사회적 행동을 못 하게 막아준다. 이런 신호를 이해하는 것이 생존 기술이다. 수치심은 부족이나 공동체 안에서 한 사람의 나약한 입지를 보여준다. 다윈주의로 해석하면 수치심은 경고 신호로, 사회 구성원은 이를 불길한 조짐으로 받아들인다. 이 위험경보는 인류 초기부터 유래한 것으로, 당시 수치심이 드는 행동을 한 사람은 공동체에서 소외되거나 심지어 살해당하기도 했다. 이렇게 버림받을지도 모른다는 두려움이 너무 심하면 우리는 몸서리치거나 자살 충동을 느낀다.*

　음주운전이 수치심의 영역에 들어온 것은 비교적 최근의 일이다. 이보다 더 최근에 들어온 것이, 코로나가 유행할 때 사회적 거리두기를 무시하거나 군중 사이에서 기침하는 사람에게 주던 수치심이다. 우리는 집단을 배려하지 않는 사람에게 창피를 준다. 창피를 줘야 자아와 개인의 욕망보다 집단 구성원으로서의 의식을 앞세운다고 믿는다. 이 방식이 통할 때, 인류는 최악의 본능을 어느 정도 누르게 된다.

그동안 여러 저자가 수치심 이면의 심리학, 의심과 자기혐오, 내면 깊숙이 자리한 수치심을 없애는 방법을 주제로 글을 썼지만, 내가 주목하는 것은 수치심이 타의에 의해 드러나는 과정이다. 나는 수치심을 전 세계적인 추세로 분석하면서 돈이나 노동, 성, 투표, SNS 공유까지 우리에게서 뭔가 가치 있는 것을 얻기 위해 수치심이 동원된다는 사실을 보여줄 것이다. 또 경제의 거대한 부문이 우리가 끔찍한 기분을 느끼도록 조직되고 최적화된다는 사실도 살필 것이다.

수치심의 주요 목적은 순응하기를 강제하는 것이다. 순응은 꽤 문제가 있는 단어라고 본다. 줏대 없는 태도, 고분고분한 행동, 집단을 위한 개인의 희생을 나타내기 때문이다. 이보다 더 큰 문제는, 우리가 순응하는 집단의 관습에 결함이 있거나 부당할 수 있다는 점이다. 너대니얼 호손의 작품 『주홍 글씨 The Scarlet Letter』에서

---

* 패트리샤 드영이 『만성적 수치심에 대한 이해와 대처(Understanding and Treating Chronic Shame)』에서 제시한 유용한 정의에 따르면,[4] 수치심은 "다른 사람과의 관계 단절에서 오는 자아 붕괴감"이다. 여기서 관계 단절이란 "건전하고 온전한 존재로 거듭나는 데 필요한 정서적 유대, 적절한 반응, 이해심을 다른 사람에게서 얻지 못하는 상태"를 뜻한다. 이러한 정의는 수치심이 적어도 처음에는 타인과의 관계 안에서 발생한다는 점을 명확히 보여준다.

주인공 헤스터 프린은 간통을 뜻하는 주홍 글씨 A를 가슴에 달고 다녀야 했다. 이 수치심은 헤스터가 받은 처벌이자 다른 여성들을 향한 경고로 사회가 계략에 따르라는 의미였다. 그러한 규범 덕에 남성 약탈자, 이 작품의 경우 목사인 아서 딤즈데일은 자신의 명예와 사회적 지위를 지킬 수 있었다.

이는 부당했다. 호손의 작품은 이 점을 분명히 지적하면서 독자가 수모를 당한 여성에게 감정이입을 하고 그를 존중하도록 유도했다. 작가는 이런 식으로 사회가 규범을 바꾸도록, 즉 부당한 관계에서 피해자가 아닌 가해자에게 비난의 화살을 돌리도록 일깨웠다. 호손이 작품을 쓴 것은 헤스터 프린에게 청교도의 도덕 규범에 따르라고 강요하기 위해서가 아니라 수치심의 경계를 바로잡기 위해서였다. 이와 동일한 역학이 흑인 인권운동Black Lives Matter(흑인 목숨도 소중하다), 미투MeToo 등 요즘 시대의 사회운동을 이끌고 있다. 이렇게 달라진 경계는 우리 사회에 뜨거운 갈등을 낳는데, 과거에 용인됐던 행동이 이제는 비난받기 때문이다. 그래서 여성 직원의 엉덩이를 꼬집고 다닌 CEO부터 보수성이 강한 남부 연합의 딸들Daughters of the Confederacy(남부 연합군의 부인과 딸들이 남부의 전통과 유산을 지키자며 결성한 단체 – 옮긴이)까지, 과거의 규율에 얽매인 자들은 수모를 당한다. 고통스러운 일이다. 그래서 이들은 자신을 보호하려고 뜻이 맞는 집단으로 피하거나 반박한다.

이런 경우, 수치심은 효과가 없으며 역효과를 내기도 한다. 공유된 규범이 통용되지 못하고 사람들 사이를 갈라놓기 때문이다. 이런 일은 매우 흔하게 벌어진다. 근대 사회에서 다양한 형태의 수치심은 공동체 통합이라는 사명을 이루지 못한 채, 고통을 낳고 우리를 분열시킬 뿐이다.

수치심 비즈니스

수치심의 체계가 끊임없이 변화해도 이를 노리는 사업 기회는 늘 넘쳐흐른다. 러닝머신 구입, 코 성형수술, 광고 클릭, 가짜 명문대 학위 취득, 값비싼 다이어트 프로그램 가입, 특정 대선 후보에 대한 투표 유도 등 어떤 사업모형을 구상하든 먼저 사람들이 수치심을 느끼는 대상을 찾아야 한다. 자신의 어떤 점이 불만인지, 어떻게 하면 자기혐오가 줄어드는지 찾아내야 한다. 이는 수치심 산업 복합체shame industrial complex의 이해타산에서 핵심으로, 이 책의 첫 부분에서 살필 것이다.

이 징벌적 생태계에서 핵심 행위자들은 내가 '수치심 머신The Shame Machine'이라고 부르는 것을 운영한다. 수치심 머신은 상장기업부터 정부 공무원까지 수많은 형태가 있다. 개인도 SNS 계정이나 자기계발류의 정보성 광고를 통해 나름의 몫을 한다. 이들 모두 수치심의 무기화에 조금씩 가담한다. 이들 중에는 단지 이윤을 얻으려는 자가 있는가 하면, 약자에게 주는 혜택을 거부하고 이들을 교도소에 밀어 넣는 등 취약계층을 위협하는 부류도 있다. 수치심은 의지를 꺾고, 침묵시키며, 명료한 사고를 막아 편향성을 가지게 한다. 이러한 수치심에 사로잡히면 피해자는 체념하고 굴복한다. 그렇게 해서 피해자는 늘 굶주려 있는 수치심 머신을 거쳐 끝없는 악순환에 빠진다.

수치심 산업에서 변함없는 한 가지는 선택이라는 개념이다. 약물 중독부터 빈곤 문제까지, 이들은 기본적으로 피해자가 실패를 초래했다고 전제한다. 즉 부유해지고 날씬해지고 똑똑해지고 성공하는 길을 선택할 수도 있었는데 하지 않았다고 본다. 잘못은 그들이 했으니, 자책해도 싸다고 생각한다. 그러면 그들에게 잘못을 바로잡을 기회가 생겨도, 또 문제를 해결하고 정해진 구원의 길을 따라갈 기회가 있어도 대부분 결실을 이루지 못한다.

최근 수십 년 사이에 강력한 수치심 머신이 새로 등장했다. 이 책 2부인 '혐오는 어디서 시작하고 확산되는가'에서는, 디지털 대기업이 외모나 조악한 취향, 각종 정치적 실책을 놓고 사람들끼리 서로 조롱하도록 부추기는 현실을 살필 것이다. 페이스북과 구글을 비롯한 여러 기술기업은 기계학습 알고리즘을 통해 대중 사이에 갈등을 부추기는 최적의 값을 꾸준히 찾고 있다. 이는 트래픽과 광고효과를 높여 엄청난 이윤을 낳는다. 현재 지구상에서 가장 높은 기업 가치를 자랑하는 이들은 그 부산물로 서로 헐뜯고 조롱하는 해로운 흐름을 낳았다. 기업들의 알고리즘은 상대를 혐오하고 악마화할수록 보상해주고 다른 한편으로는 캔슬 문화

cancel culture(유명인이 논란 발언이나 행동을 했을 때, SNS 팔로우를 끊고 배척하면서 사회적 지위를 잃게 하는 행위 – 옮긴이)를 부추긴다. 이런 온라인에서의 삶은 현실 인식에 혼란을 주고 대중을 교란한다.

수치심의 파급력은 강하다. 그렇지만 다른 방향으로도 이용할 수 있다. 수치심을 개인적으로 겪은 사람은 그 힘을 이해하므로 좋은 목적으로 활용할 수 있는 적임자일 것이다. 그러나 그 과정에서 보통 감정의 여정을 거치는데, 이는 슬픔의 단계를 통과하는 것과 크게 다르지 않다.

첫 번째 단계는 상처이다. 약물 중독이나 가난, 문맹 등 어떤 이유로라도 수치심을 느끼면, 사람들은 고통받고 자신이 쓸모없다고 여긴다. 또 소셜 미디어에서 수백만 명에게 인종주의자나 강간범이라는 비난을 들으면 인지부조화가 생길 수 있는데, 자신이 선량하다고 믿는 사람일수록 특히 그렇다. 이들은 마치 정해진 루틴처럼 고통을 없앨 방법을 찾으며 결국 수치심을 숨기거나 수치심이 없는 것처럼 행동한다. 또 남을 탓하거나, 자신과 비슷한 불만을 품은 무리를 찾기도 한다. 이렇게 수치심의 두 번째 단계인 부정은 점점 위험한 행동으로 이어진다.

세 번째 단계는 다수가 도달하지 못하는 수용의 단계이다. 수용은 수치심 머신을 무력화한다. 나처럼 수십 년간 고통받은 끝에 수용의 단계에 이른 뚱뚱한 사람은 이렇게 말한다. "그래, 나 뚱뚱해. 그래서 뭐 어쩌라고?" 동성애자라면 자신의 성 정체성을 드러낸다. 이 단계에 도달한 사람은 수치심을 떨쳐내고, 거짓과 비밀, 자기혐오 등 수치심을 지탱해온 숨 막히는 그물을 보통 평생에 걸쳐 끊어낸다. 그러한 수용의 과정에서 거대한 평온함과 확실한 안도감을 느낄 수 있다(물론 수치심을 떨치는 과정에서 퇴보하기도 한다. 가시 돋친 말 한마디에 수치심의 피해자는 간절히 벗어나려고 했던 상처를 다시 떠올릴 수 있다).

마지막 네 번째 단계는 초월이다. 수치심에 시달려온 사람들은 이 단계에서 수치심과 마주한 후, 관심의 초점을 자아에서 공동체로 옮긴다. 그리고 수치심 머신 자체를 해체하기 위한 행동에 나선다.

수치심은 권력자가 느껴야 한다
————

미국 미주리주에 사는 남성 데이비드 클로헤시의 인생은 수치심의 여러 단계를 잘 보여준다. 클로헤시의 불행은 어린 시절에 시작됐지만, 1988년이 되어서야 세상에 알려졌다. 그해 어느 날 저녁, 31세였던 클로헤시는 약혼녀와 함께 바브라 스트라이샌드가 주연한 영화 〈최후의 판결Nuts〉을 보러 갔다. 스트라이샌드는 고객을 살해한 혐의로 기소된 매춘부 클라우디아를 연기했다. 클라우디아는 법정에서 반대신문을 받던 중, 어린 시절 의붓아버지에게 성추행당한 사실을 밝힌다.

영화는 클로헤시의 아픈 기억을 건드렸다.[5] 그날 밤, 침대에 누운 클로헤시는 과거의 충격적인 기억이 밀려오는 경험을 했다. 어떤 사제가 그를 붙잡아 힘으로 제압한 후 그의 위에 올라탔다. 20년 가까이 묻어둔 기억이었다. 이제 그 기억이 그를 덮쳤다.

긴 세월 동안 클로헤시는 부정이라는 수치심 단계에 자신도 모르게 조용히 머물러 있었다. 『뉴욕 타임스』에 실린 그의 기사에서 우리는 이 피해자가 목소리와 자신감을 되찾은 모습, 그리고 수치심 머신을 돌리는 거대 엔진인 가톨릭교회에 그 책임을 묻기까지의 과정을 확인할 수 있다.

끔찍한 기억이 돌아와 뜬눈으로 지새운 1988년 그날 밤 이후, 클로헤시는 여러 달 동안 과거의 상처에서 빠져나오지 못했다. 어떻게 그런 학대를 당하고도 제대로 된 저항조차 못 했단 말인가? 사람들이 나를 어떻게 받아들일까?

그는 고뇌에 시달렸지만 그래도 조금씩 나아졌다. 결정적 계기는 어떤 일이 있었는지 인정하고 내 잘못이 아니라고 결론 내린 것이었다. 그는 잘못된 선택을 하지도, 죄를 짓지도 않았다. 그제야 그는 자신을 학대한 미주리주 모벌리 농촌 공동체의 보좌신부 존 휘틀리와 대면할 수 있었다. 1991년, 교회에 다니던 그의 부모에게는 고통이었겠지만, 클로헤시는 미주리주 제퍼슨 시티 교구를 고소했다. 법원에 제출한 진술서에서 그는 신부의 학대 혐의를 상세히 묘사했다.

앞으로 살펴보겠지만, 많은 이들이 자신의 수치심과 마주하고 자기 비난을 멈추는 지점까지 가지 못한다. 클로헤시는 운이 좋왔다. 수년간 자신과 싸우고 장시간 치료받은 끝에 목소리와 힘을 되찾았기 때문이다. 그는 사제에게 학대받는 아이들을 구하는 데 도움을 주고자 자신의 이야기를 기꺼이 나눴다. 그리고 수치심을 뒤로한 채 이 운동의 신두에 나섰다. 그래서 2000년대 초, 일간지 『보스턴 글로브The Boston Globe』가 훗날 퓰리처상을 받은 탐사보도인 가톨릭교회의 성 추문 시리즈를 공개하기 시작했을 때, 클로헤시는 누가 봐도 적절한 정보원이었다.[6]

2004년, 클로헤시는 성직자 성추행 피해자를 위한 미국의 독보적 자조 모임인 사제 성추행 피해자 네트워크Survivors Network of those Abused by Priests, SNAP에 가입했다. 나아가 그는 이 조직의 사무국장으로 활동했다.

클로헤시가 걸어온 길은 이 책 마지막 부분에서 귀감이 된다. 푸에블로의 광대 이야기 이후 처음으로, 우리는 수치심의 변화가 어떻게 건전한 기회를 만들어내는지 살필 것이다. 가벼운 수치심 주기는 마스크 착용이나 백신접종처럼 새로운 지침이 정착하는 데 유용한 역할을 한다. 또 다른 경우, 사회적 불의나 경제적 불의의 피해자들은 권력자를 상대로 전세를 뒤집고 스스로 내세운 이상을 저버린 권력자에게 모욕을 줄 수 있다. 부패한 CEO들을 끌어내려 사회에 변화를 일으키거나, 정권을 쓰러뜨릴 수도 있다.

이 책을 쓴 목적은 이러한 변화를 촉구하는 것이다. 가난하고 힘없는 피해자가 아니라 대중을 이용하고 우리의 삶과 문화에 해악을 끼치는 자들이 수치심을 느끼게 한다면, 비난의 펀치를 아래가 아닌 위를 향해 날린다면 우리는 공익을 지킬 수 있다. 이것이야말로 수치심이 해야 할 영원한 역할이자 수치심이 존재하는 이유-raison d'être 이다.

수치심 산업의 메커니즘

나는 수학자이지 심리학자나 명상 선생님이 아니기 때문에, 수치심을 주제로 글을 썼다. 전작 『대량살상 수학무기Weapons of Math Destruction』에서 나는 상업, 금융, 교육, 치안 분야에서 해로운 알고리즘이 주로 빈곤층에게 불이익을 준다는 사실을 밝혔다. 나는 다양한 형태의 알고리즘을 설계했으므로, 이 해로운 알고리즘이 어디에 몰려 있는지 알 수 있었다. 또 이런 알고리즘을 해체하고 재구성하는 방법도 알고 있었다.

수치심에 대한 나의 전문지식은 개인적이고 철학적인 편이다. 다른 사람들처럼 나도 고통스러운 삶을 겪으며 수치심에 대한 지식을 쌓았다. 그러다 최근에야 두려움과 자책으로 가득한 내 삶을 수치심의 기능이라는 관점에서 짚어보기 시작했다. 누가 수치심을 전파하는가? 거기에서 누가 이익을 얻는가? 수치심이라는 렌즈로 들여다보고 나니, 수십 년에 걸친 내 인생의 여정을 더 깊이 이해하게 되었다.

내가 수치심이라는 관점에 주목하게 된 것은 몇 년 전 어느 교사와 진행한 인터뷰 때문이었다. 그 교사는 학부모와 동료 교사, 학생들에게 매우 높은 평가를 받았는데도 표준화된 교원평가에서 형편없는 점수를 받았고 해고될 위기에 놓였다. 교육청에 채점 기준을 알고 싶다고 요구하자 이런 답변이 돌아왔다. "수학적 문제라서 당신은 봐도 이해하지 못한다."

교사는 수학을 모른다는 이유로 무시당했다. 이는 피해자를 공격하는 전형적인 사례였다. 권력자에 해당하는 교육청은 교사에게 모멸감을 주며 평가 결과에 따르게 했다. 처음에는 형편없는 교원평가로, 나중에는 수학에 무지하니 평가방식을 봐도 이해하지 못한다는 답변으로 교사의 수치심을 자극했다. 평생 수학만 파고 살아온 나는 수학 때문에 창피당할 일은 없었다. 하지만 그런 사례를 수십 년 동안 목격했다. 나는 수학과 관련된 수치심에 감정이 휘둘리지 않았으므로 상황을 정확하게 바라볼 수 있었다. 그리고 그 힘을 간파할 수 있었다.

그러나 다른 분야에서는 나도 피해자였다. 수학 때문에 조롱당한 이 경우를 바라보던 외부자적 시선은, 나의 비만을 대하는 시선과 너무도 소름 끼치게 대조를 이뤘다. 나는 그 교사의 수학적 수치심을 한 발 떨어져 지켜보다가 나의 비만 수치심을 알아챘다. 내 인생에 매 순간 달라붙던 자기혐오를 깨달았다.

이 관점을 통해 나는 수치심이 인간사에서 억압과 이윤, 통제의 도구로 쓰인다는 사실을 파악했다. 약물 중독부터 무지, 외모,

노화 등 각종 수치심이 어떤 식으로 전파되는지가 눈에 들어왔다. 사람들이 수치심을 끝도 없이 만들어내는 과정도 눈에 보였다. 사무실에 있는 모든 직원이 당신 몸에서 악취가 난다고, 또는 당신이 직장 상사와 잤다고 수군거린다면 어떻게 될까? 수많은 인터넷 유저들이 그 소문을 접했다면 어떻게 될까? 당장 도망가고 싶은 엄청난 수치심이 몰려올 것이고, 이어 가짜 졸업장부터 온라인에서의 평판 관리까지 사람들의 수치심을 이용해 장사하는 업체들이 그 감정을 달래줄 상품이나 서비스를 제공하겠다며 접근할 것이다.

이 책을 쓰면서 나는 수치심이 우리 사회의 거대한 구조적 문제라고 생각했다. 이는 수치심에 대한 체계적인 분석으로 이어졌다. 이를 통해 내가 겪은 수치심의 근원을 다룰 수 있었고, 더 중요하게는 나의 창피한 행동을 정당화하는 데 썼던 그릇된 전제를 깊이 파고들 수 있었다. 수치심의 영역에서 우리는 대부분 피해자이자 가해자다. 고통을 피하거나 고통에 대응하는 과정에서 우리는 습관적, 자동반사적으로 고통을 남에게 전가한다. 내가 발견한 진단과 처방은 대부분 유사 과학과 인지부조화, 자기 위안적 감언이설이었다. 한마디로 쓸데없는 헛소리가 많았다. 따라서 우리는 수치심이라는 무기를 더욱 신중하게 휘둘러야 한다.

이 책의 목적은 우리가 살면서 겪은 수치심을, 그리고 의도치 않게 타인에게 주입하는 수치심을 동시에 조명하는 것이다. 이 책은 자기계발서보다 더 큰 집단적인 목표를 갖는다. 개인이자 공동체 구성원으로서, 우리의 기분과 정신을 제멋대로 주무르고 정부와 경제도 마음대로 움직이는 수치심 머신을 해체하자는 것이다. 이런 활동이 지금 특히 중요한 이유는, 어느 때보다 강력해진 수치심 머신이 폭발적으로 영향력을 확대하려는 조짐을 보이고 있기 때문이다.

이들과 맞서려면 먼저 우리가 서로 소통하는 모습을 수치심이란 관점으로 들여다봐야 한다. 일상에서 수치심이 어떻게 생기는지 자각하면, 막강한 기업과 기관이 어떤 식으로 수치심을 통해 이윤을 취하는지 보인다. 그러면 이제 하나씩 행동을 취해 판세를 뒤집을 수 있다. 수치심은 우리를 괴롭히기만 하지 않는다. 우리는 수치심에서 이들에게 반격할 힘도 얻는다.

차례 Contents

2부 혐오는 어디서 시작하고 확산되는가

3부 정의감은 어떻게 무기가 되는가

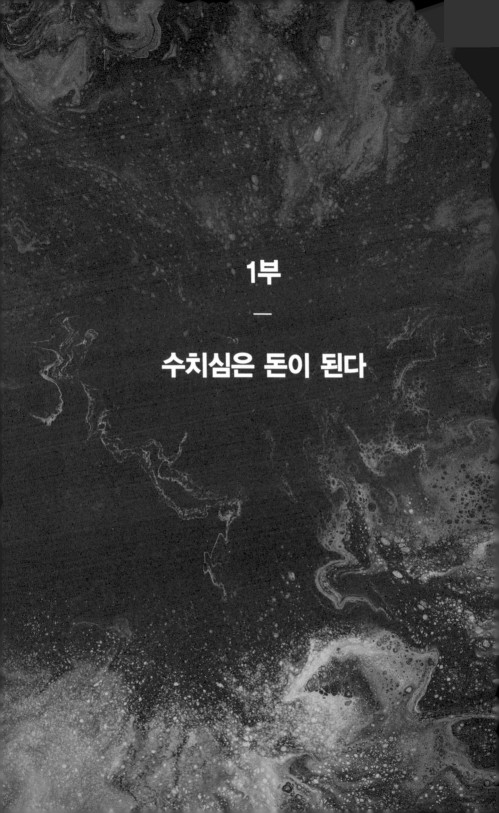

1부

—

수치심은 돈이 된다

1.

비만
뚱뚱하다는 죄

바람이 몹시 불던 매사추세츠주 케임브리지의 어느 가을날, 나는 박사 자격시험인 퀄qual을 통과했다는 소식을 듣고 뛸 듯이 기뻤다. 이는 수학 박사학위 취득을 위한 결정적 시험이었다. 박사과정의 절반을 넘어섰다는 기쁨에, 자축의 의미로 쿠키를 한 판 굽기로 했다. 더없이 의기양양해진 나는 자취방 옆 식료품점에 재료를 사러 갔다.

가게 점원과는 아는 사이였다. 그는 늘 친절하게 응대했다. 그런데 내가 계산대에 밀가루, 설탕, 초콜릿 칩을 올려놓자 그는 고개를 갸우뚱하며 말했다. "왜 이런 재료를 사는 거예요? 본인이 뚱뚱하다는 거 몰라요?"

뒤통수를 얻어맞은 기분이었다. 갑자기 심장이 두근거리고 눈물이 핑 돌았다. 말문이 막혔지만, 이게 어떤 상태인지는 어린 시절부터 숱하게 겪어서 잘 알았다. 수치심에서 오는 충격이었다.

뚱뚱해서 겪는 수모는 대개 미묘하게 발생한다. 복도나 길거리에서 사람들이 쳐다보는 표정, 디저트 메뉴를 주문받으려다 멈칫하는 식당 직원의 어색한 모습이 그런 경우다. 이렇게 미미한 수치심은 고통과 자기혐오가 낮은 수위에서 잘 억제된다. 그렇지만 충격적 수치심은 폭발력이 있다. 보통은 누가 당신의 깊은 수치심을 대놓고 들췄을 때 터진다. 남들 앞에서 발가벗겨진 순간 이 감정이 터져 나온다.

식료품점에서 그런 상황과 마주하는 순간 수치심이라는 독이 내 몸을 타고 흘렀고, 나는 그 자리에 얼어붙은 채 혼란과 고통에 빠졌다. 이 상태에 놓이면 내가 누구인지 잊는다. 나는 나를 쓸모없고 실패한, 사랑받지 못하는 존재라고 느꼈다.

물건을 챙겨 아무 말 없이 매장을 빠져나왔다. 충격이 가셔도 후유증이 남았다. 후유증이 계속될 동안 바닥으로 가라앉는 기분이었고, 어떻게든 다시 기분을 띄워보려고 애썼다. 얼른 내 존재 가치를 확인해야 했다. 나는 혼잣말을 했다. 이제 곧 박사학위를 받잖아. 내 곁엔 남자친구가 있어. 난 다정한 사람이야.

그러나 자기 위안도 견고한 수치심의 벽 앞에서는 튕겨 나온다. 수치심은 단순한 논리를 넘어 온몸에 뿌리를 뻗는다. 호르몬이 교란되고 턱이 굳고 가슴이 콱 막히며 두뇌의 통각수용기가 활성화되는데, 그 과정에서 자존감은 산산조각이 난다.

대다수 사람들에게는 이런 이야기가 극단적으로 들릴지도 모르겠다. 수치심으로 심한 충격을 받아본 적이 없거나, 있더라도 자세히 기억하지 못할 수 있다. 하지만 적잖은 사람이 수치심에 대한 설명을 듣고 과거의 끔찍했던 기억을 떠올렸을 것이다. 중학생 때 겪은 당황스러운 사건, 짝꿍을 지어 게임을 하다가 어색해진 분위기, 직장에서 납득하기 힘든 이유로 승진하지 못한 일 등이 스쳐 지나갔을 것이다.

수치심은 은근히 역동적이어서, 최근에 겪은 수모를 제대로 기억하지 못한 채 아무렇지 않다고 말하는 사람도 이로부터 영향을 받는다. 결국 수치심은 주는 쪽이든 받는 쪽이든 암암리에 작용하는 해로운 에너지로, 보통 우리들의 의식 언저리를 살금살금 기어 다닌다. 우리는 그런 불쾌한 감정을 잊고 사는 편이다.

내가 식료품점에서 겪은 사건처럼, 충격을 받은 자신이 쓸모없다는 감정을 깊이 묻어두든 꼭 다뤄야 할 질문이 있다. 바로 나 자신이 무엇을 잘못했냐는 점이다. 선택의 갈림길에 섰을 때 건강하고 자존감이 높은 사회구성원은 모두 올바른 길을 따랐고, 나는 잘못된 길을 택했기 때문에 내가 수치심을 느껴야만 하는 것인가, 혹은 내가 게을러서 또는 나약해서 그런 것인가 질문해봐야 한다. 하지만 이유가 무엇이든, 내가 저지른 실수이므로 우리는 스스로를 창피해한다.

흔히 수치심 문제를 선택의 문제로, 보통은 잘못된 선택에서 비롯된 문제로 여긴다. 수백만 명이 고통에 시달리는 것도 잘못된 선택을 되풀이한 탓으로 돌린다. 내가 자취방 근처 식료품점에서 겪은 일처럼 우리는 그런 수치심이 어느 순간 폭발하는 건 아닌지, 또 내가 인생의 낙오자로 밝혀지는 건 아닌지 끊임없이 불안해한다. 그리고 올바른 선택을 추구하면 수치심에서 벗어날 수 있다는 희망을 품는다.

나의 개인적인 이야기는 수치심이 생기고, 지속되고, 커지고, 돈벌이에 이용되는 과정을 보여주는 하나의 사례다. 뚱뚱하다는 수치심은 해가 갈수록 내 행동을 점점 더 옥죄었다. 그 과정에서 나는 내 인생을 조용히 장악한 수치심에 눈을 떴다.

"너 진짜 그렇게 많이 나가?"

———

1980년대에 나는 보스턴 교외에서 두 분 다 과체중인 부모와 함께 사는 통통한 여자아이였다. 몸집은 늘 또래에 비해 컸고, 4학년에 올라갈 무렵에는 벌써 성인 여성처럼 보였다. 학교에서 나는 외톨이였다. 조원을 고를 때 꼴찌로 뽑혔고 교내 식당에서 혼자 밥을 먹었다. 내 몸집은 왕따라는 신호로 보였다.

체육 시간에도 수없이 창피를 당했지만, 가장 괴로웠던 건 해마다 체중을 측정한 일이었다(1950년대 후반부터 2013년까지 미국 공립 중·고등학교에서 실시한 대통령 체력 검사Presidential Physical Fitness Test

프로그램의 일부 – 옮긴이). 몸무게를 재려고 체육관에서 줄 서서 기다렸을 때의 일이다. 내 앞에 선 아이들이 한 명씩 체중계에 오르면 보건 교사가 큰소리로 몸무게를 외쳤고, 체육 교사가 이를 노트에 받아 적었다. 우리 반 애들은 다들 30킬로그램 정도 나가 보였다. 반면 내 몸무게는 45킬로그램이 넘었다. 내 차례가 오자 나는 체중계에 올라가 창피한 마음에 고개를 푹 숙이고 보건교사가 외칠 숫자를 말없이 기다렸다. 그날 이후로 며칠 동안 아이들은 나를 놀려댔다. "너 진짜 그렇게 많이 나가? 진짜 47킬로그램이야?"

뭔가 조치가 필요했다. 부모님이 살을 빼보자고 조언했을 때 난 이미 다이어트에 대한 의지가 충만했다. 두 분은 나를 앉혀놓고 칼로리가 에너지의 단위라고 설명했다. 칼로리를 통제할 수 있으면, 즉 '체중 유지 칼로리'보다 적게 먹으면 살이 빠진다고 했다. 아빠는 내가 섭취하는 것보다 더 많은 칼로리를 태우면 체중이 줄어든다고 일러주었다. 식은 죽 먹기였다.

다이어트는 수치심에서 벗어날 탈출구였다. 여기에는 내가 어린 시절부터 많이 먹어서 이렇게 됐다는 전제가 암묵적으로 깔려 있었다. 선택의 갈림길에서 식욕에 빠진 나는 탐욕스럽게도 7대 죄악 중 하나인 식탐을 선택해왔다. 그렇지만 허기에 족쇄를 채우면 정상으로 돌아갈 수 있었다. 칼로리 규칙만 따르면 그만이었다. 꼬마 수학자로서 논리적 규칙은 내 주특기였다.

부모님은 두 분 다 박사학위를 받은 수학자였다. 우리 집에서 과학과 수학은 지배적 신념 체계였다. 바깥 날씨든 인류의 진화든, 부모님은 태생적으로 사실에 기반한 객관성을 믿었다. 두 분에게 이는 종교였다.

그러다 보니 부모님은 다이어트도 본인들의 가치관에 따라 과학적으로 접근했다. 병원에서 쓰는 길쭉한 체중계를 욕실에 두고 모눈종이에 체중 변화의 추이를 그리면서, 매번 늘거나 줄어든 몸무게를 기록했다. 나는 이 과정을 수년간 지켜봤다. 이제 나도 그 노력에 동참할 때가 왔다.

목표는 일주일에 1킬로그램 감량이었다. 그렇게 하려면 하루에 1,000칼로리씩 덜 먹어야 했다. 나 같은 수학 덕후에게는 신나는 일이었다. 살도 빼고 수학 실력도 발휘할 기회였다. 우리 집 부엌 선반에는 칼로리 책자가 있었다. 나는 내가 먹은 음식의 칼로리를 찾아 전부 더했다. '유지 칼로리'에서 이 합계를 빼면 더 먹어도 되는 양이 나왔다.

아빠는 내가 칼로리 제한에 성공하면 보상으로 원하는 초코바를 주말에 먹어도 된다고 했다. 대신 실패하면 그 주에는 용돈이 없었다. 아빠는 내게 체중 문제가 절실함을 일깨우려고 당근과 채찍을 두루 활용했다.

처음에는 다이어트가 무척 즐거웠다. 엄마는 토요일마다 내 몸무게를 재서 진척이 있는지 확인한 다음, 상을 줄지 벌을 내릴지 결정했다. 발판에 올라가면 체중계가 쿵 소리를 내며 균형을 맞췄는데, 나는 한껏 기대하며 이를 지켜봤다. 줄어든 체중을 확인하면 엄청난 성취감이 몰려왔다.

초반에 몇 번 감량하는 데 성공하자, 신경이 온통 음식과 날씬해진 내 미래의 모습에 쏠렸다. 나는 규칙적인 식사를 거르고 대신 100칼로리짜리 과일 스낵을 여러 개 챙겨 먹었다. 이런 간식류는 칼로리 계산이 훨씬 쉬웠고, 작고 한입 크기라 먹는 즐거움이 오래 갔다. 나는 뿌듯했고 힘이 났다. 어린 시절 처음으로 내몸을 온전히 통제하는 기분이었다.

다이어트의 즐거움은 오래가지 못했다. 두어 달 진전을 보이더니 이상한 증상이 생겼다. 나는 하루를 활기차게 시작했지만, 오후가 되면 먹은 음식이나 섭취한 칼로리가 잘 기억나지 않았다. 하루가 끝날 무렵에는 칼로리 계산이 완전히 뒤엉켜서, 수치들이 전혀 기억나지 않았다.

이쯤에서 많은 이들은 내가 또 한 명의 실패한 다이어터였다고, 분명 자제력이 부족했다고 생각할 것이다. 뚱뚱하다는 조롱에는 다음과 같은 보편적 교리가 담겨 있다. '다이어트 방법에는 문제가 없다. 다이어트를 하는 사람이 문제다.' 맹세코 말하건대 나 역시 이 신조를 누구 못지않게 열렬히 받아들였다.

빠진 살이 돌아오면서 매주 몸무게를 재는 것이 두려웠다. 매주 토요일, 일찍 잠에서 깬 나는 앞이 캄캄하고 가슴이 터질 듯했다. 돌이켜보니 그것은 수치심이었다. 그렇지만 당시 이른 새벽부터 잠에서 깬 나는 그저 비참하다는 생각뿐이었다.

나는 체중을 속이기 시작했다. 하단 저울대 뒤쪽에 AAA 건전지를 테이프로 감싸 숨기는 수법으로 체중계를 조작했다. 이렇게 하면 몇 킬로그램이 덜 나왔다. 이 속임수는 한동안 통했지만, 엄마한테 들킬까 봐 항상 마음이 조마조마했다. 아니나 다를까, 한 달쯤 지나자 엄마가 눈치를 챘는지, 체중이 그렇게 많이 줄었는데 왜 더 쪄 보이냐며 의아해했다. 엄마는 체중계를 살피더니 테이프로 고정해놓은 건전지를 발견했다. 나는 다이어트에 실패했을 뿐 아니라 속임수까지 들통났다. 해명을 요구하는 엄마에게 나는 울먹이며 털어놓았다. 흔히 그렇듯 수치심은 더 큰 수치심을 낳았다.

그날 이후 엄마는 아무 말 없이 다이어트를 그만두게 했다. 나는 몸무게와 상관없이 용돈을 받았다. 엄마가 이유를 설명해 주지 않았으므로 나는 혼자서 이런저런 추측을 했다. 도달한 결론은 이랬다. 내가 쓸모없는 열한 살짜리 어린애라서 그렇구나. 평생 뚱뚱하고 거대한 몸으로 살아가겠지. 엄마도 날 포기한 거야.

나를 바꾼다는 희망에 부풀었다가 무참히 깨져버린 암울한 드라마를 찍는 동안, 나는 한 가지 사실을 놓치고 있었다. 부모님이 수년째 다이어트를 반복했는데도 여전히 과체중이라는 사실이었다. 부모님은 과학적으로 보이는 다이어트 지식을 신봉했고 수년간 수십 가지 방법을 시도했다. 칼로리를 계산했고, 저지방이나 저당, 밀기울 식단을 시도했다(다이어트에 필사적이다 보니 때로 과학적 방법에서 벗어나기도 했다. 엄마는 잠시 올리브유 다이어트도 했다. 배고플 때마다 올리브유를 한 숟갈씩 먹는 방법이었다). 희망차게 시작한 다이어트는 모두 허망하게 끝이 났다.

본인들은 다이어트에 실패했으면서 자식에게는 성공하라고 몰아붙인, 두 과체중 부모의 위선을 알아차리기에는 내가 너무 어렸다. 아주 먼 훗날에야 부모님도 나처럼 수치심에 빠져 있었다는 사실을 알았다. 내가 다이어트에 실패했을 때 부모님이 아무 일 없었다는 듯 행동한 것도 나의 실패에서 자신들의 모습을 보았기 때문이었다.

아동기와 청소년기를 거치며 다양한 다이어트를 해보는 나의 노력은 계속됐다. 각각의 다이어트는 그 이전 다이어트에서 무너진 나에 대해 속죄할 기회였다. 그렇지만 모든 체중감량 프로그램이 똑같은 경로를 그렸다. 살이 빠졌다가 요요현상이 왔고, 그러면 또 다른 마법 같은 감량 비법으로 넘어갔다. 나는 내가 충분히 가치 있는 사람이라면, 아니 그저 행운이 따라준다면 언젠가 해결책이 내 앞에 나타날 것이라고 수십 년간 믿었다. 하지만 어느 것도 효과가 없었다. 정상으로 가는 탈출로를 걸어도 결국은 제자리였다.

당시 나의 수치심은 교내 식당에서 방귀를 뀌었다든가 역사 시험을 망쳤다든가 하는 개별적 사건에서 생긴 게 아니었다. 만성적인 심리 상태였다. 매일 입는 옷부터 친구들과 함께하기로 한 활동까지, 나는 내 삶을 통제하며 살았다. 수치스러운 사건들, 그러니까 체육관에서 체중을 쟀던 일이나 먼 훗날 상점에서 겪은 일 등으로부터 스스로를 지키기 위해서였다. 옷은 몇 주간의 다이어트에 성공했을 때만 사기로 했다. 이 말은 곧 내 모든 옷이 언제나 불편할 정도로 꽉 끼었다는 뜻이다. 그런 식으로 요요현상이 온 나에게 벌을 내렸다. 결국 나는 뚱뚱했을 뿐 아니라 불편하게 살았고 습관처럼 자기 처벌을 했다.

이것이 바로 수치심이 하는 일이다. 여기에 익숙해지면 수치심이 내리는 명령을 받들고 산다. 수치심은 언어나 종교처럼 내면에 깊게 자리 잡는다. 또한 머릿속에도 장벽을 세운다. 그 장벽을 넘어섰다가는 창피함에 고통받을 수 있으므로, 우리는 어떤 기회나 즐거움, 사랑이 와도 몸을 움츠린다. 수치심은 그렇게 삶을 잠식한다.

비만에 관한 편견

수치심은 또한 우리를 한없이 끌어내린다. 악순환의 고리를 생각해보자. 예를 들어, 저장 강박증이 창피한 사람은 남들의 평가가 두려워서 난장판인 자기 집에 아무도 초대하지 않는다. 그러면 계속해서 물건을 맘껏 쌓아두기 때문에 상황이 더 심각해진다. 과거의 나처럼 뚱뚱한 십 대 청소년은 몸매가 드러나는 게 싫고 살쪘다고 놀림당할까 봐 자연스럽게 헬스장을 멀리할 것이다. 결국 몸이 더 망가지고 헬스장 방문도 더욱 두려워지므로, 운동하러 갈 확률이 낮아진다. 플로리다주립대학교의 연구 결과, 수

치심의 악순환에 빠진 사람은 살이 더 찌는 경향이 있다고 한다.[1]

건강에 적신호가 왔을 때 비만인은 병원에서 제대로 된 진료를 받지 못하는데, 그 주된 이유가 의사들이 비만을 넘어 사고하지 못하기 때문이다. 뚱뚱한 환자가 아프다면 비만이 거의 유일한, 주된 원인일 것이라고 진단하는 경우가 많아 환자는 더욱 창피해하고 악순환의 고리에 다시 빠진다.[2]

내가 개인적으로 겪은 또 다른 형태의 수치심 충격이 있다. 한 의사가 나더러 너무 뚱뚱해서 매일 운동할 방법이 없다는 진단을 내렸다. 그러나 나는 당시 철인 3종 경기 훈련을 하고 있었다. 또 내가 운동에 대한 조언을 구하러 내원한 것이라면 모를까, 나는 임신 문제로 찾아간 것이었다. 우리는 스스로 수치심을 불어넣는 것 못지않게 남들 때문에 수치심을 느끼는 경우를 어렵지 않게 찾아볼 수 있다.

비만이 부끄러운 사람은 의료시설을 꺼리는 경우가 많아서, 심야 TV 프로그램이나 인터넷에서 빠른 해결책을 찾는다. 내 친척 한 분은 몸이 몹시 무거웠는데, 위험한 약을 먹으며 단기 다이어트를 하다가 합병증으로 사망했다. 사람들은 뚱뚱하다는 수치심에서 벗어나려다가 말 그대로 자신을 해친다.

우리 부모님은 똑똑한 분들이었다. 다이어트가 아닌 다른 분야에서는 증거를 살피고 정보를 바탕으로 판단했다. 엄마는 유방암 진단을 받자 관련 논문을 모조리 읽고 주치의에게 가서 통계자료를 설명할 정도였다. 대체로 우리 부모님은 합리적인 행동을 따르는 분들이었다.

그런데 다이어트만큼은 여러 차례 실패해도 유사 과학 이론을 고집했다. 반박할 수 있는 증거가 아무리 많아도 엉뚱한 감량법에서 벗어나지 못했다. 부모님은 수치심 때문에 판단력을 잃고 헛된 희망을 키웠다. 체중감량에 실패하면 부모님은 다이어트 방법보다 자신의 의지를 탓했다. 그리고 나의 의지를 탓했다.

다이어트를 한 번만 하는 사람은 없다

인간의 본성에 비춰볼 때, 다이어트는 그야말로 합리적인 문제해결 방식이다. 숫자 계산이 결과와 맞아떨어지는 데다가 서구의 전통적 가치관에도 잘 들어맞는다. 배고픔이라는 고난을 참고 견디면 날씬한 몸으로 보상받기 때문이다. 날씬하다는 것은 단지 선택의 문제로 보인다. 올바른 선택을 했다면, 즉 절제와 정직한 노력이 필요한 선택을 했다면, 그 결과로 얻은 늘씬한 허리를 도덕적 우월감을 드러내듯 뽐내도 된다. 또 정신적 고통이라는 면에서 수치심과 정반대에 놓인 자부심을 느껴도 된다.

문제는 다이어트로 효과를 보는 경우가 드물다는 점이다. 적어도 뚱뚱한 사람을 평생 날씬하게 해준다는 약속은 지키기 어렵다. 대다수 비만인은 다이어트를 통해 도움보다 상처를 받는다. 캘리포니아대학교UCLA 연구진이 20세기 후반 25년간 나온 방대한 자료를 샅샅이 살핀 결과,[3] 다이어트로 체중을 줄인 사람 중 3분의 1에서 3분의 2는 단기간에 체중이 돌아왔을 뿐 아니라 더 늘었다. 다이어터에게 일어나는 문제는 요요현상이 오느냐 마느냐가 아니라, 얼마나 단기간에 오느냐라고 연구진은 기술했다.

이렇게 실패한 처방이지만, 체중감량 사업이 미국에서만 720억 달러짜리 거대산업으로 성장하는 데에는 전혀 지장이 없었다.[4] 이 산업은 비만 확산을 치료한 게 아니라 비만과 더불어 성장했다. 가장 최근 집계에 따르면 미국의 성인 비만율은 42.4퍼센트이며 1억 명 넘는 미국인이 다이어트를 하고 있다.[5]

사실 비만은 전 세계적 과제로, 그 원인은 여전히 수수께끼다. 어떤 설명에 따르면 야생동물도 살이 찌고 있다고 한다.[6] 대기에 흐르는 내분비 교란 물질부터 위협적 상황에 대한 세포 내 반응이라는 설명까지 비만에 대한 온갖 이론이 제시된다. 이것들은 세상의 수많은 생명체가 자꾸 살찌는 이유를 이야기한다. 당연히 인간이 비만에 취약한 원인을 설명하는 요인도 무수히 많다. 식당에서 제공하는 푸짐한 1인분, 더블 스터프 오레오Double Stuf Oreos(크림을 두 배로 채운 오레오 쿠키 – 옮긴이), 소파에 오랜 시간 파묻혀 지내는 습관, 곳곳에 널린 패스트푸드, 사라져버린 가족 식사 자리, 심지어 흡연율 감소도 거론된다. 이외에도 수많은 요인이 인체의 완고한 기능과 결합해 문제를 낳지만, 아무도 그 과정을 명확히 짚어내지 못한다. 루이지애나주립대학교 페닝턴 생의학 연구소의 조지 브레이 교수는 "비만은 의지 부족으로 생기는 질병이 아니다. 이는 생물학적 문제다. 유전자가 총알을 장전하면, 환경이 방아쇠를 당긴다"라고 설명했다.[7]

수치심 머신 입장에서는, 고통스럽고 다루기 힘들며 비밀에 싸인 유행병만큼 남는 장사도 없다. 실현되지 않는 헛된 희망을 파는 시장은 탄탄하다. 실패는 다이어트 사업모형의 핵심으로, 웨이트 와처스Weight Watchers와 제니 크레이그Jenny Craig 같은 대형 다이어트 업체의 수익을 올려준다. 이들은 수치심에 빠져 자기혐오를 반복하는 무수한 고객으로부터 이윤을 취한다. 웨이트 와처스에서 최고재무책임자를 지낸 리처드 샘버는 일간지 『더 가디언The Guardian』에서, 고객의 84퍼센트가 다이어트에 실패하고 다시 우리 회사를 찾는다며 "바로 이것이 사업을 굴리는 원천이다"라고 밝혔다.[8]

그런데도 체중감량 프로그램은 눈에 띄는 성과를 장담한다. 이들은 주로 극적으로 달라진 다이어트 전후 사진을 기만적인 통계와 함께 보여주며 마케팅한다. 숫자로 사기 치는 전형적인 수법이다.

통계작업에서 흔히 하듯 업체에 유리한 수치만 골라 계산하는 것이 핵심이다. 2011년 의학 학술지 『더 랜싯The Lancet』에 실린 한 연구는 이러한 선별식cherry-picking 통계의 대표적인 사례였다.[9] 이 연구는 웨이트 와처스에서 다이어트를 한 집단이, 의사의 권고만 따르며 다이어트를 한 통제집단보다 두 배 더 감량했다고 밝혔다. 인상적인 결과지만 함정이 있다. 웨이트 와처스가 자금을 댄

연구였고 연구 기간도 고작 12개월이라는 점이다. 요요현상이 오기에는 짧은 기간이다. 이보다 앞서 2008년에 발표한 웨이트 와처스의 또 다른 연구는 고객 5명 중 4명 정도가 다이어트 첫해에 감량에 성공했다고 보고했다.[10] 그렇지만 이 성공률은 5년 후 초라하게도 16퍼센트로 뚝 떨어졌다.

더 암울한 사실은 성공의 기준이 터무니없이 낮다는 점이다. 빠진 몸무게의 5퍼센트만 유지해도 성공으로 여겼다. 예를 들어 한 고객이 체중을 113킬로그램에서 103킬로그램으로 줄이는 성과를 보였다고 해보자. 이 고객이 환히 웃으며 애프터 사진을 찍고 난 후, 감량한 10킬로그램 중 9킬로그램이 돌아왔다. 이제 몸무게는 112킬로그램이다. 그래도 이 고객은 감량한 무게의 10퍼센트나 유지한 것이다. 통계상으로 효과를 본 셈이지만, 고객이 만족할 만한 성과는 분명 아닐 것이다.

다시 말해 극적으로 뺀 체중을 유지하는 다이어트는 통계상의 이상적인 값outliers(정상 범주에서 크게 벗어난 값 – 옮긴이)에 해당한다. 다이어트 업체들은 자신들의 주장을 뒷받침하려고 '성공'이라는 단어를 오남용한다. 게다가 이들이 인용하는 연구에는 대부분 결함이 있다.

인간의 본성 문제도 있다. 우리는 기쁜 소식은 공유하지만 겉보기에 남부끄러운 이야기에는 입을 다무는 편이다. 페이스북에 새로 뜬 소식을 떠올려보라. 졸업했다는 소식은 많아도 퇴학당했다는 얘기는 별로 없다.

체중감량도 마찬가지다. 다이어트 초반, 체중이 쑥쑥 빠질 때는 행복감이 밀려오며 성취감도 엄청나다. 사람들은 신이 나서 자랑하고 다닌다. 그렇지만 요요현상이 오면 입을 꼭 다문다. 어린 시절 내가 체중계를 필사적으로 조작한 것처럼, 사람들은 일이 안 풀리면 이를 숨기려고 한다. 수치심은 목소리를 낮추게 하므로 통계의 정확성이 떨어진다. 결국 통계용어로 '선택편향selection bias'이라는 단어가 생긴다. 이는 업계 자료를 성공담으로 왜곡하며, 그 성공 사례마저 대부분 단기적 성과다. 2011년 웨이트 와처스의 연구를 보면 이 업체에서 다이어트를 한 집단은 통제집단보다 이탈자가 많았다. 이러한 선택편향은 다이어트 사례 분석을 의심하게 하는 또 하나의 이유다.

행동 교정을 권하는 체중감량 프로그램 업체 눔Noom은 수상한 통계로 마케팅하는 대표적인 사례다. 이 회사는 미국 공영라디오 방송에 협찬 광고를 넣는 등 고소득층을 겨냥한 다이어트 사업을 한다. 다이어트 프로그램이 대체로 실패한다는 사실을 고객 대부분이 알고 있으므로(눔은 자사 블로그에 '다이어트는 왜 효과가 없는가'라는 제목의 글을 올리기도 했다) 눔은 이 서글픈 현실을 홍보에 이용한다.[11] 눔 앱에는 이런 문구가 있다. "솔직히 말씀드리면, 이번에는 다를 겁니다. 우리 인류가 아는 가장 현대적인 체중감량 코스를 시작하게 될 테니까요." 눔은 신규 이용자에게 목표체중에 도달하려면 몇 달이 걸리는지 도표로 보여준다. 또 눔의 지시에 따른 수많은 이용자가 다이어트에 성공했다며 확신을 불어넣는다.

바로 이 지점에서 통계의 흔한 장난이 시작된다. 눔은 자체 연구를 인용해 자사 고객의 78퍼센트가 체중을 줄였다고 주장한다.[12] 과연 그럴까? 지금부터 그 연구 결과를 짚어보자.

이 분석의 참가자는 35,921명이다. 모두 눔 앱을 설치한 다음한 달에 두 번 이상, 6개월 연속으로 개인 데이터를 기록했다. 그렇다면 앱에 가입한 후 다시는 접속하지 않았거나, 다이어트 프로그램에 대한 신뢰가 사라져서 서너 달만 기록하고 그만둔 이용자는 몇 명이나 될까? 이들은 집계에서 빠졌다. 사실상 매우 적극적인 이용자만 추적하겠다는 눔의 결정은 수치심을 이기지 못해 빠져나간 사람을 숨어내겠다는 뜻이다. 즉 선택편향이다.

게다가 눔이 이용한 사례는 단 1년에 걸쳐 모은 자료들로, 수집 기간이 너무 짧다. 웨이트 와처스가 2008년에 진행했던 연구결과가 보여주듯이, 첫해에 극적으로 체중을 줄인 다이어터들은 모두 2년에서 5년 사이에 요요현상을 겪을 확률이 높았다.

눔이 엉터리 통계로 돈을 벌 동안 눔 다이어트에 실패한 사람들은 어떤 타격을 받을까? 이들은 자신이 뚱뚱할 뿐 아니라 평생을 그렇게 살아갈 수밖에 없다고 느낀다. 그리고 다이어트 실패를 본인 탓으로 돌린다. 다른 해로운 수치심과 마찬가지로, 이 역시 본인의 잘못된 선택 탓이라고 여긴다. 이들은 수치심 머신이 규정한 실패 개념 때문에 항상 낙담한다. 이 감정은 평생을 그림자처럼 따라다닌다. 다수는 앞으로 더 열심히 다이어트를 하겠다고 다짐하고, 다음 다이어트 때 긴장을 늦추지 않고 열심히 할 것이다. 그러다 요요현상이 오면 이들은 더욱 심하게 자책할 것이다.

불행 포르노

업계 입장에서 뚱뚱한 사람들의 수치심을 이용해 돈을 벌 기회는 무궁무진하다. 그중 하나가 비만인 몸매를 부각해서(뚱뚱할수록 좋다) 볼거리를 제공하는 것이다. 다이어트 리얼리티 쇼 〈더 비기스트 루저The Biggest Loser〉가 이런 발상에서 나온 프로그램이다(2004년에 시작해 현재 시즌 18까지 진행. 한국에서는 〈도전! FAT 제로〉라는 이름으로 방영되었다 – 옮긴이). 이 방송에 나오는 참가자들은 그야말로 뚱뚱하다. 다이어트 업체가 현실에서 보기 드문 '도움이 절실한' 비만인을 선별하기 때문이다. 이 방송은 수백만 시청자에게 당신은 지금 인생의 낙오자를 보고 있다는 메시지를 은연중에 흘린다.

이 메시지는 유혹적이다. 10~15킬로그램씩 군살이 붙은 시청자들은 육중한 참가자들이 필사적으로 살을 빼려는 모습을 보며, 나 정도면 날씬한 편이라고 우쭐거린다. 본인이 저 사람들보다는 낫다고 여기는 것이다. 잔인한 생각이지만, 수치심을 느끼며 사는 인간은 종종 이런 식으로 자신감을 찾는다.

솔직히 나도 그런 충동을 느낀다. 나는 〈더 비기스트 루저〉 같은 방송이 사람들의 수치심을 이용해 어떤 식으로 이윤을 얻는지 길게 쓴소리를 늘어놓으면서도, 때로 나보다 처지가 딱한 사람들을 보며 수치심을 없애려고 한다. 수치심은 하루아침에, 심지어 10년이 지나도 버릴 수 있는 습관이 아니다. 수치심을 자각하며 살아도 수치심이 내 판단을 흐리는 것을 막지 못한다. 그러다 보니 리얼리티 방송이 19세기의 기괴한 서커스처럼 천박한 내용을 담아도 그리 이상한 광경은 아닌 것처럼 느껴진다.

〈더 비기스트 루저〉에 나오는 체중 감량법은 오래가지 못한다. 대부분 가학적이고 위험한 방법이다. 참가자들은 자발적으로 굶어 죽지 않을 만큼 먹으면서, 트레이너의 지도로 매일 몇 시간씩 미친 듯이 운동하며 몸을 혹사한다. 이 모든 노력을 영상팀과 자료 분석팀이 하나하나 찍고 기록한다.

2014년 우승자 레이철 프레더릭슨이 마지막 방송에서 체중계에 올라가 47킬로그램이라는 가냘픈 몸무게를 확인했을 때 온라인에서는 한바탕 난리가 났다. 레이철의 처음 몸무게는 118킬로그램이었다. 그녀는 체중의 절반 이상을 빼고 우승 상금 25만 달러를 거머쥐었다.[13]

그러나 방송이 끝나면 트레이너가 사라진다. 삶은 원래의 리듬을 되찾는다. 프레더릭슨은 몇 달 후 9킬로그램이 다시 늘었다고 밝혔다. 그리 놀랄 일은 아니었다. 참가자들을 추적 연구해본 결과, 다이어트 경쟁이 끝난 후 수년에 걸쳐 참가자 대부분의 신진대사가 느려졌다. 다시 말해 이들이 휴식할 때 소모하는 칼로리가 줄어들었다. 그들은 원래 몸무게로 돌아갔고, 6년 후에는 연구 대상자 14명 중 4명이 방송 출연 전보다 체중이 더 늘었다.[14]

〈더 비기스트 루저〉 제작진이 방송에 꼭 출연시키고 싶겠지만 절대 나오지 않을 사람이 한 명 있다면, 바로 가수 겸 래퍼이자 플루트 연주자인 리조Lizzo일 것이다. 리조는 둥글둥글한 체형이지만 자기 몸에 대해 어떤 해명도 하지 않는다. 리조는 노래하면서 빙글빙글 춤을 추고, 관객 앞에서 몸을 흔든다. 치토스 과자를 친구와 나눠 먹는 영상도 찍는다. 인터뷰를 보면 리조 역시 자기 몸을 부끄러워하던 시절이 있었다. 하지만 그녀는 당당히 이겨낸 것 같다. 리조는 자기 모습을 받아들일 뿐 아니라 자신을 사랑한다. 또 관객에게도 그렇게 해보라고, 인생을 축복하고 뚱뚱하다는 수치심을 버리라고 권유한다. 한마디로 수치심에서 자유로워지자고 말한다.

인간의 수치심과 자기혐오에 빌붙는 다이어트 산업 입장에서 리조는 위협적인 존재다. 그래서 2020년 초, 〈더 비기스트 루저〉에 나온 트레이너인 질리안 마이클스가 리조를 뚱뚱하다고 조롱해도 새삼스럽지 않았다. 마이클스는 온라인 매체 버즈피드 TV에서 이렇게 말했다. "왜 우리가 리조의 몸을 찬양해야 하죠?"[15] 그리고 이렇게 덧붙였다. "리조가 당뇨에 걸리면 칭송도 사라지겠죠?" 뚱뚱한 사람을 비하했다는 비난이 SNS에서 쏟아지자 마이클스는 이렇게 해명했다. "내가 리조를 존중하지 않는다거나 리조가 멋지지 않다는 뜻이 아니에요. 당연히 리조를 존중하고 대단하다고 생각해요. 다만 리조가 아픈 것을 보고 싶지 않다는 뜻입니다."

조롱하는 이가 자신의 의도를 부인하면서 동시에 두둔하는 이런 비하를 '악의적 오지랖concern trolling'이라고 한다. 뚱뚱한 사람은 이런 모욕을 끊임없이 당한다. 사람들은 건강이 걱정된다며 조언한다. 이들 중에는 우리 동네 가게 점원처럼 자기 딴에는 진심으로 하는 말이라고 생각하는 사람도 있을 것이다. 그러나 그런 조언 역시 개인의 선택에 문제가 있다고 암시한다. '리조는 뚱뚱하게 살기로 작정했군. 그 선택은 틀렸어. 창피한 줄 알고 행동을 고쳐야지. 다이어트를 해야 한다고.'

악의적 오지랖은 뚱뚱한 사람이 다이어트를 고민하거나 시도하지 않았다고 가정한다. 또 다이어트는 단지 의지와 자제력이 약해서 실패한다는 잘못된 전제에 기댄다(의지와 자제력 부족 역시 잘못되었다고 본다).

리조가 몸이 무거운 게 아니라, 뇌전증을 앓고 있다고 가정해보자. 이 경우 리조는 팬들에게 뇌전증 발작은 전혀 부끄러운 게 아니라고, 세계적 스타가 되는 데 걸림돌이 되지 않는다고 메시지를 보낼 것이다. 이 경우에도 오지랖을 부리는 사람들이 리조에게 뇌수술을 받고 더 독한 약을 먹으라며 다그칠까? 그렇지는 않을 것이다. 뇌전증을 리조의 '잘못'으로 여기지 않기 때문이다. 이는 리조가 선택해서 생긴 결과가 아니다. 비만도 마찬가지다. 그런데 비만은 선택의 문제로 여긴다. 앞서 살펴봤듯이 잘못된 선택이라는 주장은 수치심을 떠받드는 중심 근거다.

리조에게는 악의적 오지랖을 막아줄 보호막이 필요 없다. 공격은 타격 대상이 수치심을 느껴야 효력이 있다. 누가 봐도 리조는 자신에게 만족한다. 다수의 소셜 미디어 이용자들은 리조를 두둔했다. 몇몇은 훌륭한 지적을 했다. 멜리사 플로러-빅슬러라는 이용자는 지금은 삭제된 트윗에서 리조의 운동신경과 지구력을 언급했다. "힐을 신고 시속 11킬로미터로 러닝머신을 뛰면서 〈가슴 아픈 진실Truth Hurts〉을 가사 전달을 정확히 하며 헐떡이지 않고 불러보라. 중간에 노래를 멈추고 1분간 플루트를 연주하고, 다시 뜀박질하며 노래를 끝까지 불러보라. 이제 두 시간 동안 이를 반복해보자…."

리조의 유산소 능력이 뛰어나다는 얘기가 아니다. 현재 리조는 인생을 충만하게 살고 몸매 비하에 위축되지 않는다는 게 핵심이다. 이런 점에서 리조는 적어도 수치심에서 벗어났거나 수치심이 없다shameless. 보통 수치심이 없다는 말은 부정적인 의미로 쓰인다. 예를 들어 저수지에 노상 방뇨하는 꼬마는 수치심이 없다. 사회적 잣대에 얽매이지 않기 때문이다. 이와 반대로, 사회규범과 여기에서 이익을 얻는 업체들이 사람들을 비하할 때 수치심이 없는 상태는 건강하고 자유롭고 강력한 힘을 발휘하는 대처법이 될 수 있다. 비만의 영역에서 탈수치심shamelessness이라는 한 방은 우리 모두에게 필요한 것이다.

점점 어려지는 다이어터 연령

탈수치심은 아이들에게도 필요한 메시지다. 건강 면에서 아이가 겪는 문제나 어떤 결함에 초점을 맞추면 안 된다. 내 경험상 이런 방식은 해악이 크다. 아이들이 다이어트 때문에 몸 이미지body-image라는 고질적 문제와 요요현상, 섭식 장애에 시달리며 고통스럽게 살아갈 수 있다. 그보다는 건강한 음식을 즐기고, 활발하게 움직이며, 뛰어놀게 해야 한다.

어린 시절 다이어트로 생긴 수치심은 수십 년간 이어지기도 한다. 2019년 『청소년 건강 저널Journal of Adolescent Health』에 실린 연구에 따르면, 부모에게 다이어트하라는 잔소리를 듣고 자란 아이들은 보통 나중에 결혼해서 자기 자식에게도 똑같이 행동한다고 한다. 그리고 이들은 통계적으로 평생 체중과 씨름할 확률이 높았다.[16]

그러나 수치심에서 자유로운 태도는 다이어트 업계의 사업모형에 적합하지 않다. 다이어트 업계는 아동용 다이어트 프로그램을 점점 확대하려 한다. 웨이트 와처스는 2018년에 회사명을 WW로 바꾸고 스탠퍼드 아동 체중감량 프로그램Stanford's Pediatric Weight Loss Program에서 만든 체중 관리 프로그램 커보 헬스Kurbo Health를 사들였다. 이듬해 WW는 8~17세를 겨냥한 체중 관리 앱 커보Kurbo를 선보였다. 커보는 웹사이트에서 악의적 오지랖의 심화 세미나를 진행한다. 또 몸이 무거운 아이들이 당뇨병 전증, 고혈압, 기타 건강 문제를 겪을 수 있다고 경고를 날린다. "자녀가 과체중이면 건강한 몸무게를 회복하도록 돕는 것이 아이의 현재나 미래를 위해 최선입니다."

아이들은 스마트폰에 앱을 깔고 먹은 음식을 기록한다. 그러면 음식마다 초록색(매우 좋음), 노란색(괜찮음), 빨간색(조심) 표시가 뜬다. 또 매주 다이어트 코치와 화상 모임을 한다. 다이어트에 진전이 없는데 코치와 만나야 하는 아이는 어떤 심경일까? 커보 고객인 11살쯤 된 여자아이가 있다고 해보자. 아이는 화상 모임이 있는 주말 아침에 일찍 일어나, 불안한 마음에 디지털 체중계를 조작하거나 모든 일정을 건너뛸 방법은 없는지 고민할 것이다.

애석하게도, 막강한 수치심 산업 복합체는 아이의 불행에 이해관계가 있다. 우리가 잘못된 가정과 유사 과학을 받아들이고 이를 바탕으로 끊임없이 자책할 때, 수치심 산업 복합체는 이익을 얻는다. 우리처럼 이 아이도 다음 세대로 이어지는 수치심의 악순환에서 벗어나야 마음에 위안이 찾아올 것이다.

2.
약물 중독
낙인찍기와 책임 회피

미국 플로리다주 데이토나 비치의 어느 다리 밑에서 세 아이의 엄마 블라섬 로저스가 낡은 미니밴 뒷좌석에 누워 잠을 청했다. 블라섬은 20년 가까이 '크랙crack(코카인의 일종으로 중독성이 매우 강한 값싼 마약 – 옮긴이)' 중독자로 살았다. 몇 해 전부터는 세 아이를 어머니와 할머니에게 맡기고 약물을 계속 탐닉했다. 그동안 절도를 저지르고 성매매를 했으며, 감옥살이와 재활치료의 실패를 끝없이 반복했다.[1] 한동안 정신병원에 입원하기도 했다.

2004년 어느 따스한 밤, 블라섬은 다리 위에서 자동차와 트럭이 굉음을 내며 질주하는 소리를 들었다. 블라섬은 생각에 잠겨 말했다. "사람들은 각자 자기 인생을 살아요. 근데 난 아니죠." 며칠 후, 블라섬은 마약 밀매소에 앉아 크랙을 피우며 틈틈이 신에게 도와달라고 편지를 썼다.

블라섬의 인생에는 다양한 차원의 수치심이 늘 따라다녔다. 저 위의 다리를 건너는 모든 사람을 비롯해, 주류사회가 자신을 경멸하고 쓸모없는 존재로 여긴다는 사실을 블라섬은 알고 있었다. 그들에게 블라섬의 인생은 실패작이었다. 블라섬도 자신에게 냉정했다. 자기가 보기에도 형편없는 인생이라며 그런 시선을 탓하지 않는다고 내게 말했다. 자기혐오와 이를 둘러싼 어떤 비밀스러운 사연 때문에 한없이 추락한 블라섬은 그 상태에서 빠져나오지 못했다.

블라섬의 이야기는 1966년에 시작한다. 그녀는 플로리다주 뉴스머나 비치에서 십 대 미혼모 밑에서 태어났다.[2] 아빠가 곁에 없었고, 어릴 때는 외증조할머니 손에서 자랐다. 다섯 살 무렵 외증조할머니가 블라섬의 백선증ringworm(곰팡이인 피부사상균에 의해 피부에 감염을 일으키는 것 – 옮긴이)을 진정시키려고 콜트45 맥주(미국 저소득층이 주로 소비하는 높은 도수의 싸구려 맥주 – 옮긴이)를 먹였다. 그때부터 블라섬은 무엇보다도 음주 문제에 시달렸다. 어린 시절 살던 집에 얽힌 또 하나의 기억으로, 어떤 사내가 바지 지퍼를 내리며 자신의 '지렁이'에 키스해달라고 한 일도 있었다.

모친이 결혼하면서 블라섬은 새로운 가정에 들어갔지만 그곳도 안식처는 아니었다. 계부에게 수년간 성적으로 학대당했다. 엄마에게 알리겠다고 협박해도 계부는 매번 이렇게 반응할 뿐이었다. "누가 네 말을 믿겠니."

블라섬은 "어린 시절을 빼앗긴 기분"이라고 했다. 그런 어린 시절마저 16세에 임신하면서 끝이 났다. 당시 블라섬은 나름 가정을 꾸려 계부에게서 달아날 계획이었다. 남자들과 불편한 관계는 계속 이어졌다. 집을 나와 아들을 두 명 더 낳은 뒤 마침내 믿음이 가는 남자를 만났다. 그러나 그는 블라섬을 상습적으로 폭행했다. 알고 보니 크랙 중독자였다. 그는 블라섬을 고통스럽게 하는 동시에 위안이 되어주었다. "마음의 상처가 너무 깊었어요. 크랙을 피우면 모든 고통이 사라졌어요."

블라섬의 삶은 약물에 지배당했다. 폭풍우가 몰아치던 어느 날 밤, 블라섬은 천둥과 번개에도 아랑곳하지 않고 자전거 페달을 미친듯이 밟았다. 블라섬은 머리에 비닐봉지를 뒤집어쓴 채 마약상을 찾아다녔다.

그 후로 20년 동안 블라섬은 자신이 받은 성적 학대를 어둡고 창피한 비밀로 간직했다. "내가 쓸모없다고 생각했어요." 이는 만성적 수치심의 특징이다. 자신의 존재가치를 끝없이 의심하다 보면, 날 억누르는 대상에게 저항할 힘조차 사라진다.

마약과의 전쟁과 희생양

수치심과 중독 사이의 연관성은 새삼스럽지 않다. 2012년 호주의 연구진은 수치심을 잘 느끼는 사람일수록 이를 달래는 '대처 수단으로' 문제 음주problem drinking(폭음이나 잦은 음주로 주변에 해를 끼치는 음주 습관-옮긴이)에 빠질 확률이 높다는 사실을 밝혀냈다.[3] 금주 모임인 익명의 알코올 중독자들Alcoholics Anonymous에 참가한 여성들을 대상으로 한 2001년의 한 연구에서도, 수치심이 강한 중독자일수록 알코올 의존증이 재발할 확률이 높다고 나타났다.[4]

많은 회복 프로그램이 중독 문제를 개인 탓으로 돌리며 수치심을 단단히 불어넣는다. 여러 연구가 그런 접근방식이 역효과를 낳는다고 경고했는데도 말이다. UCLA의 심리학 연구진이 흡연자 77명을 두 집단으로 나눈 다음, 각 참가자에게 담배 여덟 개비와 라이터, 재떨이를 주었다. 그리고 이들에게 혼자 있는 동안 흡연 욕구를 참으면 보상금을 주겠다고 했다.

연구진은 그중 한 집단을 각종 금연 캠페인에서 모은 흡연자에 대한 부정적인 고정관념에 노출시켰다. 흡연자는 의지가 부족하고 건강관리에 소홀하다는 노골적인 비판이었다.

이렇게 낙인찍는 메시지를 접한 집단은 담배를 더 빨리 피웠다. 이들 실험집단은 실험을 시작한 지 20분 만에 77퍼센트가 흡연했지만, 통제집단은 그 비율이 40퍼센트였다. 연구진은 흡연자가 이른바 고정관념 위협stereotype threat에 반응한다는 이론을 제시했다. 위협에 놓인 사람은 걱정과 두려움에 사로잡혀서 고정관념에 맞서려고 하지 않았다.[5]

수치심 하나만으로 이런 반응을 보이지는 않는다. 동료 집단의 압박, 권태감, 절망감 등 모든 요인이 다양한 생체신호와 마찬가지로 중독 행위에 관여하며, 아직 밝혀내지 못한 요인도 많다. 블라섬 로저스에게는 재미가 그중 하나였다. 블라섬은 이렇게 회상했다.[6] "크랙과 관련된 모든 게 좋았어요. 방탕한 생활, 난잡한 술판 같은 거요. 그렇지만 뒷감당은 하기 싫었죠."

블라섬에게 필요한 것은 연민과 도움이었지만 사회는 블라섬을 비롯한 수십만 명의 크랙 중독자에게 수치심을 한껏 불어넣었다. 1980년대 도심에서 크랙이 폭발적으로 확산한 것은 고통받는 사람을 제물로 삼은 전형적인 사례였다. 사회가 약자를 맹렬히 비난할 때 수치심의 악순환이 시작된다. 크랙 중독자에게 비난을 퍼붓는 행동은 사태를 악화할 뿐이다. 앞서 살핀 푸에블로 광대가 구성원을 공유가치로 이끌고 포용하는 모습과 매우 대조적이다. 비난은 한 사람의 인생과 그들의 가정을, 공동체 전체를 파괴한다.

크랙 확산이라는 비극은 사악하고도 천재적인 마케팅 수법에서 시작되었다. 1980년대 초반 미국에 코카인 물량이 넘쳐나 가격이 폭락하자 마약 밀매상들은 그보다 저렴한 흡연용 마약인 크랙을 만들어 시장을 대폭 넓혔다. 공교롭게도 이 제품의 중독성이 강하다 보니 밀매상들은 더욱 크랙 제조에 열을 올렸다.

크랙이 미국 도시를 휩쓸고 대중이 공황에 빠지면서 크랙 중독자가 수십만 명으로 늘었다.[*] 신문과 TV의 선정적 보도에 따르면, 크랙은 사람을 발광하게 만드는 매우 위험한 약이었다. 총기 사고도 속출했다. 중독된 흑인 여성은 이른바 크랙 베이비crack baby를 낳았는데, 아기들이 끔찍한 금단 증상에 시달릴 것이라는 이야기가 돌았다.

다른 수치심 머신과 마찬가지로 크랙 베이비에 관한 보도도 미심쩍은 과학에 근거했다. 여러 정치인과 신문사가 복음처럼 받아들인 보고서는, 극소량의 코카인으로도 태아의 뇌가 지나친 자극을 받아 훗날 과잉 공격성, 조울증, 주의력 결핍 장애를 보인다고 예견했다. 당시 보스턴대학교 총장 존 실버는 한술 더 떴다. 그는 크랙 베이비가 지적으로 미숙해서 "신을 의식할 수 없다"라고 경고했다. 미국의 칼럼니스트 찰스 크라우새머는 "그들의 삶은 분명히 고통스럽고, 아마도 탈선할 것이며, 영원히 열악할 것이다"라고 기고했다.[7]

이 근거 없는 유사 과학은 실패와 일탈이라는 서사와 잘 어울렸고, 피해자에 대한 비난을 넘어 과잉 처벌 분위기를 조성했다. 1989년 여름, 23세 여성 제니퍼 클라리스 존슨이 플로리다주에서 아이를 낳자마자 미성년자에게 약물을 퍼뜨린 혐의로 기소됐다.[8] 관련 형법이 태아에게 적용되지 않았으므로, 검사들은 탯줄

---

* 크랙은 코카인을 덩어리 형태로 고체화한 것이다. 당시 미국에선 코카인을 중상류층이 소비해왔는데 값싼 크랙이 등장하자 흑인, 히스패닉 등 취약계층을 중심으로 빠르게 퍼졌다. 크랙은 코카인보다 순도가 높고 효과가 즉각적이며 지속력이 짧아서 중독자는 계속 크랙에 의존할 수밖에 없다. 미국에서 벌어진 일명 '마약과의 전쟁' 중심에는 크랙이 있었다 - 편집자주.

을 자르기 전인 출산 후 60초 동안 탯줄을 통헤 미성년 아이에게 약물이 공급됐다고 주장했다. 존슨은 유죄 판결을 받았고 항소심에서 유죄가 확정됐다. 이 젊은 엄마는 재활치료와 더불어 보호관찰 14년을 선고받았다.

물론 약물이 태아에게 미치는 영향은 우려해야 마땅하다. 그러나 그런 분석 중 상당수가 연관성이 약했다. 태아 알코올 증후군이 두뇌 발달에 미치는 악영향은 어느 정도 입증된 내용이었다. 그러다 보니 크랙처럼 위험하고 중독성 있는 약물은 이보다 더 심각한 영향을 주리라는 예측이 많았다. 게다가 잘못된 선택을 한 자가 그런 대가를 치르는 게 세상의 이치로 보였다.

크랙 베이비의 두뇌 발달에 대한 불길한 예측은 틀린 것으로 밝혀졌다. 물론 이 아이들은 가난한 삶과 약물 중독 부모에 시달리면서 고생하는 경우가 많았다. 하지만 알코올과 달리 크랙은 아이들의 두뇌에 영향을 주지 않았다.[9]

공감의 부재로 벌어진 마녀사냥

크랙 확산은 흑인의 얼굴, 또 미국 도시의 불결한 거리라는 특정한 공간을 연상시켰다. 미국 중산층은 좀처럼 이런 동네에 가는 모험을 하지 않았다. 어쩌다 가게 되더라도 차량 문을 잠그고 창문을 올렸으며, 타이어에 바람이 빠져도 절대 차를 세우지 않았다. 한마디로 크랙 확산으로 황폐해진 동네는 생지옥과 다름없었다. 이 끔찍한 혼란의 책임은 누구에게 있었을까? 손가락질하기 좋아하는 대중은 역시나 잘못된 선택을 한 자들을 지목했다.

크랙 파이프와 라이터를 건네받았을 때 블라섬은 이를 거절해야 했는데도 받아들였다. 그러니 블라섬이나 이와 비슷한 처지인 사람들은 스스로 반성할 줄 알아야 했다. 크랙 중독자들은 사회 규칙을 우습게 여겼다. 성공을 향한 가치관이나 근성도 이들에겐 없어 보였다.

이게 바로 지배층, 국회의원, 재계 지도자, 그리고 그럭저럭 사는 대다수 미국인의 시각이었다. 어쨌든 이들의 자녀는 올바른 선택을 하고 있었다. 길모퉁이에 죽치고 앉아 마약을 하거나 편의점을 털지 않았고 대신 대학 스포츠나 바이올린 연습에 몰두했다. 물론 이 아이들도 밤새 비디오 게임을 하느라 수업 시간에 졸거나 수업을 빼먹는 경우도 있었을 것이다. 호기심에 약이나 술을 해본 아이도 분명 많았을 것이다. 그래도 집단 전체로 보면 이 아이들은 올바른 방향으로 가고 있었다. 찬란한 미래를 꿈꾸며 대학 입시를 준비하고 각종 과외활동으로 자기소개서를 채우고 있었다.

다시 말해 미국인은 크랙 확산의 책임을 피해자에게 물었다. 끔찍한 공중보건 위기로 고통받는 공동체에 최소한의 정책만 취했다는 뜻이다. 입법자들은 엄격한 처벌을 제안하며 크랙 사태와 거리를 두려고 했다. 수많은 흑인 청년을 포함해 수십만 명이 크랙과 관련된 범죄로 교도소에 갔고, 터무니없이 긴 형량을 선고받았다.

당시 크랙은 값비싼 코카인보다 훨씬 더 위험한 약물로 취급받았다. 크랙은 사람의 폭력성을 끄집어냈다. 중독성도 더 심했다. 코카인이 작은 산불이라면, 크랙은 맹렬한 들불이었다. 그리고 대다수가 입을 다무는 또 다른 사실이 있었다. 중산층을 비롯한 입법자들이 코카인에는 친숙했다는 점이다. 이들은 대학 기숙사나 파티장에서 코카인을 접했다. 몇 번 흡입해본 사람도 꽤 있었다. 그들 눈에 크랙은 빈민촌ghetto의 마약이었다. 그래서 크랙을 딴 세상 사람들이 하는 약물로 취급했다.

크랙 확산이 절정에 이르면서, 이러한 구분이 인종차별적 연방법에 그대로 반영됐다. 1986년에 통과된 이른바 100대 1 원칙은 코카인 500그램, 즉 1파운드 조금 넘는 양을 소지하면 최소 5년의 형량을 받게 했다. 반면 크랙은 고작 5그램을 갖고 있어도 최소 형량이 동일했다. 화장실에서 약 2만 5,000달러어치 코카인 0.25파운드를 피우다 걸린 투자은행 직원은 징역형을 받지 않고 빠져나갔지만, 빈민가에서 작은 유리용기에 담긴 15달러짜리 크랙을 소지한 아이는 적어도 5년 동안 수감됐다.

크랙의 유행으로 휘청거리던 도심 빈민촌은 이제 젊은이들까지 교도소에 보내야 했다. 이들은 힘이 없었고, 호소해봤자 국가를 뒷배로 둔 각종 처벌과 비난에 묻혀버렸다. 일단 크랙 피해자를 지칭하는 용어가 '중독자'였다. 이는 실직 같은 특정 상태를 뜻하지도, 암이나 우울증처럼 질병을 의미하지도 않았다. 그냥 별도의 명사였다. '중독자'라는 표현은 이들이 어떤 존재인지 규정했고 '잘못된 선택'과 동의어로 쓰였다. 이 용어 하나로 이들의 그릇된 도덕관과 험난한 인생 경로를 암시했다.

특히 젊은 흑인 남성들은 크랙 문제에 휘말려 가정을 돌보지 못한 점을 자책했다. 이들 수십만 명을 감방에 가두면서 상황은 더 심각해졌다. 전과자라는 낙인 때문이었다. 가난하고 흑인이며 약물 중독자인 데다 이제 범죄자라는 오명까지 얻었으니, 합법적인 고용기회가 사실상 없었다. 다수가 자신에게 익숙한 일로 돌아갔고, 그러다 또 걸리면 더 긴 형량을 선고받았다. 일부 주에서는 삼진아웃제도Three Strikes, You're Out를 제정해 같은 범죄를 세 번 저지르면 이전보다 더 강하게 처벌했고, 교도소 안에 영원히 가뒀다. 사회는 이들의 인생에 투자하는 대신 이들을 매장하는 쪽을 택했다.

이런 측면에서 낙인은 수치심을 낳는다. 낙인은 가치 있는 자와 아닌 자를 알려주는 사회적 신호이기 때문이다. 각종 기관과 정부가 낙인찍는 역할을 자처할 때, 한 사람의 가치를 예단하는 시스템이 만들어진다. 다시 말해 온 세상이 내게 쓸모없다고 말하면, 나 자신도 거기에 동조해버린다. 결국 크랙 확산은 수치심을 자극하는 광적인 비난을 낳았다.

이들에게는 어떤 대안이 가능했을까? 플로리다주 다리 밑에서 잠을 청하던 블라섬이 당신의 여동생이나 딸이었다면 어떤 제안을 하겠는가? 무엇보다도 약물 중독에서 벗어나도록 도왔을 것이다. 블라섬에게 안전한 거처가 생긴다면, 그녀와 아이들을 응원하는 공동체까지 있다면 재활은 가장 효과적일 것이다. 또 직업훈련으로 미래에 대비시키는 방법도 있을 것이다.

이런 대안을 실행하려면 공감이 필요하다. 피해자를 낙오자로 취급하지 않고 도움이 필요한 가족으로 바라봐야 한다. 이들이 인류라는 가족의 극히 일부에 불과해도 말이다. 그러나 공감은 어려운 일이며 생판 모르는 사람일수록 더욱 힘들다. 약물 중독 문제의 경우, 사회는 피해자를 비난하고 이들을 타인으로 밀어내는 쪽을 훨씬 편하게 받아들였다. 즉 가치관이 독특해서 어리석고 끔찍한 선택을 하는 자들로 분류했다. 그러다 보니 인종차별적 정책에 솔깃하게 반응했다. 이는 중독자를 '타자화othering'하는 또 다른 방법이었다. 기본적으로 이들과 정서적으로 안전한 거리를 유지하면서 이들이 처참한 현실에서 뒹굴도록 내버려두는 것이었다.

1989년 일간지 『보스턴 글로브The Boston Globe』에 실린 논평은 이러한 태도의 전형이었다. 워싱턴 D.C.의 한 병원에 근무하는 의사가 쓴 이 글은, 크랙 코카인 의존증을 갖고 태어난 아기의 산모를 이렇게 묘사했다.[10] "이 여성들은 불결하게 산다. 크랙 중독은 이들이 얼마나 제멋대로 사는지 보여준다. (…) 이들은 웬만한 일에는 신경도 안 쓴다." 당시 미국에 팽배했던 시각에 따르면, 크랙 중독자는 도덕관념이 없는 먼 세상에 사는 존재였다.

공감에는 시간과 관심이 필요하지만 선의가 있는 사람도 먹고 사느라 바쁘다. 마약 및 관련 범죄로 피폐해진 지역 외부에 사는 사람들은 각자 생업에 신경 쓰고 자녀를 키우며 생활비를 마련해야 했다. 이들 대다수는 마약 중독자에게 신경 쓸 여유가 애초에 없었다. 크랙 피해자들은 미국 주류사회와 물리적으로 동떨어진 황폐한 지역에 모여 살았으므로, 이들을 모른 체하기가 더 쉬웠다.

비용 문제도 있었다. 재활 프로그램은 비쌌고 주거지와 식량, 꾸준한 치료에도 돈이 많이 들었다.[11] 수감 비용은 이보다 훨씬 더 많이, 당시 웬만한 중산층 연봉 수준으로 들었다(교도소 운영을 민간업체에 맡기면 현금흐름과 이익이 발생한다. 2018년 한해에는 연간 30억 달러가 넘는 수익을 올렸다).[12] 그렇지만 중독자에게 비판적인 대중은 재정 부담이 있더라도 그들을 교도소에 보내는 게 적절하다고 보았다. 재활치료와 사회복귀 시설은 마약사범을 살살 다루고 무상으로 서비스를 제공하는 반면, 교도소는 확실한 처벌을 내리기 때문이었다. 물론 중독에서 벗어난 사례는 열심히 찾아보면 나온다. 그리고 그들의 이야기는 보기 드문 다이어트 성공담처럼 개인을 탓하는 담론을 뒷받침한다.

낙인찍기에서 벗어나는 건 왜 개인의 몫인가

다시 블라섬의 이야기로 돌아가보자. 기독교 방송 인터뷰와 직접 쓴 책 세 권에서 블라섬은 자신을 회복으로 이끈 신께 깊은 감사를 드린다. 신앙은 종교공동체의 지원과 더불어 약물 중독으로 고생하는 사람에게 유익한 도움을 줄 수 있다. 그러나 블라섬의 이야기를 듣다 보면, 약자를 탓하는 현재의 해로운 정서와 이를 뒷받침하는 통념을 강화하는 것 같다. 한 여성이 임신, 약물, 폭력적인 친구와 애인 등 오랫동안 미숙한 선택을 하다가 여기서 빠져나올 방법을 찾았다는 이야기로 들리기도 한다. 굳건한 의지와 신앙 덕분에 잘못된 선택에서 올바른 선택으로 돌아섰다는 것이다. 블라섬과 같은 경로로 구원받는 사람이 많아진다면 얼마나 좋겠는가.

블라섬은 생존자다. 특별한 정신을 지닌 비범한 사람이다. 다만 그런 고무적인 사례는 예외적이고 흔치 않다는 것이 바로 핵심이다. 흔했다면 주목받지도 못했을 것이다. 게다가 이는 우리가 논의하고 있는 주제와도 잘 들어맞는다. '블라섬이 노력 끝에 인생을 되찾았으니, 다른 사람도 그렇게 할 수 있다. 어디까지나 본인 의지에 달린 문제다. 그러니 사람들의 공감은 필요 없고 도움은 더더욱 필요 없다. 사실상 그들의 선택이 틀렸다고 자부하면서 그들을 무참히 깎아내릴 수 있다. 또 직접 본 적도 없는 빈민가와 교도소에 그들을 방치할 수 있다. 이들이 자신의 부끄러운 삶을 바꾸려고 하면, 각자 알아서 하라고 내버려둔다.'

블라섬의 이야기에서 또 하나 중요한 사실은 신앙과 내면의 힘 외에도 효과적인 재활치료가 도움이 됐다는 점이다. 블라섬은 정신병원에 입원해 사흘을 보낸 후 사회복귀 재활원으로 옮겨갔는데, 그곳은 마약이 없는 안전한 곳일 뿐 아니라 상담 치료도 제공했다.

바로 이런 점에 주목해야 한다. 교회, 병원, 클리닉에 있는 소집단은 피해자를 충분히 보호하면서, 중독을 조장하는 수치심 머신에 맞서 싸운다. 이런 기관은 자금 사정이 열악함에도 나름대로 성과를 거둔다. 블라섬 로저스도 그중 하나다. 이외에도 내가 아는 성공사례가 있다.

고등학교 2학년 봄, 나는 심한 우울증과 자살 충동에 시달리며 매우 불안한 나날을 보냈다. 결국은 렉싱턴에 있는 우리 집 근처 에머슨 병원에 입원했다. 나와 함께 방을 쓴 친구는 거식증 환자였지만, 대다수 환자는 내가 들어만 봤고 가본 적 없는 위험한 동네에서 역병처럼 퍼진 약물에 중독된 사람들이었다. 일부는 헤로인 중독자였고, 코카인 남용자도 몇 명 있었는데 대개는 크랙 중독자였다. 1987년의 일이었다.

정신병동에서 서로 공감하는 수치심은 모든 이를 대등하게 만들었다. 다들 이런저런 이유로 몹시 불안정한 상태였다. 사회에서 성공한 사람들이 보기에 우리가 내린 판단에는 문제가 있었다. 그러나 병동 안에서는 다 같이 한배를 탔으므로, 자신의 수치심을 곱씹을 필요가 없었다. 남들의 시선에 벗어나 각자 살아온 이야기를 편하게 꺼낼 수 있었다. 병동 모임은 수치심 머신에서 빠져나올 수 있는 피난처였다.

집단치료에서 한 명씩 목소리를 낼 때마다 따뜻한 반응과 깊은 공감을 보여주었다. 나는 오래 묵혀둔 이야기, 어린 시절과 우리 가족 그리고 성적 학대로 생긴 수치심을 털어놓았다. 그중에는 스스로 의식하지 못한 기억도 있었다. 그리고 다른 사람들의 끔찍한 사연도 들었다. 학대받으며 자란 고통스러운 어린 시절, 약물 중독과 배신당한 경험 등 내 경우보다 훨씬 심각했다. 내 눈에 비친 동료 환자들은 범죄자나 실패자가 아닌, 심리적 전쟁 지역에서 탈출한 난민이었다.

이 모임에는 우리 부모님처럼 내 체중을 감시하거나 100그램 단위로 꼼꼼히 따지는 사람이 없었다. 또 학교에서처럼 나와 성적으로 경쟁하거나 나를 별종이라고 따돌리는 사람도 없었다. 그들에게 나는 그냥 나였다. 나는 난생처음 집과 학교를 넘어선 또 다른 세상이 있다는 사실을 알았다. 그곳 사람들은 나를 있는 그대로 받아들였다. 이들과 함께 있으니, 처음으로 나를 용서할 수 있을 것 같았다.

질병으로 먹고사는 기업들

요즘은 부잣집 교외 출신 백인 여자아이가 정신병원에 입원하지 않아도 약물 중독자와 교감을 할 수 있다. 이제 약물 피해자들은 보이지 않는 곳에 숨어 지내지 않는다. 크랙 확산이 주로 미국 도시에 국한됐다면, 21세기 오피오이드* 사태는 교외 지역과 시골 마을까지 사방팔방으로 뻗어나갔기 때문이다. 마약의 수렁에 빠질 기회가 전보다 늘어났고, 평등해졌다.

크랙 위기 지역을 빨간 선으로 표시하지 않아도, 사람들 마음속에는 그 경계선이 있다. 일부는 피해자 집단을 구분 지어 멸시하지만, 나머지 집단에는 혹독한 비판을 자제하는 편이다. 이를테면 주삿바늘이 수북이 쌓인 샌프란시스코 마켓 스트리트에서 헤로인을 한 방 맞은 후 약에 취해 졸고 있는 사람과, 통증을 달래려다가 오피오이드에 중독된 참전용사를 똑같이 수치심에 빠진 집단이라고 분류하지 않는다. 첫 번째 집단은 죄를 지었고, 두 번째 집단은 죄가 없기 때문이다.

이러한 구분도 알고 보면 착각이다. 샌프란시스코의 헤로인 투약자 중에는 참전용사도 있을 것이다. 또 전직 국회의원, 헤지펀드사 대표, 교외에 거주하는 아이 엄마도 있을 것이다. 각자 어떤 계기로 중독에 빠졌든 그건 과거의 일이고, 현재 이들이 맞서 싸우는 중독은 똑같이 생명을 위협한다. 중독에 허덕이는 사람은 지독한 금단증상을 없애려고 옥시콘틴부터 헤로인, 펜타닐까지 이런저런 마약을 닥치는 대로 쓴다. 중독자가 쓰는 화학물질은 취향이나 가치관, 문화보다는 공급망에 따라, 또 유통구조에

---

* 오피오이드(Opioid)는 아편(Opium)에서 유래된 마약성 진통제를 뜻한다. 모르핀, 헤로인, 펜타닐 등이 대표적이다. 이 책에서 오피오이드는 마약성 진통제 오남용이라는 뜻도 담고 있다 – 편집자주.

따라 달라진다. 제약 연구소에서 나왔든 멕시코 양귀비 농장에서 왔든 상관없다. 약물 선택은 대체로 경제적인 문제이고 주로 가격과 접근성이 좌우한다.

약물 중독에는 깊은 수치심이 따라오므로 중독자는 도움을 선뜻 요청하지 못한다. 피해자의 일탈행위에 집착하는 사회는 치료법이든 대체 약물이든 보통 도움의 손길을 뻗지 않는다. 대신 그들을 감옥으로 보낸다. 대형 제약회사부터 민간 교도소까지 상장회사들은 피해자를 비난하거나 피해자가 수치심 때문에 거부하지 못하는 제안을 하는 식으로, 암울한 현실에서 이윤을 취하고 자신들의 제국을 영원히 번성시킨다. 사이비 재활시설은 이른바 노동 치료를 통해 비극적 현실을 잔인한 희극으로 바꾸는데, 어떤 시설은 기간제 노역과 비슷하게 운영된다. 모든 것이 수치심의 악순환을 불러오고, 업체들의 배를 불린다. 표적 고객의 수치심이 커질수록 업체들의 주머니는 두둑해진다.

여기에도 한계는 있다. 어찌 보면 헤로인이든 옥시콘틴이든 중독성 약물을 판매하는 업체는 우리의 질병으로 먹고산다. 이런 점에서 이들은 우리 몸에 사는 원생동물과 흡사하다. 예를 들어 열원충Plasmodium은 학질모기Anopheles mosquito에 무임승차해 모기에게 물린 사람을 말라리아에 감염시킨다. 이 원생동물은 중독성 진통제를 만드는 기생적인 제조업체처럼 숙주가 고통받을수록 번성한다. 그렇지만 여기에는 섬세한 조율이 필요하다. 숙주가 죽으면 생존 기반이 사라지기 때문이다.

제약회사의 대국민 사기극

뉴욕주 빙엄턴에 사는 백인 대졸자 제프 플레어스가 겪은 일은, 오피오이드 확산과 크랙 확산의 차이를 문화적 다양성부터 지리적 범주까지 다각도로 나타낸다. 이는 동시에 크게 달라지지 않은 현실도 보여준다. 블라섬을 비롯한 크랙 사태의 피해자들처럼 제프도 여러 겹의 수치심에 시달렸다. 그가 수치심으로 침묵하고 자책할 동안, 업체들에는 새로운 수입원이 생겼다.

고등학교 시절 제프는 성적이 우수한 학생이었다. 여러 동급생처럼 그도 호기심에 약을 해봤고 대마초도 조금 피워보았다. 대학생이 됐을 때는 엄마에게 코카인을 해봤다고 털어놓았다. 사실 대학에는 코카인을 해본 사람이 넘쳐흘렀고, 그럼에도 사회에서 성공한 경우가 많았다. 같은 나이 때 빈곤과 성적 학대에 시달린 블라섬과 달리 제프는 어떤 수치심도 느낄 이유가 없었다.

제프는 고등학교 2학년 때인 2003년에 무릎 수술을 받았다. 주치의가 진통제로 옥시콘틴을 처방했다. 이 마약성 진통제는 불과 7년 전, 코네티컷주 하트포드에 있는 제약회사 퍼듀 파마 **Purdue Pharma**가 요란하게 홍보하며 출시한 약이었다. 퍼듀는 이 약을 중독성이 없는 안전한 진통제라고 홍보했는데, 이는 약물 중독과 관련된 또 하나의 과학적 사기였다. 옥시콘틴은 독성이 강한 만큼 약물이 서서히 흘러나오는 서방정으로 만들었다. 퍼듀의 영업팀은 매출 목표를 달성해 두둑한 보너스를 챙기려고 공격적인 마케팅을 펼쳤다. 이들은 전국을 돌며 의사와 병원 관계자를 만나 그럴싸한 거짓말로 홍보하며 옥시콘틴을 팔았다.

제프의 엄마 알렉시스는 당시 이런 위험성을 몰랐다고 한다. 그녀는 수술받은 아들에게 진통제를 복용했는지 물어가며 꼭 챙겨 먹게 했다고 한다. 하루는 차를 타고 이동하는데 제프가 이렇게 말했다. "엄마, 나 진통제를 너무 자주 먹는 것 같아요." 알렉시스는 이렇게 답했다. "그러면 끊어야겠네."

알렉시스가 이제야 알게 된 사실이지만, 그때 제프는 도와달라고 말하고 있었다. 흔히 그렇듯 알렉시스도 약물 중독을 선택의 문제로 보는 시각에 길들어 있었다. 알렉시스는 아들이 중독의 위험을 느끼거나 실제로 중독됐다면 올바른 선택을 하면 된다고, 그러면 문제를 피할 수 있다고 생각했다. 그러나 제프의 중독은 통제범위를 넘어섰고 나날이 심해졌다. 약에 대한 의존성이 커질수록 제프의 수치심도 깊어졌다. 물론 제프는 수치심의 핵심 명령에 따라 약물 중독 사실을 주변에 숨겼다. 제프 입장에서는 그럴 만도 했다. 물질사용장애substance use disorder(중독성을 지닌 물질의 반복적 사용으로 신체, 심리적 문제가 있는데도 중단하지 못하는 상태 – 옮긴이)가 있으면 사회에서 낙오자로 취급받았다. 게다가 이 중독성 약물을 제조한 퍼듀는 분명 이런 편견을 부추긴 책임이 있었다.

당시 오피오이드 사태가 전국으로 퍼지고 있었다. 이후 20년에 걸쳐 미국에서 40만 명 정도가 이 약물로 사망하는데, 보건 관계자부터 원고 측 변호사에 이르기까지 일반 대중은 옥시콘틴이

이 위기와 어떤 관련이 있지 않을까 이때부터 의심하기 시작했다. 퍼듀는 피해자에게 책임을 떠넘기는 전략을 취했다. 2001년 퍼듀 회장이자 전임 사장인 리처드 새클러가 다음과 같은 메일을 사내에 보냈다. "우리는 모든 수단을 동원해 약물 남용자를 공격해야 한다. 남용자가 문제를 일으킨 장본인이다. 그들은 무모한 범죄자다."[13]

약물남용을 용납하지 않는 분위기에서 제프 같은 중독자는 어떻게든 중독 사실을 숨기려고 했다. 제프는 윈저 센트럴 고등학교를 졸업하고 뉴욕주립대학교 모리스빌 캠퍼스에 진학했다. 대학 졸업 후에는 바로 직장을 구했다. 알렉시스는 아들이 무난하게 사회생활을 시작했다고 생각했다. 무릎 수술과 아들이 복용한 진통제는 어느 순간 머릿속에서 사라졌다.

2011년 어느 날, 경찰서에서 난데없이 전화가 왔다. 제프가 절도죄로 체포됐다고 했다. 알렉시스는 충격을 받았다. 한 번도 말썽을 일으킨 적이 없는 제프였다. 알렉시스는 전화 통화로 자신이 결백하다고 주장하는 제프를 믿었다. 하지만 국선 변호사를 만나 아들 문제를 논의하던 중, 변호사로부터 이런 말을 들었다. "헤로인 중독자는 앞뒤가 안 맞는 행동을 많이 합니다."

순간 알렉시스는 "한 방 먹은 기분"이었다고 했다. 알렉시스가 면회하러 가자 제프는 울음을 터뜨리며 말했다. "미안해요, 엄마. 너무 부끄럽고 창피해요. 도움이 필요했고 지금도 필요해요. 그런데 너무 창피해서 말도 못 꺼냈어요."

이쯤에서 독자들은 제프가 회복의 길로 들어섰으리라 예상할 것이다. 어쨌든 제프는 엄마에게 사실대로 털어놓았고 수치심의 악순환에서 벗어났기 때문이다. 이제 제프는 숨길 이유가 없었다. 사랑하는 가족의 응원을 받으며 재활시설에서 중독증과 싸우면 그만이었다. 그런데 그가 마주한 사회는 중독자를 재활시설보다 교도소에 보내려는 의지가 훨씬 강했다. 알렉시스에게는 가족 명의로 들어둔 최고급 보험이 있었다. 그래서 구치소에 들어간 아들을 5주 후 겨우 꺼내 재활시설을 알아보다가, 새로운 사실을 알게 됐다. 체포 후 약을 끊고 약에 적극적으로 손대지 않은 제프는 재활치료 대상이 아니었던 것이다.

갱생 불가라는 낙인, 버려진 중독자들

미국 사회가 제프 같은 마약성 진통제 중독자에게 보인 반응은 사실상 '추방'이었다. 중독자들은 약을 끊든가, 아니면 로널드 레이건 전 대통령의 부인 낸시 레이건 여사가 1980년대에 외치고 다닌 마약 퇴치운동 슬로건처럼, '그냥 거부just say no'해야 했다. 대중이 보기에 아주 간단한 조언이었지만 약물 중독에 시달리는 사람에게는 모욕적이고 수치스러운 조언이었다. 이는 중독을 또다시 선택의 문제로 접근했고, 약물을 '그냥 거부'하지 않은 사람은 어리석고 불행한 선택을 한 죄가 있다는 암묵적이지만 뚜렷한 판단을 깔고 있었다. 그러니 사회에서 이들을 신경 쓸 필요가 없었다. 중독자들은 몰락을 자초했기 때문이다.

수치심을 퍼붓고 실질적 도움은 거의 없는 퇴치 전략은 당연히 처참하게 실패했다. 그리고 대다수 피해자가 교도소에 갇히거나 약물을 남용하는 등 중도에 포기할 수밖에 없었다.

지금까지 가장 효과적인 마약성 진통제 중독 치료법은 환자에게 행동장애 상담을 하면서, 대체 약물인 메타돈methadone과 부프레놀핀buprenorphine을 쓰는 것이다. 크랙 중독자에게는 의존성을 완화할 약물이 없지만, 마약성 진통제 중독자는 생명줄과 다름없는 대체 약물을 쓸 수 있다. 2016년에 비영리단체 퓨 자선신탁Pew Charitable Trusts이 발표한 연구에 따르면, 약물 보조 치료Medication-Assisted Treatment, MAT는 "비非약물 치료와 비교해 불법적 마약성 진통제 사용을 눈에 띄게 낮췄다."¹⁴ 이 치료법을 활성화하면 약물 과다복용으로 인한 사망자 수뿐 아니라 이와 관련된 위험 즉 HIV 바이러스, C형 간염, 길거리 폭력 등도 낮출 수 있다.

중독 피해자를 위해 애쓰는 사람들은 MAT에 회의적인 대중을 설득하느라 고생한다. 이 치료법은 중독을 부끄럽고 잘못된 선택의 문제가 아닌 하나의 질병으로, 약으로 관리되는 증상으로 보기 때문이다. MAT는 중독자가 인생을 되찾고 관계를 회복하는 것, 또 범죄로 이어지고 목숨까지 앗아가는 위험한 약물에 의존하지 않도록 하는 것에 중점을 둔다. 그렇지만 MAT는 적어도 치료 초반에는 의존 약물을 억제하는 게 아닌 의존 대상을 바꾼다.

이는 기본적으로 수치심에 주목하는 대중의 정서에 어긋난다. 중독자가 행동을 바꾸도록 압박하지 않고, 또 다른 대상에 탐닉하게 하는 것 같기 때문이다. 게다가 MAT는 비용이 많이 든다.

　미국 정부는 재활치료 활성화에 힘써왔다. 제2기 부시 정부와 오바마 정부 모두 재활 치료비 일부를 보험사가 지급하게 한 규정을 통과시켰다. 다만 두 정부 모두 명확한 기준과 모범적인 실무지침을 마련하지 못했다. 안타깝게도 재활치료에서 발생한 풍부한 수익이, 방대하고 제멋대로이며 규제하기 힘든 재활 시장의 배를 채우는 결과를 낳았다.

　재활 시장은 사기꾼과 그럴듯한 약속, 과학 사기가 판치는 350억 달러 규모의 산업이다. 게다가 이 시장은 재활시설에서 한 주 내지 한 달을 보내면 어떤 식으로든 중독증을 고칠 수 있다는 잘못된 전제를 깔고 있다. 재활은 인공 고관절 치환술이나 편도선 수술이 아니다. 재활에는 시간이 필요하다. 때로 퇴보하기도 한다. 한 달이면 중독을 고친다는 치료법들은 대개 재발이나 상습적 범행으로 이어진다. 그래서 블라섬과 제프 같은 중독자들이 재활시설에 머물렀다가 다시 거리와 교도소에 오가는 삶을 반복하며, 중독에서 완전히 회복하지 못하는 경우가 허다하다. 사회는 이들을 낙오자로 본다. 중독자도 이 평가에 수긍하므로 수치심이 깊어진다.

　왜 중독을 만성질환으로 보고 이를 치료하는 데 드는 비용을 지출하지 않는 걸까? 약물과 알코올 문제를 겪는 사람들을 비난하고 이들에게서 손을 떼는 편이 더 쉽고 돈도 덜 들기 때문이다. 마약성 진통제 중독자와 신부전 환자를 비교해보자. 보험사는 신장 질환자에게 상당한 치료비를 지급하는데, 한두 달이 아닌 치료에 필요한 기간만큼 지원해준다. 미국 정부는 메디케어Medicare(미국의 노인 의료보험제도 – 옮긴이)를 통해 이를 의무화한다. 현재 신장 투석은 수십억 달러짜리 산업이다. 콜로라도주 덴버 같은 도시들에선 투석 산업이 지역경제의 중추다. 신장 투석 전문업체인 의료대기업 다비타DaVita, Inc.의 본사도 덴버에 있다. 사실상 투석 치료 한 번은 메타돈 투약 한 번과 비슷하다. 두 치료법 모두 질병의 고통을 낮춰서 환자가 다음 치료 때까지 버티게 해준다.

이제 사람들이 망가진 신장을 수치스럽게 여기고, 정부와 보험사도 이런 여론을 반영해 신장 투석 지원금을 아낀다고 해보자. 이 가상의 시나리오에서 환자는 투석 치료를 받고 치료비를 마련하러 여기저기 뛰어다녀야 한다. 신장 기능이 떨어지고 신체적 고통이 극에 달해 미쳐가는 환자들도 있을 것이다. 절망에 빠진 환자들은 편의점을 털거나 손가방을 낚아챌지도 모른다.[15]

바로 이것이 중독자가 겪는 실존적 고통이다. 그리고 한 사회의 구성원인 우리는 이들을 계속 비난한다. 다수의 중독자가 받는 기본 치료는 구치소와 교도소를 중심으로 이뤄지고, 비용은 더 인간적 치료법인 MAT를 훨씬 능가한다. 이렇게 가두는 것이 냉혹해도 간단한 해결책이다. 중독자가 길거리에서 사라지면 사람들 눈에 안 띄기 때문이다. 전미 보안관협회National Sheriffs' Association에 따르면, 약물남용이나 약물 중독으로 고생하는 구치소 수감자가 전체의 3분의 2라고 한다.[16]

일부 구치소와 교도소는 수감자에게 약물 치료와 상담을 제공하지만 예산이 턱없이 부족하고 전문성도 많이 떨어진다. 약물 피해가 극심한 보스턴 북부 미들섹스 카운티의 보안관 피터 커투지앤은 관할구치소에 새로 온 수감자 중 40퍼센트에 MAT를 제공할 수 있지만, 재소자 중 최소 80퍼센트가 약물이나 알코올 의존증에 시달린다고 추산했다.

미국 형법은 중독자의 재활을 위해 고안된 법이 아니므로, 수감자는 회복 여부와 상관없이 기간이 되면 풀려난다. 갑작스럽게 세상 밖으로 나온 출소자는 어떤 지원이나 사회복귀 시설이라고 할만한 것을 찾기가 어렵다. 다시 거리로 돌아가 전에 어울렸던 무리와 같이 지내게 된다. 이들 중 다수는 여전히 중독 상태다. 비극적이게도 교도소에서 억지로 약물을 절제시키면 유혹에 저항하는 능력이 떨어진다. 그래서 출소 첫날 약물을 과다복용하는 경우가 놀랄 만큼 많다. 그야말로 버려진 사람들이다.

제프 플레어스는 중독이라는 지옥에 갇힌 것 같았다. 첫 수감 이후 중독에서 벗어나려고 애썼지만 단기간에 그쳤다. 여자친구도 약물 중독이었다. 2년 동안 이 커플은 이리저리 방황했다. 아파트와 직장을 잃었고, 치료소에서 며칠을 보내도 온전한 정신이 오래가지 못했다. 체포도 여러 번 당했다. 이들은 알렉시스에게 이런 말을 자주 했다. "우리는 도움만 있으면 돼요. 우릴 도와주실 수 없나요?"

알렉시스는 제프가 가족보험으로 한 달간 치료받을 수 있겠다고 생각한 곳, 그리고 제프의 여자친구도 이보다는 짧지만 정부기관을 통해 치료받을 수 있는 곳을 마침내 찾아냈다. 제프가 시설에 들어간 지 11일이 지나, 알렉시스는 아들의 전화를 받았다. "제프가 울먹이며 말하더군요. 이제 보험금이 지급되지 않아서 집으로 돌아가야 한다고요."

그로부터 얼마 지나지 않아 제프는 체포됐고 열 달간 수감됐다. 출소 후 다시 열 달을 멀쩡한 정신으로 보냈다. 그러다가 또다시 약에 손을 댔을 때, 이제 인내심이 바닥난 그는 툭하면 과다 복용을 했다. 제프는 28세의 나이로 사망했다.

주홍글씨

미국 정부가 재활 예산을 아끼는 와중에도 재활산업은 여전히 상당한 이윤을 챙긴다. 재활업체는 중독자가 운영에 참여하기도 하는 이른바 클린하우스부터, 휴양단지에 버금가는 시설을 갖추고 한 달 이용료로 수만 달러를 부르는 회복센터까지 그 형태가 다양하다. 그중 한 곳인 캘리포니아주의 클리프사이드 말리부는 1인실 한 달 이용료로 7만 3,000달러를 내면, 요가 수업부터 언어 치료까지 각종 서비스를 제공한다.

터무니없이 저렴하거나 무료인 곳도 있는데, 재활환자가 무상노동으로 밥값을 해야 한다는 게 함정이다. 제니퍼 워렌도 그런 시설 중 하나를 운영했다. 크랙 중독자였던 워렌은 노동 치료가 중심인 앨라배마주의 한 재활시설에서 완치된 후, 시설 운영에 직접 뛰어들었다. 탐사보도 전문 매체『리빌Reveal』이 2018년에 보도한 기사에 따르면, 워렌은 2002년, 노스캐롤라이나주의 랄리와 윈스턴세일럼 두 곳에 리커버리 벤처스Recovery Ventures를 공동 설립했다. 워렌은 고객 착취 등 윤리규정 위반으로 노스캐롤라이나주 자격관리위원회와 갈등을 빚었다.[17] 2011년 재활시설에서 해고된 워렌은 또 다른 재활업체 리커버리 커넥션Recovery Connections을 세우고 예전처럼 무상노동이라는 사업모형을 유지했는데, 이번에는 재활환자에게 노인과 장애인을 보살피는 일을 시켰다.

판사들은 정서적으로 취약한 약물 중독자에게 리커버리 커넥션에서 '복역do time'하라는 지시를 내렸다.『리빌』의 보도에 따르면, 재활환자 40명 정도가 이곳에서 무보수로 일했다. 수위나 요리사로 일한 사람도 있었지만, 대부분 노인을 돌봤다. 노인을 들어 욕조로 옮기고, 기저귀를 갈아주고, 때때로 본인이 중독된 약물을 투약하는 게 이들의 일과였다. 노동은 18시간까지 이어졌고, 아무도 급료를 받지 않았다. 이들은 한마디로 기간제 노역자였고, 관점에 따라 노예라고도 할 수 있었다.

이것만으로 부족했던지 리커버리 커넥션은 시나논Synanon이라는 가학적 치료도 병행했다.* 1950년대에 개발된 이 치료법은 사람을 감정적으로 몰아붙여 방어기제를 없애는 걸 목적으로 한다. 힘든 노동을 마친 환자들은 서로를 샌드백 취급하며 모욕했다. 또 이들은 운 없는(그리고 누가 봐도 불쌍한) 중독자를 한 명 골라내 다 같이 에워싼 다음, 45분 동안 욕설을 퍼부었다.[18]

놀랍게도 이곳을 거친 고객들이 소송을 걸고 또 이 시설에 대한 자세한 폭로기사가 나왔는데도, 리커버리 커넥션은 여전히 영업 중이다. 주 당국자가 1년에 한 번씩 이곳을 방문하고, 판사가 회복 중인 중독자를 계속 이곳에 보낸다. 물론 재활환자에게 일을 시키는 시설은 이곳만이 아니다.

이는 수치심에 기생하는 사업모형이다. 중독에서 회복 중인 취약 집단은 부당한 대우를 받아도 들고일어날 가능성이 매우 낮다. 업체 입장에서 보면 고객의 수치심이 입막음 역할을 한 것이다. 정부 기관과 보험사 양쪽의 이해와도 맞아떨어지는 듯하다. 다른 곳보다 비용이 훨씬 저렴하므로 판사 입장에서 예산에 맞는 선택지이기 때문이다(판사가 7만 3,000달러나 주고 체류해야 하는 클리프사이드 말리부에 중독자를 보낼 리는 없다).

두 형태의 재활시설, 즉 노스캐롤라이나주의 기간제 노역과 온갖 시설을 갖춘 캘리포니아주의 회복센터 모두 무엇이든 허용되

---

* 알코올 중독 환자들을 재활치료하는 시설로 시작되었다. 규모가 커지며 마약 중독자들도 치료받게 되었다. 환자들이 모두 삭발하는 등 사이비 종교화되고, 서로 돌아가면서 언어폭력을 자행하는 치료법이 공개되자 많은 비난을 받았다-편집자주.

는 재활산업에서 운영되고 있다. 이 분야에서 과학은 선택사항에 불과하므로, 검증도 안 된 매우 높은 재활 성공률이 시설 홍보물에 실린다. 고객에게 말을 쓰다듬거나 춤추게 하는 곳이 있는가 하면, 90대 노인을 번쩍 들어 화장실에서 침대로 옮기게 하는 곳도 있다. 이런 치료법이 실패해 같은 고객이 두 번 세 번 재입소한다면? 현금흐름이 이어지는 한 충성스러운 고객은 전혀 문제되지 않는다.

이런 산업이 버젓이 존재하고 성장하는 이유는 사회가 중독에 시달리는 사람들을 비난하기 때문이다. 물론 이들은 가족이나 친구들에게 보살핌을 받는다. 그러나 한 사회의 구성원으로서 대중은 이들에게 관심이 없다. 눈에 보이지 않으면 신경 쓰지 않는다. 또 냉정하게도 이들이 자책하는 걸 당연하게 여긴다. 그래야 스스로 고칠 수 있다고, 아니면 어쩔 수 없다고 본다.

3.

빈곤
가난한 자들을 위한 나라는 없다

뉴욕시에 사는 노숙자 스콧 허친스는 2012년부터 노숙자 쉼터를 이리저리 옮겨 다녔다. 당시 플로리다주에서 하던 일에 실패하고 디스크로 신체적 고통을 겪는 등 불운이 겹쳤고, 계약한 집이 없어 모든 세간살이를 창고에 보관했다. 그는 복지제도와 노숙자 보호시스템이 사람을 비참하게 만들었다고 말했다. 처음 노숙을 시작했을 때 허친스는 로어 맨해튼에 있는 벨뷰Bellevue 쉼터로 보내졌는데, 그곳은 그에게 교도소처럼 보였다. 거기서 2주쯤 지냈을 때, 쉼터 관리자들이 한밤중에 그를 깨우더니 쓰레기봉투에 짐을 싸게 했다. 그는 브루클린에 있는 또 다른 쉼터로 보내졌다.

2020년 코로나가 닥치자 허친스를 비롯한 많은 노숙자가 또다시 거처를 옮겨야 했다. 이번에는 호텔로 들어갔고, 두 사람이 방 하나를 썼다. 쉼터 관리자들은 주도면밀하게 푹신한 침대를 빼버리고 불편한 간이침대를 방안에 들여놓았다. 허친스는 "우리가 불편하게 지내고, 모욕감을 느끼길 바라는 것"이라고 말했다.[1]

지금까지 우리는 수치심 안에 사업 기회가 흘러넘친다는 것을 보았다. 체중 관리 업체, 대형 제약회사, 약물 중독 치료소가 그런 기회를 잡은 곳들로, 다들 수익성 높은 시장을 개척해 고객을 등쳐먹는다.

빈곤층에게 돈이 있을 리 없지만, 그래도 방법은 있다. 사채업자와 영리 목적의 허위 대학은 빈곤층이 대출을 받도록 유도해 이윤을 취하는데, 이 과정에서 수백만 명이 심각한 빚더미에 오른다. 주 정부는 당첨 확률이 100만분의 1인 복권을 팔아 빈곤층에게서 이윤을 뽑아낸다. 빈민가의 집주인과 비우량 자동차 담보 대출 업체도 이들을 희생양 삼아 돈을 번다. 이런 돈벌이에서 가장 쉬운 표적은 절박한 사람들이다.

그런데도 사회는 스콧 허친스 같은 사람에게서 돈을 뜯어내는 행태보다, 부자들의 돈이 이들에게 들어가는 것을 더 비판한다. 빈곤층은 비용으로 여겨진다. 유권자와 납세자는 그런 지출을 어떻게든 최소화하려고 애쓴다. 미국 정부는 이런 관점을 대변하며, 양대 정당의 정치인들도 특히 1980년대부터 이런 인식을 퍼뜨렸다. 정부와 정치인들이 주입한 비판적 메시지의 핵심은 이렇다. '아무리 푼돈이라도 그들한테는 아까워.'

이러한 독선적 태도는 도움을 요청하는 사람에게 폭력을 행사하는 격이다. 빈곤층을 비난하면 부유층은 돈을 아낄 뿐 아니라 우월감을 느낀다. 날씬한 사람이 뚱뚱한 사람 앞에서 느끼는 뿌듯함, 정신이 멀쩡한 사람이 약물 중독자나 알코올 중독자를 보며 느끼는 자기만족과 비슷하다. 나는 성공했고 저들은 실패했다는 심리다. 수치심 체계를 떠받드는 태도다.

빈곤층은 교육환경이 열악하고 공기도 오염된 위험한 동네에 살면서 음식, 주거, 교통수단을 구걸해야 할 뿐 아니라 사회에서 퍼붓는 모욕도 견뎌야 한다. 그리고 약자를 비난하는 논리에 따라, 빈곤층이 도움도 요청 못 할 만큼 수치심을 느끼게 하면 더욱 좋다. 그래야 이들이 행동을 바꾸기 때문이다.

빈곤층은 게으르다는 서사

미국의 공공정책 중 상당수는 '게을러서 가난하다'는 판단을 구체화한다. 그러나 역경의 책임을 빈곤층에게 돌리는 정치인들도 여기에 예외적 부류가 있다고 본다. 바로 빈곤층의 하위집단인 이른바 '도움받을 자격이 있는 빈곤층'으로, 일하려고 했으나 운이 없었다고 증명할 수 있는 사람들이다. 이들은 도움을 받아도 되는 집단으로 여기는 것이다.

얄궂게도 특권의 문지기들은 자격 있는 빈곤층이라는 담론에 사로잡혔는지 종종 이런 서사를 요구한다. 특히 고등교육 기관에서 그런 경향이 강하다. 내가 브루클린에서 흑인과 아시아인 고등학생이 공부하는 한 학급에 방문했을 때, 학생들은 대학 입시가 어떤 식으로 자신들을 수치심에 빠지게 하는지 자세히 말해주었다. 학생들은 대학에서 저소득층 학생에게 요구하는 특정 서사가 있다고 설명했다. 역경을 극복했거나 열악하고 위험한 환경에서 빠져나온 이야기와 불우한 환경일수록 좋다고 했다. 이런 배경이 있어야 자격 있는 지원자로 분류된다. "그래서 제 인생에서 가장 끔찍했던 일을 쓰려고요." 대학 장학금을 신청할 예정이라던 한 학생이 말했다. "정말 가슴 찢어지는 에세이가 나오겠죠. 제가 행복했던 일을 쓰면 어떻게 되냐고요? 장학금을 못 받겠죠."

코로나 대유행으로 경기 침체를 겪으면서 '자격 있는' 빈곤층이 대폭 늘었다. 그런데 위기 상황에서 이들에 대한 공감대가 커지기보다, 자격의 유무를 따지는 해로운 이분법이 두드러졌다. 심지어 빈곤층을 옹호하는 온건한 정치인과 방송 기자도 집단 나누기에 동참했다. 이들은 최근 급증한 빈곤층이 "본인 잘못이 아닌데도" 일자리가 사라졌다는 말을 반복했다. 그렇지만 실직자가 된 수백만 명이 실업수당을 신청하러 갔다가 마주한 것은, 상부 지시에 따라 모든 실업수당 신청자를 잠재적 사기꾼으로 간주하는 그리고 복지 지출을 최소화하느라 여념이 없는 공무원들이었다.

로널드 레이건은 피해자를 비하하는 서사 만들기에 탁월했다.

1976년 미 공화당 대선 후보 경선에서 제럴드 포드와 경쟁한 레이건은 아이를 많이 낳아 복지제도를 농락하는 여성들이 있다며 유권자를 현혹했다. 이른바 '복지 여왕welfare queens'이었다. 이렇게 긁어모은 돈으로 이들은 캐딜락을 몰고 고급 식당에서 식사하는 반면, 자신을 지지하는 유권자들은 다달이 벌어 근근이 살아간다고 했다. 우리와 그들을 나누는 담론이었다. 정직하고 성실히 사는 미국인이 한편에 있고, 복지제도를 악용하는 자들이 또 다른 편에 있다는 주장이었다.

레이건은 잡지 『리더스 다이제스트Reader's Digest』와 『룩Look』에 나온 기사를 바탕으로 이런 가상의 이야기를 꾸며냈다. 이렇게 의도적으로 골라낸 사례들 때문에 미국 사회 전체와 도시에 사는 아프리카계 미국인이 오명을 뒤집어썼다. 이야기에 따르면 남성들은 마약이나 여타 범죄로 가족을 버렸고, 독신모들은 복지제도를 악용했다. 결론은 단순했다. 도시 빈민의 가난은 본인들 책임이고 스스로 선택했다는 것이다. 이는 감세정책 추진을 매우 수월하게 했다. 즉 이런 시각에 따르면 여성들은 혼외자식을 낳아 복지수당을 챙기는, 복지제도에 빌붙는 존재였다. 이들에게 정부 보조금을 줘봤자 부패한 현실을 영구화할 뿐이었다.

레이건과 그 주변 인물에게 도시 빈민 비하는 식은 죽 먹기였다. 복지 여왕 이야기를 꺼내 대중의 오랜 편견이 사실이었다고 확인해주면 그만이었다(21세기에도 이와 비슷한 일이 벌어지고 있다. 이민자를 희생양으로 삼는 이야기가 바로 그것이다). 정책 입안자의 입장에서는 빈민을 두 집단으로 나눠야 했다. 도움받을 자격이 있는 자와 아닌 자였다.

이때 정책 입안자는 다른 집단도 아닌 다수의 빈민층에게서 어느 정도 도움을 받을 수 있었다. 사회과학에서 '밑바닥 혐오last-place aversion'라고 부르는 현상 덕분이었다. 전 세계 여러 지역에서 빈곤은 수치심으로 얼룩져 있으므로, 가난한 사람은 어떻게든 빈곤층으로 묶이길 거부하며 자기보다 훨씬 못한 사람과 자신을 적극적으로 구분한다. 현실이 이렇다 보니 빈민끼리 연대하기가 힘들고, 이른바 자격 있는 집단과 아닌 집단 사이에 충돌이 생긴다.

두 집단으로 나누기 위해 입법자가 활용한 전술 한 가지는 노동요건을 집어넣은 것이다. 대다수의 주에서 빈곤층은 현재 일하고 있거나 적어도 구직활동을 꾸준히 한다고 입증해야 특정 복지 수당을 받을 수 있다. 이 요건은 도시 빈민층에게 특히 불리하다. 예를 들어 디트로이트나 휴스턴, 로스앤젤레스의 도심지에 사는 독신모가 있다고 해보자. 이 여성이 감당할 수 있는 아파트는 인근에 일자리가 부족한 교통 사막지대transit desert에 있을 확률이 높다. 이런 곳에서 최저임금을 주는 직장까지 버스로 통근하면, 하루에 몇 시간씩 잡아먹는다. 게다가 정부에서 육아를 지원해주지 않으므로 아이를 돌봐줄 친척이 주변에 있어야 한다. 결국 독신모는 구직활동을 단념하고 불이익을 받는 수밖에 없다.

인종차별적 통념과 대중을 현혹하는 통계가 이 암울한 현실을 뒷받침한다. 무엇보다도 1970년대에 복지 여왕이라는 표현이 널리 퍼졌을 때, 아프리카계 미국인이 복지 수혜층에서 차지하는 비율은 35퍼센트에 불과했다. 그런데도 이들을 멋대로 악마화하고 모욕했다.[2]

미국 정부는 복지수당을 아끼려고 철 지난 데이터를 지속해서 활용한다. 빈곤선은 20세기 중반에 인구조사국Census Bureau이 정한 기준으로, 과거의 잣대다. 이 기준에서는 가난한 가정이 일하는 남편과 알뜰살뜰한 소비자인 부인으로 구성되고, 주부가 가족의 식사를 준비한다고 가정한다. 또 가정주부의 식비 지출이 가족 예산에서 차지하는 비중을 무려 3분의 1로 잡는다. 이 계산에 따라 2018년 4인 가구의 빈곤선을 한 달에 2,100달러로 정했다. 이 액수로는 미국의 여러 도시에서 집세를 간신히 해결할 뿐이다.[3] 그리고 이 빈곤선은 적어도 2017~2018학년도의 일정 기간에, 학령기에 도달한 미국 아동 중 무려 150만 명이 노숙 생활을 한 이유를 잘 설명해준다. 이들 노숙인구가 호황기 때 급증했다는 사실을 고려하면 더욱 심각한 일이다.[4]

통계학자들은 자신에게 중요한 요소를 골라낸다. 이는 자명한 사실이다. 미국의 주 정부와 지방정부는 보통 집세, 식비, 의료비 같은 항목을 실제보다 낮게 잡아 빈곤선을 정한다. 이렇게 하면 적어도 단기에 세금을 아끼고, 그 부담을 근로 빈곤층에게 지울 수 있다. 예를 들어 4인 가구의 빈곤선을 2,100달러로 정한 경우, 미친 듯이 일해서 한 달에 2,200달러를 버는 택시 운전사는 현재 노숙을 하든 카드빚에 허덕이든 가난에서 벗어났다고 분류된다.

빈곤선 통계의 가장 큰 허점은 가난을 수치로 환산하는 과정에서 가난 때문에 겪는 인간적 고통과 절망감을 배제한다는 점이다. 통계에 반영되지 않는 요소야말로 문제 해결의 핵심이다.

베트남전쟁은 결함 있는 통계의 여파를 보여주는 대표적 사례다. 미국이 베트남에서 1964년부터 1969년까지 전쟁을 치를 동안, 미 국방성은 매일 적군의 '사망자 수body counts'를 집계했다. 매일 저녁 뉴스에서 앵커가 읊은 이 수치는 미국과 그 동맹이 승승장구한다는 인상을 주었다. 이 수치에는 심리 상태가 빠져있었다. 베트남 국민의 투지와 미국 병사들 사이에 퍼진 절망감, 자기네 본토에서 싸우는 적들이 결국 이길 것이라는 미군의 직감이 빠져 있었다. 이 암울한 예감은 측정할 수 없었다. 하지만 전황을 파악하고 결과를 예측하려면 이런 자료가 꼭 필요했다.

만연하고 당연한 밑바닥 혐오

미국에서 빈곤층은 가장 힘이 약하다. 제도적 수치심에 빠진 이들은 실패를 거듭한다. 또 이들은 신세를 망친 것도 너고 비참한 선택을 한 것도 너라는 이야기를 지겹도록 듣는다. 게다가 이러한 결과론적 해석을 널리 받아들인다. 이런 미국 사회에서 그 누가 '가난'이라는 깃발 아래 행진하려 하겠는가?

정부 지원금을 받을 자격이 있어도 신청조차 하지 않는 사람이 많다. 까다로운 신청 절차를 거치다 보면 인간적인 모욕을 느끼기 때문이다. 낮은 자산 상태, 급료, 실패 경험, 낙담, 굴욕을 문서화하여 낱낱이 입증해야 한다. 게다가 이런 복지 혜택을 받으면 사회적으로 낙인이 찍힌다. 사우스캐롤라이나주에서 활동하는 기자 아이작 베일리는 한 매체에서, 인생에서 가장 가슴 아팠던 기억을 회고했다. 어린 시절 그는 엄마 심부름으로 한 손에 식료품 목록을, 다른 손에는 푸드 스탬프food stamp(저소득층을 지원하는 식품 구입권 - 옮긴이)를 쥐고 동네 마트에 갔다. 그날 마트 손님들과 계산대 점원이 자신을 바라보던 떨떠름한 표정을 그는 아직도 기억한다. "그 후로 30년이 흘렀지만, 그때만큼 부끄러웠던 기억이 없다."[5]

많은 이들에게 가난이라는 수치심은 물질적 고통보다 더 끔찍할 수 있다. 그러나 예산이나 엑셀 스프레드시트에 달러는 기록할 수 있어도 감정은 그럴 수 없다. 감정은 형체가 없고 주관적이어서 종종 무시된다. 그러다 보니 복지정책이 수치심을 자극하는 엔진으로 돌변하기도 한다.

학교 급식을 살펴보자. 미국에는 부모가 자녀의 급식비를 제때 지급하지 않아 골머리를 앓는 교육구가 많다. 이때 흔히 쓰는 전략은 급식비 계좌 잔액이 부족한 학생에게 모욕을 주는 것이다. 펜실베이니아주의 한 학교에 다니는 7학년 첼시(가명)는 학교 식당에서 줄 서서 기다린 후, 식판에 피자 한 조각, 사과, 잘게 썬 오이, 초코 우유 한 잔을 골라 담았다. 그런데 식당 직원이 첼시의 급식비가 밀린 사실을 확인하고는 첼시의 식판을 쓰레기통에 던져버렸다.[6] 이는 가난을 비하하는 완벽한 사례다. 극도로 당황스러운 이 사건을, 첼시(그리고 같은 반 친구들)는 학교에 다니는 내내 그리고 이후로도 틀림없이 떠올릴 것이다. 더군다나 밀린 급식비는 첼시의 책임이 아니었다. 아이는 단지 피해자였다. 이런 경험이 한 아이의 정서와 자신감과 자기표현 능력에 어떤 흔적을 남기게 될까?

저 멀리 남쪽에 있는 앨라배마주 버밍햄의 한 학교에서, 최근 학기가 끝나갈 무렵에 있던 일이다. 어느 날 오후 3학년 남자아이가 팔에 도장이 찍힌 채 학교에서 집으로 돌아왔다. 웃는 표정의 도장 아래에 글씨가 적혀 있었다. 아이의 아빠 존 비벤스는 얼핏 '참 잘했어요'라고 쓰인 줄 알았다가 문구를 확인하고 할 말을 잃었다. '급식비 주세요.'[7] 화가 난 비벤스는 아이에게 '낙인찍기 branding'를 했다며, 그해 남은 기간 아이를 학교에 보내지 않았다.

급식비 통장 잔액이 1.38달러이긴 했지만, 아직 마이너스가 아닌데도 아이는 유난스러운 모욕을 당했다. 학교 측은 이를 도서 대출 기간이 끝나간다는 알림 정도로 여겼다. 그래서 아이 팔에 찍어 보낸 도장이 부모에게 입금을 알리는 기발한 방법이라고 생각했다. 흠잡을 데 없는 논리였다. 통장 잔액이 바닥이었고, 이를 부모에게 알려야 했고, 도장으로 메시지를 전달했을 뿐이었다.

당사자가 느낄 수치심은 고려하지 않았다. 적어도 명시적으로는 하지 않았다. 그러나 수치심은 사람들에게 보이지 않는 힘을 행사하므로, 많은 부모가 형편이 어려워도 어떻게든 급식비를 마련하려 할 것이다.

체중과 중독에 대한 조롱처럼, 가난에 대한 조롱도 해로운 악순환을 낳는다. 가난을 부끄러워하는 사람은 다음 두 가지 중 하나로 반응할 것이다. 문제를 숨기거나, 아무렇지 않은 척 행동하는 것이다. 두 가지 모두 수치심 때문에 생기며, 상황을 악화하는 경향이 있다.

문제를 숨기는 방식을 '회피withdrawal'라고 한다. 한동안 못 본 친구에게 연락해 영화를 보거나 밥을 먹자고 제안했다고 해보자. 그런데 친구에게 돈이 없고 미납 고지서가 쌓였으며 빚이 많다는 사실을 당신은 모르고 있었다. 친구는 지금 내 상황이 이렇다고 털어놓을까? 대개는 말하지 않는다. 작가 닐 개블러가 시사 잡지 『디 아틀란틱The Atlantic』에 썼듯이, 이 경우 남성들은 카드빚보다는 자신이 체험한 비아그라 효과를 얘기할 가능성이 크다. 다시 말해, 발기부전보다 가난을 훨씬 더 부끄러워할 것이다.[8] 당신이 연락한 친구는 개인의 재정 문제가 아닌 다른 이유를 들어 약속을 거절할 확률이 높다.

회피는 고립으로 이어진다. 상황이 달랐다면 유지했을지도 모를 인간관계를 정리한다. 그들 중에 일자리를 알아봐주거나 육아를 도와줄 친구도 있었을 것이다. 카운티의 식당 주방에서 일하는 조카를 둔 친구도 있었을 것이다. 고립은 사회적 자본이라는 연결망을 파괴한다. 네덜란드 사회심리학자 아르누드 플란팅가

Arnoud Plantinga는 연결망 파괴로 생기는 하강의 악순환을 추적했다. 회피로 가난과 수치심이 심해지면 다시 극심한 회피를 낳는다.[9] 이 과정이 계속 이어진다. 설상가상으로 외로움은 보통 우울증을 낳고 이는 다시 절망감을 키운다.

이와 반대되는 성향인 '접근approach'은 결코 더 건강하다고 볼수 없다. 플란팅가에 따르면, 접근은 잃어버린 지위를 되찾아 가난이라는 수치심을 떨치려고 할 때 생긴다. 당신이 연락한 힘들게 사는 친구가 회피가 아닌 접근을 선택한다면, 친구는 고급 음식점에 가자고 고집할지도 모른다. 그곳에서 친구는 150달러짜리 러시아 보드카 한 병을 주문하고, 본인의 카드로 결제하면서 웨이터에게 식비의 30퍼센트를 팁으로 남길 것이다. 현실 부정에 빠진 상태에서 이런 행동은 가난으로 생긴 마음의 상처를 달래주겠지만, 잠시일 뿐이다.

이로부터 가난에 대한 책임이 본인에게 있다는 흔한 인식이 생긴다. 비교적 안락한 계층이 보기에 빈곤층은 어리석은 결정을 내리는 경향이 있기 때문이다. 하지만 절망적 상황에도 나름의 논리가 있다. 가난에 시달리는 사람은 신체와 정신이라는 두 가지 면에서 고통받는다. 의식주와 교통비 같은 기본적인 생활수단이 부족한 데다, 자신의 처지에 비참함을 느끼기 때문이다. 수치심은 이들의 존재 자체를 위협한다. 하루하루 다급한 문제가 터지는 상황에서 다음 달이나 내년에 대한 계획은 현실적으로 어렵다. 물론 10달러짜리 전기구이 통닭을 포기하고 대신 1달러짜리 양배추 한 통을 사다가 데쳐 먹고(근처에 신선한 농산물을 취급하는 슈퍼가 있을 때의 얘기다) 9달러는 저축하는 게 합리적일 것이다. 그런 셈을 하려면 미래에 형편이 나아지고 출구가 보이리라는 믿음이 있어야 한다. 많은 이들에게 이는 요정의 존재를 믿으라는 말과 같다. 플란팅가의 연구가 보여주듯이 다수의 빈곤층은 절충안을 택하는 편이다. 나아질 가능성은 희박해지고 수치심은 더욱 커진다.

가난 구제 정책의 명암

현명하고 남을 배려하는 사회는 도대체 빈곤층에게 무엇을 해줄 수 있을까? 미국에선 상상하기 힘든 일이겠지만, 지속적인 해결책은 모두에게 안정된 교육과 주거지, 육아를 제공해 모두가 동등한 발판에서 일자리를 구할 수 있게 하는 것이다. 결국 급여와 복리후생 면에서 괜찮은 직업을 얻어야 빈곤에서 빠져나오고 자긍심도 생긴다. 경력이 있어야만 자존감이 생긴다는 뜻은 아니다. 안정된 직장이 빈곤이라는 수치심의 해독제 역할을 한다는 뜻이다.

이것이 바로 빌 클린턴 대통령이 1996년 재선 직전에 서명한 획기적인 복지개혁 법안에 담긴 구상이었다. 법안의 목적은 당근과 채찍을 두루 써서 공적부조 수혜자가 일자리를 얻고 자립하도록 이끄는 것이었다. 클린턴은 법안 서명식에서 이렇게 말했다. 새로운 법은 "도움이 필요한 사람에게 너무 쉽게 상처를 주던 제도가 사라졌을 뿐 아니라, 복지가 제 역할을 하는 새로운 시대가 열렸음을 상징한다. 복지는 두 번째 기회를 주는 것이지 삶의 방식이 아니다."[10]

그러나 이 법안은 제도 이행에 필요한 토대를 구체적으로 명시하지 않았고, 세세한 사항은 대부분 각 주의 재량에 맡겼다. 대다수 주는 직업훈련이나 육아를 위한 자금 마련에 거의 또는 전혀 신경 쓰지 않은 채 그저 구직활동을 의무화했는데, 그 조건이 황당했다. 조지아주에서는 매주 지원서를 60군데 넣었거나 취업교육을 8회 참석했다는 사실을 증명하지 못하면 지원을 끊어버렸다.

이런 문제점이 있었음에도 복지개혁의 효과가 마냥 부정적이지는 않았다. 수백만 명이 실제로 일자리를 구했다. 게다가 이들 중 다수는 정부에게서 계속 재정지원을 받았는데, 이른바 근로소득 장려 세제Earned Income Tax Credit였다.[11] 이 정책으로 자녀가 있는 근로 가구 상당수가 빈곤선에서 벗어났다. 그렇지만 이는 동시에 월마트와 패스트푸드점 같은 고용업체를 지원해주는 효과가 있었다. 고용주가 이런 정책을 믿고 계속 기아임금starvation wage을 지급했기 때문이다. 그뿐 아니라, 이 정책은 수치심으로 문제를 해결하려는 자들에게 통계적 근거를 제공했다. 열심히 일하면 극심한 빈곤에서 벗어날 수 있고, 노력이 부족한 사람은 가난할 수밖에 없다는 주장을 뒷받침하기 때문이었다.

복지개혁으로 전보다 살기 어려워진 빈곤층이 생겨버렸다. 자격요건이 부족하거나 서류 준비가 미흡한 사람들은 축소된 복지 명부에서 탈락해 더 극심한 빈곤에 시달렸고, 이 중 다수가 노숙자나 수감자, 중독자로 전락했다. 1996년에 클린턴이 복지개혁을 단행했을 때, 빈곤선을 밑도는 가구 100곳 중 68곳이 정부의 지원을 받았다.[12] 지금은 23가구만 지원받는다. 빈곤층은 예전보다 더 가난해졌다. 미시간대학교의 연구에 따르면, 극빈층(1인당 하루 수입이 2달러 미만인 최저소득 집단)에 속하는 가구 수가 복지개혁안이 통과된 후 15년 사이에 63만 6,000가구에서 146만 가구로 두 배 이상 늘었다.[13] 이 집단은 아동 수가 압도적으로 많다. 이들 중 회복탄력성이 남다르게 좋은 아이들만 언젠가 기회가 온다고 믿고 자라며, 그보다 훨씬 적은 수의 아이들만 신분 상승의 사다리 위로 간신히 올라간다. 역시나 보기 드문 성공담은 실패의 책임이 낙오자에게 있다는 증거로 통한다.

그러나 낙오가 일반적인 상황이라면 어떻게 될까? 코로나 대유행으로 경제가 불황에 빠지자, 빈곤 문제에 대한 인식이 달라지고 가난에 대한 수치심도 어느 정도 사라졌다. 2020년 첫 경제 봉쇄 기간에 노동자 수백만 명이 일자리를 잃었다. 이와 함께 실직자에게 따라붙던 게으름이라는 꼬리표도 한동안 사라졌다. 실직자는 자신의 처지가 얼마나 딱한지, 일자리를 구하려고 얼마나 애썼는지 입증할 필요 없이 실업수당을 받았다. 전보다 진일보했

나. 1년 후, 바이든 대통령이 서명한 대대적인 경기부양책은 무엇보다도 자녀가 있는 가정을 조건 없이 지원하는 정책이 많았다. 이는 다수의 아이를 빈곤에서 구제할 것으로 기대됐다. 그렇지만 그 와중에 보수 성향의 미국기업연구소American Enterprise Institute는 다음과 같은 경고를 날렸다. "새로운 지원대책은 미혼 여성의 3분의 1 이상이 주당 노동시간을 적어도 1시간씩 줄이는 결과를 초래할 수 있다."[14] 이는 복지 여왕 개념을 퍼뜨린 레이건 시대의 사고방식을 그대로 답습한 것이다. 즉 가난을 개인 탓으로 돌리지 않으면 빈곤층이 게을러진다는 주장이다.*

누구를 위한 복지제도인가

미국 사회가 이런 식으로 설계되다 보니, 빈곤층을 도우려고 만든 기관조차 결국 이들을 비난하거나 때로 무자비하게 다룬다. 뉴욕에 있는 비영리단체인 고용지원센터Center for Employment Opportunities, CEO가 바로 그런 경우다. 1970년에 설립한 이 회사는 전과자들이 바깥세상에 나와 제대로 적응하고, 무엇보다 기술을 익혀 취직하도록 돕는 곳이다. 회사소개에도 이렇게 나온다.

---

* 코로나 대유행 기간에 다수의 공화당 소속 주지사가 실업수당 때문에 저임금 산업의 인력이 부족하다며 연방 긴급지원금의 지급을 보류했을 때도 이런 시각이 아주 선명하게 드러났다.

CEO의 사명은 구치소나 교도소에서 갓 출소한 전과자가 체계적인 고용 중개 기관의 도움을 받으면, 재범의 악순환을 끊고 본인과 가족을 위해 긍정적 토대를 마련할 가능성이 크다는 점을 전제로 한다.[15] CEO는 경제적 성공에서 체계적으로 배제된 사람들에게 더 큰 기회를 마련하고자 한다. 흠잡을 데가 없다. CEO가 최근 발간한 재무 보고서에 따르면, 훌륭한 사명 덕분에 2017년 자선 기부금으로 2,100만 달러를 모았다고 한다. 이는 CEO의 수익 중 40퍼센트를 차지했다.

그렇지만 수감생활을 마치고 일자리와 취업 지도를 위해 CEO를 찾은 사람들의 이야기를 들어보면, 이곳에서 협박, 강압, 빈곤, 수모 등 지옥 같은 상황을 체험했다고 말한다. 한마디로 수치심 머신에 갇힌 삶이다. 듀안 타운스도 그런 경험을 했다. 2013년 그는 뉴욕시에서 북쪽으로 160킬로미터 떨어진 주립 교도소인 이스턴 교정 시설에서 절도 미수로 복역하다가 7년 형기를 거의 채우고 가석방으로 풀려났다. 타운스에게 이는 첫 수감이 아니었지만 이번에 출소하면 주어진 기회를 최대한 활용해 새 출발을 하겠다고 다짐했다. 사회에 적응하려면 무엇보다도 생활임금을 벌 수 있는 번듯한 직장이 필요했다. 그는 이를 염두에 두고 교도소에서 직업훈련을 받아 석면 제거 자격증을 취득했다. 석면 제거는 건축 현장에서 가장 고약한 일이지만, 노조가 있는 직장에 들어가 각종 혜택을 누리려면 이 방법이 가장 확실하다고 생각했다.

가석방 담당관이 타운스에게 뉴욕시에 있는 CEO로 가라고 지시했다. 취업 전망 상 썩 끌리지는 않았지만 명령을 무시하고 다른 길을 찾다가는 가석방 규정 위반으로 다시 돌아갈지도 몰라, 타운스는 CEO에 갔다. 이곳에 신고를 마치고 나니, 실망스럽게도 그동안 받은 직업훈련과 취득한 자격증이 적어도 CEO에서는 무용지물이라는 사실을 알았다. 그는 훨씬 더 조잡한 일에 적응해야 했다. 회사에서 배정한 업무는 스태튼섬에서 고속도로를 따라 걸으며 쓰레기를 줍는 일이었다. 그가 온종일 일하고 받은 실수령액은 48달러였다.[16]

그가 맡은 또 다른 업무는 정부 청사에서 화장실을 청소하고, 대걸레질을 하며, 여타 시설을 관리하는 일이었다. 타운스는 이 생활을 교도소에 비유했다. "이는 기본적으로 강제노역이었다. 이곳에서는 자신의 존재가치를 느끼지 못한다."

차이가 있다면, 교도소에서는 타운스의 머리 위에 지붕이 있고 하루 세끼가 나온 반면, CEO에서는 변변찮은 수입으로 기본적인 생활비도 감당하기 어려웠다는 점이다. 그는 금요일이면 취업지도관과 무급으로 시간을 보내며 '개인의 경험을 이야기'해야 했다. 그러다 보니 주급이 200달러를 넘지 못했다. 그는 어머니의 아파트에서 공짜로 잠자리를 해결한 덕분에, CEO에서 받은 급료로 교통비와 식비를 겨우 해결했다. "자존심에 타격을 입었다"라고 타운스는 말했다.

작업조로 투입이 되든 취업지도관과 면담을 하든, 이곳에서 고생하며 지낼 동안 타운스와 동료들은 꾸준한 감시를 받았다. 타운스와 동일한 프로그램에 참여한 동료 데이비드 로빈슨은 이렇게 말했다. "여기서는 돈을 벌 생각을 하면 안 된다. 가석방 지침이 무엇이었는지 되새기고, 말썽을 일으켜 다시 교도소에 돌아가는 일이 없도록 해야 한다.[17] CEO는 이 점을 악용한다. '이것을 하게. 안 하면 가석방 담당관에게 연락이 갈 거야.' 정말 끔찍한 악몽이다."

듀안 타운스는 자신이 "사람으로 취급받지 못했다"라고 말했다. 다른 동료들처럼 그도 위태로운 처지였다. 가석방으로 바깥에 나와 있으려면 일자리를 유지해야 했다. CEO의 일을 그만두고 더 나은 일자리를 알아보는 건 사치였다. "CEO에서 이제 여기를 떠나도 된다고 판단해줄 때까지 머물러야 한다"라고 타운스는 말했다.

누가 그런 결정을 내릴까? 타운스의 경우 취업지도관이 했다. 그 역시 전과자로 CEO 시스템에서 대걸레질과 쓰레기 줍기부터 시작해 유급직인 관리자까지 올라갔다. 타운스는 말했다. "그자한테는 이 상황이 권력 게임이다. 지배하는 자와 복종하는 자가 겨루는 게임이다. 주인과 노예 같은 관계다."

2012년 영향력 있는 사회정책 두뇌집단 MDRC는 CEO를 극찬하는 보고서를 작성했다.[18] 이를 계기로 CEO는 폭발적으로 성장했고 미국 전역으로 조직을 확대했다(CEO는 현재 11개 주 30개 도시에서 운영되며, 최근인 2020년에는 캘리포니아주 프레즈노와 노스캐롤라이나주 샬럿에도 사무실을 열었다). MDRC는 보고서에서 CEO가 가석방으로 풀려난 범죄자를 밀착 감시가 이뤄지는 작업장으로 보낸 덕분에, 제시간에 나타나고 규칙에 따르는 등 이들의 '소프트 스킬(개인의 기질, 성격, 의사소통 능력 등 정량화하기 힘든 특성 – 옮긴이)'이 향상됐다고 주장했다.

MDRC 보고서에 나온 인용문을 보면, CEO 시스템에 가장 잘 적응한 자는 자신의 초라한 운명에 굴복하고 강요된 가난을 받아들인 사람이다. CEO의 명백한 목표는 너희한테는 이것도 과분하다는 메시지를 계속 주입하는 것이다. CEO 프로그램의 성과로 평가받는 다음의 인용문을 살펴보자.

"시급 6센트를 받고 일하는 것보다 낫다. 갓 출소한 사람에게 연봉 7만 달러짜리 직장을 제안할 사람이 어디 있겠는가. 세상은 그렇게 호락호락하지 않다."
"가석방 담당관이 CEO에서 받는 하루치 급료를 내게 알려주었다. 일당 40달러지만 도움이 된다."
"이곳에서는 매일 급료를 받는다. 큰돈은 아니어도, 돈은 돈이다."
"나는 자제력과 인내심 그리고 높은 권위를 존중하는 법을 배웠다."

이들 인력 중 하나가 급료를 올려달라고 요구하거나 다른 동료 가석방자와 연대하려고 하면 어떻게 될까? 뉴욕시에서 활동하는 노동 전문 변호사이자 수감자와 일해본 경험이 있는 타미르 로젠블름은 "그런 사람은 '왜곡된 생각'에 빠져 있고 '핵심적인 교정 관행'을 위반했으며 범죄 충동에 굴복할 위험이 크다는 평가를 받게 될 것"이라고 말했다.[19]

결국 CEO의 접근법은 밀착감시를 하며 하찮은 일을 시켜야 치료 효과가 있다고 전제한다. 2016년 MDRC 보고서에 이에 대한 자세한 설명이 나온다. 보고서에 따르면 가석방자는 '범죄 욕구'를 품은 채 교도소에서 나온다. 충동성, 자제력 부족, 공격성, 반사회적 무리와 어울리려는 성향 같은 위험 요소가 이 욕구에 해당한다. CEO는 이들이 '인지 왜곡'에 시달린다며, 이는 습득된 것이지만 바꿀 수 있다고 주장한다. 또 CEO의 시스템은 인지행동 치료에 흔히 쓰이는 것과 유사한 기법으로 인지 왜곡을 고친다고 설명한다.

다수의 가석방자가 나쁜 업무 습관을 지닌 채 출소할지도 모른다. 약물 문제를 겪는 사람도 있을 테고, 기술과 교육이 부족한 사람도 많을 것이다. 문제는 적어도 일부 가석방자가 노예제라고 느낄 만큼 열악한 작업환경에서 최저임금을 주고 이들을 부리는 것이, 자비로운 전략은 고사하고 건전한 전략이냐는 점이다. 타운스는 이렇게 말했다. "내가 그곳에 계속 있었으면, 결국 교도소로 돌아갔을 것이다. 열악한 자금 사정이 나를 범죄로 내몰았을 것이다."

다른 수치심 머신과 아주 유사하게, CEO도 자신들의 관행을 매우 미심쩍은 통계로 정당화한다. 예를 들어 2016년 MDRC 보고서는 재범률 감소를 CEO의 인상적인 결과로 치켜세우지만, 이 주장을 뒷받침하는 자료는 어디에도 없다. 그 이전에 나온 2012년 연구보고서는, CEO의 프로그램에 등록한 지 36개월이 지났어도 가석방자의 고용률이나 소득수준이 개선되지 않았다고 인정한다. 그렇지만 그 프로그램으로 재범률이 두드러지게 줄었고, 특히 "최근 출소한 사람들" 사이에서 효과가 컸다고 주장한다. 가석방자가 관리자의 면밀한 감시를 받으며 쓰레기를 줍고 바닥을 걸레질하면 범죄를 저지를 확률이 떨어진다는 얘기다.

장기적으로 CEO 프로그램이 재범률을 낮췄다는 증거는 부족하다. 그럴 수밖에 없는 것이, 재범률은 이보다 더 큰 범주인 출소자 고용지원 시스템의 부실함과 관련이 있기 때문이다. UCLA 법학과 교수 노아 잿즈는 수감 전력이 있는 전과자가 씨름해야 하는 이중구속double bind 문제를 연대순으로 추적한다. 이중구속이란 전과기록을 바탕으로 한 차별[20] 그리고 일자리를 강요하는 가석방 담당관의 위협 섞인 압박이다.[21] 결국 이들은 체계적인 저임금에 시달리고, 열악하거나 끔찍한 업무환경을 견뎌야 한다. 그러다 보니 자연스럽게 예전 생활로 돌아가고, 결국 교도소로 다시 가는 경우가 많다.

이 해로운 순환 고리는 〈더 비기스트 루저〉를 떠올리게 한다. 앞서 살핀 것처럼, 비만인은 트레이너의 감시를 받으며 기아 식단을 유지하고 정신없이 운동하는 동안에는 수십 킬로그램을 뺀다. 그렇지만 이런 식의 체중감량은 주급 192달러를 받는 강제노동 프로그램과 마찬가지로 지속성이 없고 비만인을 다시 예전으로 돌아가게 한다. 가석방자를 사실상 노예로 부리는 CEO의 복귀 지원 프로그램 역시 적응 못 한 사람을 다시 교도소로 돌아가게 한다. 이렇게 해서 CEO의 인력은 마를 날이 없다.[22]

가난은 유전되지 않는다

이런 징벌적 접근은 노동자를 억압하는 형벌 제도를 이용한 것으로, 한 세기 넘게 노사 관계에 악영향을 끼쳤으며 특히 남부 지역에서 두드러졌다. 2009년 퓰리처상을 수상한 더글러스 블랙몬의 역사서 『또 다른 이름의 노예제Slavery by Another Name』는 19세기 입법기관이 이른바 흑인 법Black Codes을 어떻게 통과시켰는지 상세히 서술한다. 모든 해방 노예의 고용을 의무화한 이 법은 일자리가 없는 해방 노예에게 부랑자라는 혐의를 씌워 대농장과 산림, 광산에서 일을 시켰다.

　이런 흐름을 주도하는 세력이 복지악용 반대 캠페인을 펼치고 빈민에게 불운의 책임을 돌리는 우파 정치인일 것이라고 예상할지도 모른다. 그러나 CEO를 지탱하는 중심축이 미 북부 자유주의 기득권층이라는 점을 주목해야 한다. CEO의 이사로 연간 30

만 달러 가까이 받는 샘 셰퍼는 뉴욕주 선임 상원의원이자 민주당 원내대표인 찰스 슈머 밑에서 경제개발 책임자로 일한 경력이 있다. 또 MDRC의 후원자 명단에는 투자은행 JP모건 체이스의 공공부문 담당 부서부터 빌 앤드 멜린다 게이츠 재단Bill & Melinda Gates Foundation까지 다양한 자선활동 단체가 있다. 이들은 자신들이 도움을 주고 있다고 믿는다.

여기에는 중요한 문제가 있다. 아무리 선량한 사람이라도, 우리는 대체로 주변에서 작동하는 수치심 머신의 전제와 전망을 받아들인다. 웨이트 와처스의 경영진이 비만 문제 해결에 헌신적이지 않다거나, 거칠긴 해도 CEO의 징벌적 관리방식이 전과자에게 도움이 안 된다는 사실을 선뜻 믿지 못한다. 물론 시간을 들여 통계를 공부해보면, 이들에게서 미심적은 구석이 보일 것이다. 그렇더라도 이런 책임자들이 선의에서 활동한다고 생각할 것이다.

물론 선의로 활동하는 사람도 많다. 그렇지만 이들이 활동하는 생태계는 수치심이 지배하고, 유사 과학 연구가 뒷받침하는 곳이다. 객관성이라는 이름으로 빈민에게 가난의 책임을 교묘히 떠넘기는 연구 중 하나가 바로 마시멜로 실험이다. 스탠퍼드대학교 심리학자 월터 미셸이 1960년대에 진행한 이 실험은 어린아이들의 자제력이 어느 정도인지 측정하려고 했다.[23]

미셸과 동료 연구진은 스탠퍼드대학교 부설 유아원에서 실험을 진행했다. 아이들을 한 명씩 방으로 데려가 마시멜로를 나눠준 다음 지금 당장 먹어도 좋다고 했다. 먹고 싶은 유혹을 참고 연구자가 다시 돌아올 때까지 마시멜로에 손대지 않으면, 나중에 보상으로 하나 더 주겠다고 약속했다. 아이들 중 3분의 1은 이 약속을 흘려듣고 바로 먹어버렸다. 또 다른 3분의 1은 안 먹고 버텼지만 15분을 넘기지 못했다. 그리고 나머지 아이들은 만족감 지연delayed gratification에 통달이라도 한 듯 연구자가 다시 돌아올 때까지 마시멜로에 손대지 않았다.

미셸이 마시멜로 실험을 설계한 목적은 아이들이 시간 개념을 이해하는지 그리고 계획을 세우는 능력이 있는지 알아보려는 것이었다. 어떤 아이들은 다른 아이들보다 이런 능력이 뛰어나 보였다. 미셸은 자신의 두 딸도 이 부설 유아원에 다녔으므로, 딸들에게 친구들이 잘 지내는지 종종 물어보았다. 아이들의 근황은 그의 가설을 뒷받침하는 듯했다. 두 번째 마시멜로를 기다린 아이들은 잘 자랐고, 성적이 좋았으며, 표준화된 시험에서 높은 점수를 받았다. 후속 연구도 이 아이들이 더 성공한 인생을 산다고 암시했다. 통계적으로 볼 때 만족을 미룰 줄 아는 아이들은 학교생활을 잘했고 건강 상태도 더 좋았다. 이 아이들은 저축을 했다. 결혼생활이 이혼으로 끝나는 경우도 적었다. 절제는 성공의 징조로 보였다. 그리고 역시나, 유복한 가정에서 자란 백인 아이가 가난한 소수인종 아이보다 잘 살았다.

처음에 받은 마시멜로를 꿀꺽 삼킨 아이들에게 문제가 있던 걸까? 이 아이들은 잘못된 가치관을 주입받으며 자란 걸까? 아니면 유전자 탓일까? 어떤 경우든 앞날을 사고하는 능력은 중요한 기술이며, 이 아이들에게는 그런 능력이 부족해 보였다. 수천 년 동안 사람들은 가난한 자의 불운을 개인 탓으로 돌렸고, 가난이 자제력 부족과 잘못된 선택에서 온다고 여겼다. 구약성서 잠언에 이런 구절이 나온다. "지혜로운 자의 집에는 귀한 음식과 올리브 기름이 있으나 미련한 자는 이 모두를 삼켜버린다."[24] 이는 지배 계층의 구미에 맞는 결론이었다.

마시멜로 실험은 이들이 이미 믿고 있던 내용을 확인해준 연구로 보였다. 지배계층은 자식들에게 유전적, 문화적으로 올바른 자질을 길러주는 반면, 하류층은 그런 역량이 턱없이 부족하다는 믿음이었다. 따라서 각자 처지에 맞게 사는 것이니, 부자를 탓할 게 아니었다. 게다가 빈곤층을 돕겠다고 지출을 늘려봤자 도움이 안 될 게 뻔했다. 이들은 마시멜로를 냉큼 먹어버린 본인 자식들처럼 그 돈을 낭비할 게 분명했다.

의심스러운 과학에 근거한 이 자족적인 분석은 현상 유지를 도와주고 빈곤층에게 수치심을 불어넣는다. 그렇지만 마시멜로 실험의 결론은 더 엄밀한 연구로 무너졌다. 2018년에 연구자들이 이 실험을 열 배 규모로 실시하면서, 부모의 소득과 교육 수준을 통제했다.[25] 실험 결과, 아이들이 마시멜로를 집어 먹게 한 그 어떤 요인보다도 부모의 부와 교육 수준이 아이의 장기적인 성공과 훨씬 더 밀접한 상관관계를 보였다.

사실 가난한 아이일수록 만족감을 뒤로 미루지 못했다. 여기에는 그럴만한 이유가 있었다. 넉넉한 환경에서 자란 아이는 하얀 가운을 걸친 연구자가 물질적 보상을 약속했을 때 이를 복음처럼 받아들였는데, 재력 있는 부모가 그런 약속을 항상 지켰기 때문이다. 반면 가난한 아이는 물질적 보상을 의심했는데, 그동안 결핍을 느끼며 살았기 때문이다.

이 아이는 당장 내일 아침에 먹을 음식도 냉장고에 없었을 것이다. 또 이 아이에게는 지금 당장 확실한 것이 미래에 약속된 보상보다 먼저였을 것이다. 때로는 이것이 신중하고 현명한 전략이다. 내 손안에 든 새 한 마리가 숲속에 있는 새 두 마리보다 낫기 때문이다. 마찬가지로, 우리 집안의 어려운 형편을 인정하지 않는 사회복지사나 환자의 고통을 무시하는 의사 등을 부모가 불신하는 모습을 봤다면, 자녀들도 마시멜로를 주겠다는 낯선 사람의 약속을 선뜻 믿지 못했을 것이다.

가난을 설명하는 문화적 요인이 뚜렷해도, 약자를 탓하는 주류 담론을 섬세한 시각으로 뒤집기는 힘들다. 그러다 보니 대다수 부유층은 일하는 사람만 도와야 한다는 조건을 계속 내건다. 그리고 패스트푸드점과 대형소매점에서 받는 치욕스러운 저임금을 얼마 안 되는 수당으로 보조한다. 이런 식으로 사회는 일하는 빈곤층을 다람쥐 쳇바퀴에서 계속 굴린다. 빈곤층은 자동차가 고장 나거나 아이가 아플 때 쓸 여윳돈도 없이, 어떻게든 살아보려고 애쓴다. 우리 사회는 일하지 않는 빈곤층을 극빈한 상태로 몰아넣는다. 한마디로 실패한 사람이 대가를 치르고 현재의 불행을 받아들이게 한다.

이는 근시안적이고 동시에 비도덕적이다. 이를 바꾸는 핵심 방법은 남을 비난하려는 우리의 온갖 본능에 반하더라도 어려운 처지에 놓인 사람들을 돕고 노동 여부와 상관없이 이들을 지원하는 것이다. 가난한 사람도 남들처럼 주거지와 의료서비스, 식료품을 얻고 아이를 돌볼 수 있으며, 양질의 교육을 받아야 한다. 이들에게 생필품을 준다는 이유로 공무원들 앞에서 굽실거리게 하거나 각종 요건을 먼저 갖추라고 요구해서는 안 된다.

게다가 노동이라는 요구조건은 문제를 키우는 경우가 너무 많다. 갓 출소한 한 젊은이가 동네 직업학교에서 정비사 교육을 받고, 네 살배기 아들의 육아를 거들며, 조모를 모시고 투석 치료를 받으러 갈 수 있다면 본인은 물론 사회에도 유익하다. 그런데 이러한 일상 때문에 먼 거리에 있는 대형마트에서 저임금을 받으며 일할 수 없다면, 그가 수급받던 쥐꼬리만 한 지원도 끊겨버린다. 사회가 그를 내치면 그와 가족들은 고통받는다. 가난이라는 수치심을 없애려면 사회는 빈곤층을 아무 조건 없이 도와야 한다.

4.
외모
코르셋을 권하는 사회

여성들에게 걱정거리가 생겼다. 여러 잡지에서 하는 얘기처럼 은밀하고 부끄러워서 언급하기도 힘든 문제였다. 그렇지만 제대로 대처하지 않았다가는 결혼생활이 끝날지도 몰랐다!

"스탠이 다른 여자들에게 눈길을 주기 시작했을 때, 이건 정말 내 탓이라고 생각했다." 온라인 매체 버즈피드BuzzFeed의 작가 크리스타 토레스가 찾아낸 1954년의 한 광고에서, 가상의 인물인 부인이 이렇게 고백했다. "내가 여성의 위생을 몰라서가 아니었다. 내… 건망증이… 심해져서였다."[1]

이 여성은 이런 표현을 절대 사용할 리 없겠지만, 자신의 질에서 나는 냄새 때문에 남편이 불쾌해할까 봐 점점 두려웠다. 부부의 애정을 다시 불붙게 할 방법은 아주 독한 화학제품으로 음부를 씻어서 냄새의 원인일 수 있는 생물학적 활동을 근절하는 것이었다. 다른 것도 아닌 결혼생활이 위기였으므로, 여성은 청소할 때 쓰는 살균제만큼 독성이 강한 물질을 사용했다. 바로 라이솔Lysol이었다.

이 극적인 조치로 부인은 남편을 되찾았다. 이렇게 수치심을 자극하는 전략은 나름의 시장을 개척했다. 20세기 전반에는 많은 여성이 라이솔로 질을 세척했다. 원 제조사(뉴욕에 있는 렌 앤 핑크 Lehn & Fink라는 회사였다)는 여성들에게 음부 소독은 여성의 자연스러운 신체 변화에 대한 남편의 불쾌감을 낮춰줄 뿐 아니라 아주 안전한 방법이라고 안심시켰다.

이는 거짓말이었다. 1950년대까지 라이솔에는 크레졸cresol 성분이 들어 있었다. 크레졸은 사람의 피부에 해롭고 특히 눈, 입, 생식기 등 예민한 점막에 염증을 일으킬 수 있는 강력한 메틸페놀 화합물이었다. 그런데도 제조사는 결혼생활을 유지하려면 더러워진 개수대를 청소하듯 음부를 깨끗이 씻어내라고 여성들에게 강권했다. 라이솔 광고는 "이 성분이 주름과 틈새 깊숙이 스며들어 세균을 찾아낸다"라고 떠벌렸다(이는 사실이었다. 실제로 많은 여성이 살균제에 피임약 효능이 있을지 모른다는 헛된 바람으로 라이솔을 사용했다).[2]

라이솔의 마케팅으로 인류의 절반이 생식계에 자연스럽게 생기는 부산물을 창피해했다. 여성들은 따끔거리는 화상과 물집으로 고통받았다. 드물게 사망하는 경우도 있었다. 그러나 살균제 제조사를 고소해 이 비밀스런 문제를 공개적으로 논의하는 일은 일어나지 않았다.

이런 이유로 여성의 생식기는 수치심 머신의 주요 표적이 된다. 수치심 머신은 살 떨리는 두려움과 불안을 여성들에게 심어 놓는다. 과거보다 성적으로 해방된 지금도 사람들은 이러한 불안감을 감추며 산다.

"질 냄새 안 나는 여자가 되세요"

개인의 수치심 때문에 사람들은 은유와 암시가 담긴 광고에 쉽게 휩쓸린다. 옛 라이솔 광고는 그저 뭔가 심각한 문제가 생겼다거나, 남들이 이에 대해 수군거리고 농담할지도 모른다고 했을 뿐이다. 잡지 광고에서도 분명 남편은 부인에게 역한 냄새가 난다고 말하지 않았다. 그저 부인과 거리를 두기 시작했을 뿐이었다. 난처한 상황에 놓인 여성이 얼마나 많았던 걸까? 그저 상상이 키운 문제를 해결하려고 라이솔로 음부를 닦다가 상처를 입은 여성은 얼마나 많았을까?

아주 먼 과거의 일로 느껴지겠지만, 라이솔이 주목한 '우리 몸의 당황스러운 결함을 파고든 시장'은 그 어느 때보다 수익성이 높다. 미국인은 알약부터 가루약까지 건강 보조 식품에 매해 400

억 달러를 쓴다. 근육을 키우고, 활력을 얻고, 남성성 또는 여성성을 유지하기 위해서다(뭐가 됐든 잘 팔린다). 현재 시중에 나온 제품은 5만 종으로, 지난 20년 동안 열 배 늘었다.[3]

보조식품은 마구잡이로 성장해가는 건강관리 산업의 한 부분일 뿐이다. 향기 나는 젤부터 자기계발 팟캐스트까지 온갖 것을 갖춘 이 복합적 분야는 우리 삶에서 완벽해 보이지 않는 모든 면을 파고든다. 이들은 신체적, 정서적, 재정적, 정신적, 미용 측면에 처방을 내린다. 모든 처방은 사람들의 대다수가 평균 이하 상태라는 단순한 전제에서 나온다. 추하고, 아프고, 냄새나고, 성 기능이 떨어지고, 너무 늙었고, 돈에 무지하다고 전제한다. 나 자신에게 못마땅하게 느끼는 점을 건강관리 업체들은 꼭 찾아내게 한다. 이 분야는 상업적 가능성이 무한하다. 다른 수치심 영역과 마찬가지로 유사 과학, 잘못된 통계, 허황된 약속이 넘쳐난다.

이 거대한 산업에서 어떤 행위자들은 과거의 해로운 메시지를 갱신해오고 있다. 여성 청결 용품 회사 바지실Vagisil이 그런 경우다. 기업 이름이 암시하듯 예전의 라이솔이 겨냥한 위생용품 시장에 주목한다. 여성들이 모여 세운 바지실은 직설적이고 금기를 깨는 발언으로 여성의 몸을 응원하는 곳이라고 자사를 홍보한다. 회사의 사명도 수십 년째 이어지는 여성의 수치심에 당당히 맞서는 것이다. "바지실은 여성들이 질 건강에 더욱 솔직해지도록, 그리고 자신에게 필요한 해결책을 찾을 수 있도록 1973년부터 노력해왔다. 그 어떤 해명도, 낙인도, 수치심도 우리에게는 필요 없다.” 수익성이 좋고 날로 성장하는 바지실의 사업은 여성들 몸에서 고약하고 지독한 냄새가 나니 화학 청결제가 꼭 필요하다고 넌지시 말하며 과거 라이솔의 사업모형을 그대로 답습한다.『질 건강 매뉴얼The Vagina Bible』을 쓴 산부인과 전문의 젠 건터 박사는, 여성 위생용품이 “생식기가 청결해야 한다는 원초적 두려움을 자극한다. 이는 수지 맞는 장사다”라고 지적했다.[4]

내 몸의 공포를 조장하는 캠페인은 특히 청소년 시장에서 유망하다. 사춘기 여자아이는 성인처럼 변하는 몸을 낯설어하고 종종 불안해한다. 여자는 아래쪽에서 향기가 나야 한다는 말에 쉽게 넘어가는 사람이 있다면 대부분 십 대일 것이다. 2020년 여름, 바지실은 십 대를 겨냥한 제품군 OMV!를 출시하며 SNS에서 활발하게 홍보했다. 명시적으로는 십 대 여성이 질을 비롯해 자기 몸을 자랑스러워해야 한다는 메시지를 담았다. 맞는 말이었다. 그러나 이는 십 대 청소년에게 앞으로 닥칠 문제를 알리려는 서막에 불과했다. 바지실은 이렇게 경고했다. “월경 때 나는 생리 악취period funk를 혹시 아는지? 자신은 모를 수 있다. 인간은 본인 체취에 지독히 둔감한데 친한 친구라도 이런 얘기는 민망해서 알려주지 않는다. 팬티에서 조금이라도 냄새가 나면 남들이 바로 눈치채고 놀릴지도 모른다.”

이어서 바지실은 상심할 필요가 없다고 다정하게 충고한다. “질 냄새는 누구나 겪는 일이니 움츠러들 필요가 없다. 필라테스 수업 때 혹시 나만 청결제를 쓰나 의심이 들면, 남들도 다 사용하니 전혀 부끄러워할 일이 아니라는 점을 기억하자."[5] 바지실은 십 대들과 협업해 '순하고 쓰기 편하고 매우 향긋한' 각종 물티 슈와 젤을 개발했다고 밝혔다. 바지실의 어린 고객들은 이제 자 기 외음부에 복숭아꽃 향, 화이트 재스민 향, 오이 목련 향을 입 힐 수 있다. 그리고 물이 필요 없는 세정제 스프레이 오도르 블록 Odor Block을 쓰면 악취를 미리 차단할 수도 있다.[6]

바지실은 인스타그램 피드에 여성에 대한 낙인찍기에 반대한 다는 저항적 메시지와 여자라면 매달 체취에 신경 써야 한다는 암시적 메시지를 교묘히 섞어 홍보한다. "생리period는 아름답고 강렬한 현상이니 여기에 어떤 낙인도 찍으면 안 됩니다. (…) 반 박 안 받음PERIODT.* 친구와 함께 OMV!의 선물 보따리를 낚아챌 기회에 응모하세요. 한 달 내내 상쾌하고 자신감 있게 보낼 수 있 어요."

많은 의료인이 OMV!의 홍보 활동에 분노한다. 가짜 과학을 바탕으로 사람들의 수치심을 겨냥한 것을 간파했기 때문이다. 건 터는 여성들이 화학물질을 음부에 바르면 염증이 생길 위험이 있 으며,[7] 가장 안전한 방법은 물로 씻어내는 것이라고 주장한다.[8] 피츠버그대학교 의료센터 매기 여성병원의 외과 전문의 조슬린 피츠제럴드 교수는, OMV! 캠페인이 기발하게도 알아서 잘 굴 러가는 수치심 시장을 만들었다고 지적하며 SNS에 글을 남겼다.

---

* PERIODT은 어떤 사실을 강조할 때 쓰는 속어다.

"질에 아무런 문제가 없는데 이런 제품을 사용하면 우리 몸의 미생물군이 파괴되어 진짜로 세균성 질염에 걸리고, 그러면 바지실을 더 많이 사야 할 것이다. 여성들이여, 이런 얘기에 속지 마라. 당신의 질은 문제가 없다."⁹

인플루언서 산업이 커지는 이유

인류사 대부분에 아름다움은 인간이 성취하는 대상이 아니라 신이 내린 선물이었다. 그리스 신화에 나오는 트로이의 헬렌을 생각해보라. 고대에 헬렌은 세상에서 가장 아름다운 여성으로 명성이 자자했다. 트로이의 왕자 파리스가 스파르타에서 헬렌을 납치해 트로이로 데려가자, 그리스 연합군이 헬렌을 되찾으려 전쟁을 일으켰다. 헬렌의 어머니 레다는 스파르타의 왕비로 절세 미녀였다. 헬렌의 아버지 제우스는 레다의 미모에 반해 백조로 변신한 후 그녀를 겁탈했다. 이는 단지 여자로 존재해서 받은 처벌이었다. 특이한 혈통에서 나온 헬렌은 보톡스 주사를 맞거나 숯팩으로 모공을 관리할 필요가 없었다. 헬렌의 아름다움은 처음부터 정해진 운명이었다.

오늘날 수치심 머신은 타고난 운명을 완전히 뒤집어놓았다. 과학기술과 첨단 수술 덕분에 사람들은 자연적인 결함을 극복하고 아름다움과 균형 잡힌 삶을 얻을 수 있다. 노화 방지 크림, 체형

성형, 항산화물질이 풍부한 과학적 식단, 우리 내면의 아이 같은 모습을 찾아주거나 숙면을 유도하는 치료법 등을 통해 사람들은 더 이상 추해지는 걸 막고 세월이 남긴 황폐한 흔적까지 없애는 힘을 얻었다.

이 메시지의 이면에 담긴 뜻은 뻔하다. 자신의 결함에 어떤 식으로든 대처하지 않으면, 책임은 본인에게 있다는 것이다. 비만부터 약물 중독까지 지금까지 살핀 다른 수치심과 마찬가지로, 이 역시 선택의 문제로 귀결된다. 적절한 선택은 기본적으로 비용이 많이 든다. 하지만 어리석은 선택으로 결함을 계속 안고 산다면, 그것은 본인 잘못이다.

오늘날에는 시장이 매우 방대하고 다양하기 때문에 트로이의 헬렌처럼 단 한 명의 이상적 인물이 존재하지 않는다. 하지만 리얼리티 방송을 즐겨보는 불특정 다수의 시청자에게는 킴 카다시안이 그런 인물이다. 성적 판타지를 자극하는 카다시안의 몸매는 마치 만화에 나오는 몸 같다. 풍만한 가슴은 완벽한 구형이다. 잘록한 허리에서 넓은 골반, 파격적으로 큰 엉덩이로 이어지는 굴곡진 몸매는 비현실적인 느낌을 준다. 그런 몸으로 비행기 이코노미석에 앉으면 나처럼 애를 먹겠지만, 킴 카다시안이 이코노미석에 탈 일은 없을 것이다.

킴 카다시안의 몸은 자신의 브랜드를 지탱하는 핵심이다. 엄청난 매출을 올리는 카다시안의 회사 KKW 뷰티는 색조화장품과 립스틱, 기타 화장용품을 판다. 카다시안은 2020년 초 억만장자에 오를 조짐을 보이더니 2021년 4월에 이를 달성했다.[10] 카다시안 사업의 기본 전제는 '외모는 신이 내린 게 아니'라는 점이다. 외모는 끊임없이 가꾸는 것이다. 카다시안의 브랜드 중 하나는 카다시안처럼 완벽한 몸매가 되도록 도와준다는 제품을 한데 모아 판매한다. 카다시안은 인스타그램에 올리는 광고 글 하나당 50만 달러를 받는다. 식욕을 억제해주는 막대사탕 플랫 터미Flat Tummy, 2주 디톡스 프로그램 핏 티Fit Tea, 풍성하고 윤기 있는 모발로 바꿔주는 젤리 비타민 슈가 베어 헤어Sugar Bear Hair, 이외에도 소비 욕구를 자극하는 각종 게시물에 카다시안이 등장한다.

카다시안은 환상을 판다. 그리고 수치심을 바탕으로 제품을 마케팅한다. 이상적이지 않은 몸매를 선택의 문제로 여긴다. 타고난 자신의 몸이 마음에 들지 않아도 바꿀 수 있다고, 당신 노력에 달린 일이라고 말한다. 이는 특히 젊은 여성들에게 강력한 메시지로 다가간다. 여성들은 대부분 일찍부터 몸매에 대해 끊이지 않고 고민한다. 미네소타주 파크 니콜레트 멜로즈 센터Park Nicollet Melrose Center(식이장애 치료센터)의 연구에 따르면, 13세 미국 여자아이 53퍼센트가 자기 몸에 불만이 있고, 17세가 되면 그 비율이 78퍼센트에 다다른다고 한다.[11]

몸매에 대한 걱정은 킴 카다시안처럼 관능적 여신들이 벌이는 사업의 무궁무진한 원동력이다. 수백만 여성들이 이상적인 몸매에 조금이라도 가까워지려고 애쓰고, 고민하고, 운동하고, 식단을 바꾸고, 온갖 브랜드 제품을 구입하지만, 카다시안 닮기라는 목표를 이루지 못한 채 지쳐버린다. 아름다움은 오래전부터 완벽한 사기이자, 지칠 줄 모르는 수치심 머신이었다.

여성들에게 이는 오래된 갈등이다. 미의 기준에 충실히 따르지 않으면 추하다고 따돌림을 당할 수 있다. 그러나 카다시안급 매력을 겨우 갖춰도, 성적 기대감은 꼬리표처럼 계속 따라붙을 것이다.

섹슈얼리티로 여성을 비하하는 행위는 수 세기 동안 여러 문화권에서 가부장제를 떠받드는 도구였다. 이 현상은 강간 재판에서 가장 두드러진다. 피고 측 변호인은 피해자에게 어떤 옷을 입고 있었냐는 질문을 던져 피해자가 범죄를 자극하고 평소 헤펐다는 인상을 주려고 한다. 피해 여성은 이런 담론에서 우위를 점하지 못한다. 피해자가 아름다운 데다 매력이 지나쳐 강간을 유발할 위험이 있다면(레다가 제우스 때문에 겪은 위기와 정확히 같다), 이 여성은 자기 몸과 존재에 대해 대체 어느 정도의 권한이 있는 걸까? 트로이전쟁 이후로도 여성에 대한 인식은 달라지지 않았다. 특히 젊은 여성이 자기 몸을 긍정하는 일은 고통스럽게도 남성이 이끄는 사회의 욕구와 변덕에 따라 달라지고 이와 밀접한 관련이 있다.

가부장적인 충고에 계속 노출된 여성은 두말할 나위 없이 도움이, 아주 많은 도움이 필요하다. 이런 여성은 자기 몸에 관대하지 못하다. 자신이 순결하지 못하다고, 자연의 흐름에서 벗어났다고 보고 성욕 감퇴나 주름, 불면증, 불안, 구취, 퉁퉁 부은 발목 등 겉으로 드러난 증상을 그 대가로 여긴다.

앞서 살핀 다른 수치심 머신과 마찬가지로 건강관리 제품도 온통 선의가 넘치는 것처럼 포장한다. 이 분야의 선두 주자는 배우 기네스 펠트로가 2008년에 세운 굽Goop으로, 「소박한 주간 뉴스레터homespun weekly newsletter」를 발송하며 운영한다. 굽의 소개 글은 이렇다. "우리 회사는 서로에게 호기심이 있지만 서로를 평가하지는 않는다. 우리는 묵직한 대화 주제를 꺼내고, 금기를 깨뜨리며, 눈에 띄는 모든 곳에서 유대와 공명을 추구한다."

2019년에 기업 가치가 2억 5천만 달러에 달한다고 평가받은 굽은 수면을 돕고 피부주름을 개선해주는 값비싼 약을 판매한다.[12] 심지어 정신건강 서비스도 제공한다. "낡은 에너지를 내보내고, 자기 목적에 맞게 기운을 조절하세요. 아니면 잠시 행동을 멈추고 순간에 머무르세요."

체중감량과 중독 치료와 마찬가지로 굽이 하는 주장도 유사과학에 기댄 부분이 많다. 2018년 굽은 캘리포니아주 규제당국에 허위광고 혐의로 피소되어 합의금을 냈다. 당시 굽은 질에 삽입하는 66달러짜리 옥달걀Jade egg을 팔면서, 이 제품을 탐폰처럼 질에 삽입하면 생리주기가 조절되고 호르몬 균형이 맞춰지며 방광 조절 능력이 향상된다고 광고했다.

이 마케팅은 자기 관리를 하는 똑똑한 여성이라면 옥달걀을 사서 효과를 누린다는 메시지를 담고 있었다. 그렇다면 호르몬 불균형에 시달리거나 한밤중에 서너 번씩 잠이 깨서 화장실에 들락거리는 여성들은? 자기에게 좋은 제품이 무엇인지도 모르고 사는 사람들이다.

젊음을 향한 열망과 노화 혐오

건강관리 산업에서 가장 왜곡된 곳은 노화를 감추기 위해, 더 나아가 노화를 늦추거나 뒤집기 위해 방대한 제품과 서비스를 쏟아내는 분야다. 이 산업은 노화가 심각한 불행이라고 강조한다. 나이가 들면 허약하고, 추하고, 주름이 자글자글하고, 감이 떨어지며, 측은하고, 산송장과 같다고 본다. 우리 사회에서 나이가 든다는 것은 부끄러운 일이다.

이 말에 납득이 가지 않으면, 서른을 넘긴 사람들이 나이를 속일 때 실제보다 높이지 않고 항상 낮춰 말하는 이유를 생각해보라. "젊어 보여요"는 칭찬이다. 마찬가지로 "나 나이 들었나 봐"는 좌절감의 표현이다. 상대방에게 나이 들어 보인다고 대놓고 말하는 것은 대단한 결례여서 그런 상황이 자주 보이지는 않지만, 이것만큼은 사실이다. 연령차별ageism은 겉으로 드러나지 않아도 널리 퍼져 있다.

다른 수치심은 대부분 타인에 대한 경멸을 기반으로 한다. 잘못됐거나 안이한 선택으로 인생을 망친 자를 비난하는 일에, 자신도 모르게 동참하는 것이다. 너무 많이 먹어서, 일을 안 해서,

마약을 해서, 돈을 낭비해서 저렇게 됐다고 손가락질한다. 우리는 행실이 나쁜 사람에게 당연하다는 듯 모욕을 준다.

연령차별은 다르다. 노년기는 우리 모두 거치는 단계다. 좋든 싫든 단명하고 싶지 않은 사람은 나이 먹을 각오를 해야 한다. 따라서 노인에 대한 모욕은 일종의 자기혐오라고 볼 수 있다. 앞으로 겪을 상황을 질색하고 경멸하며 기를 쓰고 노화를 밀어내려고 하는 것이다.

연령차별에 반대하는 활동가이자 작가인 애슈턴 애플화이트는 연령차별이 독이 든 집착이라고 주장한다. 우리는 노화를 피하려다가 수치심 머신을 먹여 살린다. 애플화이트는 이렇게 지적했다. "실리콘밸리의 엔지니어들은 중요한 면접을 앞두고 보톡스를 맞거나 모발이식을 한다.[13] 게다가 이들은 30대 전문직 백인 남성이니, 그 여파가 먹이사슬 아래쪽으로 향하지 않겠는가."

노화 중 가장 두려운 고통은 치매일 것이다. 사고와 기억에 대한 통제력을 잃으면 본능적으로 두려워진다. 대화하던 중에 갑자기 멈추거나 엉뚱한 단어를 쓸 때마다 주변에서 이를 알아채는 등 나의 정신이 쇠퇴하는 과정을 남들에게 까발려지는 기분이 든다. 치매가 주는 수치심은 상당 부분 내면적이다. 자극에 대한 심리 상태가 반영된다. 그렇다고 이 수치심의 영향력이나 시장 잠재력이 약하지는 않다. 애플화이트는 맑은 정신과 또렷한 기억을 보장하는 제품이 나오면 무조건 팔린다고 말한다.

위스콘신대학교 밀워키 캠퍼스에서 심리학을 전공한 마크 언더우드는 이 사실을 일찍부터 간파했다. 그는 20대 때부터 아포에쿼린apoaequorin이라는 해파리 단백질로 만든 기적의 약을 구상했다. 이 단백질은 인간의 두뇌에서 칼슘의 양을 조절하는 칼슘결합 단백질calcium-binding proteins과 구조가 비슷했다. 언더우드는 그가 고안한 알약을 삼켜서 소화하면 해파리 단백질로 된 합성 물질이 머리까지 이동한다고 봤다. 이 약이 두뇌 바깥에서 뇌동맥에 쌓인 칼슘을 제거할 수 있다면 치매의 영향을 늦추거나 심지어 뒤집는 길이 열린다고 생각했다. 아포에쿼린의 효과는 과학적으로 검증됐다기보다 막연한 짐작에 가까웠다(앞으로도 그럴 것이다). 그래도 건망증을 늦출 수 있다면 지갑을 여는 고객이 많으리라고 언더우드는 예상했다. 그는 이 약을 프리바겐Prevagen이라는 이름으로 상표등록했다.

월간지 『와이어드Wired』의 탐사보도에 따르면, 언더우드는 고등학생 때 "젊을 때 엄청난 떼돈을 벌어 그 돈을 쓰며 여생을 살겠다"라고 다짐했다고 한다.[14] 2004년 서른 살이 된 언더우드는 밀워키의 사업가 마이클 비먼과 손잡고 퀸시 바이오사이언스Quincy Bioscience를 세웠다. 이듬해 이들은 프리바겐을 생산했다. 사업 초기에는 제품 마케팅을 거의 전화로 해결했다. 콜센터를 가득 채운 직원들이 기다란 전화번호 목록에 적힌 노인들에게 전화해 이름이나 어떤 사실을 깜빡한 적이 있는지 물었다. 그런 다음 추정에 불과한 해파리 단백질의 효과를 과장해서 설명했다. 또 (퀸시가 후원한) 인지 연구를 언급하며 한 달 치 제품을 50달러에서 60달러에 주겠다고 제안했다. 사업은 대박이 났다.

퀸시 바이오사이언스는 치밀하게도 프리바겐을 의약품이 아닌 건강 보조식품으로 등록했다. 규제기관의 감시를 덜 받기 위해서였다. 보조식품은 소비자가 아프거나 사망에 이르는 심각한 피해가 없다는 사실만 입증하면 쉽게 규제의 문턱을 넘는다. 실제 약효가 있는지는 문제 삼지 않는다.

그러나 허위 주장은 쉽게 넘어갈 문제가 아니었다. 프리바겐이 시장을 확대하자, 규제기관과 소비자 보호단체에서 퀸시가 회사 웹사이트와 페이스북에 올린 터무니없는 주장을 눈여겨보기 시작했다. 퀸시는 프리바겐을 이렇게 홍보했다. "뇌세포의 사멸을 막아주는 최초이자 유일한 식이보충제." 동시에 퀸시는 수치심을 겨냥해 이렇게 장담했다. "프리바겐으로 잃어버린 단백질을 복구하면 당신의 존엄성을 되찾을 수 있습니다."[15]

2012년 미국 식품의약청Food and Drug Administration, FDA은 퀸시 바이오사이언스에 경고 조치를 내렸고, 같은 해 연방거래위원회 Federal Trade Commission도 퀸시를 허위광고 혐의로 제소했다. 원고 측 변호인단은 집단 소송에 돌입했다. 그 사이 소비자 수천 명이 부정맥부터 환각에 이르기까지 각종 부작용을 호소하며 소송을 걸었다. 모든 일이 한꺼번에 터지자 퀸시 측 변호사들은 정신없이 바빴다. 그 와중에 퀸시는 프리바겐을 주력상품으로 띄우는 데 성공했다. 현재 이 알약 제품은 약국 체인인 월그린Walgreens 과 CVS, 그리고 아마존에서 구입이 가능하다. 퀸시는 또 이 마법의 단백질 성분을 함유한 제품인 뉴로셰이크NeuroShake를 2013년에 출시했다. 커피나 레드불처럼 인체를 각성시키는 게 아닌, 두뇌 건강을 증진하는 제품이라고 홍보했다. "두뇌활동에 시동을 걸자!"

퀸시 바이오사이언스는 현재 TV 광고에 돈을 쏟아붓는다. 옛 라이솔 광고에서 남편에게 외면받은 부인처럼, 친근한 이미지의 노인들이 나와 제품을 알린다. 이들은 고백한다. 프리바겐을 알기 전에는 이름이나 각종 사실이 떠오르지 않아 애를 먹었다. 기억력이 떨어지니 당황스러웠다. 가장 친한 친구들한테도 이런 얘기를 꺼내지 못했다. 그러다가 프리바겐이라는 제품을 알게 됐는데 이게 웬일인가, 옛 기억이 생생하게 떠오르는 것이다.

이 약이 광고처럼 실제 효능이 있다는 증거는 부족하다. 하버드 의과대학 교수 로버트 쉬머링은 이렇게 지적했다. "내 동료 교수가 궁금해했다. 아포에쿼린이 그렇게 대단하다면, 왜 해파리는 지금보다 더 똑똑하지 않을까?"[16] 퀸시 바이오사이언스는 이런 의문에 가짜 과학으로 답한다. 마크 언더우드는 2010년 자사에서 "이중 맹검 위약-대조군double blind, placebo-controlled 임상 시험을 대규모로 시행한 결과, 단어 떠올리기와 두뇌의 집행기능, 단기기억력이 통계적으로 유의미하게 향상되면서 프리바겐의 효능이 상당한 것으로 밝혀졌다"라고 말했다.[17] 매디슨 기억력 연구Madison Memory Study라 불리는 이 실험에는 218명이 참여했는데 이들에게 프리바겐 10밀리그램이나 위약 중 하나를 지급했다. 그런 다음 90일 동안 아홉 가지 인지 과제를 수행하며 피험자를 평가했다. 연방거래위원회가 프리바겐을 상대로 제출한 소장을 보면, 이 연구 결과는 퀸시에게 불리하다.[18] 통계적으로 유의미한 변화가 전혀 없었다.[19]

그래도 가짜 과학은 불리한 결과를 유리하게 바꿔치기할 수 있다. 통계학자가 데이터를 파고들어 원하는 자료가 대충 모일 때까지 데이터를 잘게 쪼개는 수법이다. '유의미한' 결과를 찾아내기 위해 퀸시는 아홉 가지 인지 과제를 더 작은 단위로 나눈 다음, 매디슨 기억력 연구 실험 결과를 30번 넘게 분석했다. 이는 통계학의 고전적인 사기 수법으로, 이 작업을 수행한 사람들은 자신이 통계로 사기 친다는 사실을 알고 있었거나 통계학자로서 이런 일을 맡게 된 것을 후회했을 것이다. 대규모 데이터를 잘게 나누면 통계조작자는 '작은 수의 법칙'에 따라 원하는 결과를 얻는다. 우리가 동전 던지기를 100번 하면 앞면과 뒷면이 보통 50 대 50에 가깝게 나온다. 1,000번을 던지면 반반일 확률이 훨씬 높아진다. 그렇지만 100번 연속 던지기를 10회씩 나눠 실행하면, 50 대 50에서 벗어나는 경우가 많아진다. 이 가운데 8 대 2로, 아니면 적어도 7 대 3으로 나오는 표본이 몇 개 있을 것이다. 통계조작자는 자신이 원하는 결론에 적합한 표본을 골라내면 된다.

존엄성 회복으로 수치심 산업에 맞선다

지금까지 살펴본 수치심 드라마의 역학은 중세의 도덕극만큼 뚜렷했다. 거대한 수치심 머신은 비만, 약물 중독, 가난, 허약함을 이용하기 위해 고통에 시달리는 사람을 비난하고, 그 과정에서 힘과 시장 지분을 얻는다. 이들은 자신들의 희생양을 돈벌이로 삼거나 일회용품으로 취급하면서 보통 두 가지 전술을 결합해 쓴다. 나머지 사람들은 그릇된 전제를 복음처럼 받아들여 이 현상에 가담한다. 패배자는 잘못된 선택을 했으니 자기 운명을 받아들여야 하고, 그렇게 충분히 후회해야 잘못된 행동을 고친다고 본다. 수치심은 강력하고 때로는 필요 이상으로 효과적이다.

강력한 수치심 산업에 맞서야 할 때다. 이들은 현재의 역기능을 영속화하고 이로부터 이윤을 얻지만 해결한 것은 아무것도 없다. 지금도 비만율이 치솟고 있다. 마약성 진통제가 도시와 시골에서 지역사회를 파괴하고 있다. 엄청난 수의 흑인 청년들이 교도소에서 인생을 허비하고 있다. 금박 시대Gilded Age(남북전쟁 이후 1차 세계대전 직전까지 미국이 누린 대호황기 - 옮긴이) 이후로 불평등이 극에 달했다. 수치심은 각각의 사회적 실패에 작용하지만, 동시에 문제의 본질을 흐리는 기능을 한다. 우리는 각종 사회 문제를 겪을 때, 다음과 같이 안이한 충고를 자주 듣는다. '그런 끔찍한 선택만 하지 않았어도 지금처럼 고통받지 않을 텐데. 그러니 그들 잘못이다.' 이렇게 수치심의 악순환이 시작된다.

파멸적 악순환은 어떻게 끊어야 할까? 첫 단계는 자각 능력awareness을 키우는 것이다. 우리에게는 깨달음이 필요하다. 현실을 있는 그대로 받아들이고 약자를 탓하는 논리가 그런 현실을 떠받친다는 사실을 우리는 좀처럼 깨닫지 못한다. 수치심의 렌즈로 주변 세상, 사람들의 관계성, 권력의 역학을 살핀다면 기저에 깔린 추악함이 드러날 것이다.

우리는 인종주의와 성차별주의와 관련해 과거에 이런 조치를 한 적이 있다. 어느 쪽도 큰 성과를 거뒀다고 보기 힘들지만 양쪽 모두 대중의 인식이 나아졌다. 인식개선이 있어야 개혁도 가능하다. 반세기 전인 1960년대만 해도 흑인은 지상파 채널에서 광고는 물론 프로그램이나 뉴스에도 사실상 등장하지 못했다. 백인 시청자는 당연히 여기에 신경 쓰지 않았다. 인종적 대표성이 없다는 게 얼마나 기이한 현상인지 백인에게 일깨워준 이가 아무도 없었기 때문이다. 같은 시기 36대 대통령 린든 존슨 정부의 내각 구성원 28명 중 여성이 단 한 명도 없었을 때, 이게 얼마나 부당한 일인지 고민한 사람도 극소수 페미니스트에 그쳤을 것이다.

우리가 키워낸 거대한 수치심 머신과 맞설 때, 우리도 이와 비슷한 맹목성을 보인다. 그렇지만 수백만 명이 수치심 머신을 분해하고 그 안의 작동원리를 들여다본다면, 공공영역이나 미디어, 기업, 정치권을 대하는 우리의 태도는 달라질 수 있다. 그러면 우리는 잘못된 관행을 바로잡는 조치로 넘어갈 수 있다.

이에 관한 행동 방침을 고민할 때 심리학자 도나 힉스가 제시하는 사고의 틀은 꽤 유용하다.[20] 수년 동안 힉스는 전 세계 여러 분쟁지역에서 갈등을 해결하기 위해 힘써왔다. 중동, 스리랑카, 콜롬비아에서 분쟁 당사자들과 한자리에 앉아 서로 합의점을 찾고 평화를 위해 노력하도록 도왔다.

힉스는 모든 논쟁의 깊숙한 저변에 고통의 물결이 흐른다는 사실을 발견했다. 협상하는 양측은 맞은편에 앉은 상대방이 나를 모독하고 무시하고 배제하며 무례하게 군다고 느꼈다. 이를 보며 힉스는 서로 인격적으로 존엄하게 대하지 않는 한 결코 합의에 이를 수 없다는 결론을 얻었다.

힉스는 본인이 존엄성 침해라고 명명한 것을 연구하고 그 사례를 살폈다. 힉스는 사람들 모두가 태어날 때는 나약하고 여린 존재로서 남들에게 당연히 귀한 대접을 받는다고 한다. 그러나 경멸, 배제, 불신 등의 감정을 경험하면서(사실상 수치심에 빠지면서), 사람들은 자신을 보호하기 위해 냉담해진다. 삶을 관통하는 정서도 존엄성이 아닌 수치심이 되는 것이다. 한 사회의 구성원인 우리는 종종 자신도 모르게 약자를 비난하고 이들에 대한 처벌을 영구화한다. 게다가 교도소와 잔혹한 재활시설처럼 우리가 후원하고 지원하는 무자비한 수치심 머신들은 피해자의 존엄성을 박탈하고 이들을 무기력하게 만들어 삶에 대한 의욕을 꺾어버린다. 우리는 수치심 머신에 휩쓸려 힘을 보탠다.

힉스가 제시한 존엄성 지침에 따른다면 우리는 이러한 경로를 바꿀 수 있다. 지침의 핵심은 다른 모든 인간을 존중하는 것이다.

그들이 우리 눈에 보이고 우리 귀에 들리는 존재임을 인정하고, 그들을 배제하려는 욕구에 저항하는 것이다. 또 사람들을 공정하게 대하고, 이들이 수치심과 모욕감을 느끼는 일이 없도록 안전하게 보살피는 것이다. 존엄성을 실현하는 매우 강력한 방법 중 하나는 일단 사람들의 말을 믿어주는 것이라고 힉스는 말한다.

힉스 본인도 이상적인 기준에 맞춰 사는 게 여전히 힘들다고 고백한다. 누구나 마찬가지다. 길거리에서 구걸하는 사람을 보면 매번 시선을 돌리고, 다리 밑에서 노숙자를 만나면 빠른 걸음으로 지나치면서 우리는 이들의 안전에 전혀 관심을 가지지 않을 뿐 아니라, 이들을 존중하고 포용하려고 생각하지 않는다. 또한 우리는 우세한 수치심 머신을 떠받드는 규범을 영구화함으로써 현재의 유감스러운 현실이 지속되도록 도와준다. 뚱뚱하고 가난하고 중독된 자들을 비롯해 수많은 사람이 잘못된 선택 때문에 고통받는다고 인정해버리면, 우리 역시 그 문제의 일부가 된다.

우리가 일상에서 저지르는 존엄성 침해를 자각하려고 애쓰는 것이 수치심 머신을 해체하기 위한 첫걸음이다.

2부

—

혐오는 어디서 시작하고
확산되는가

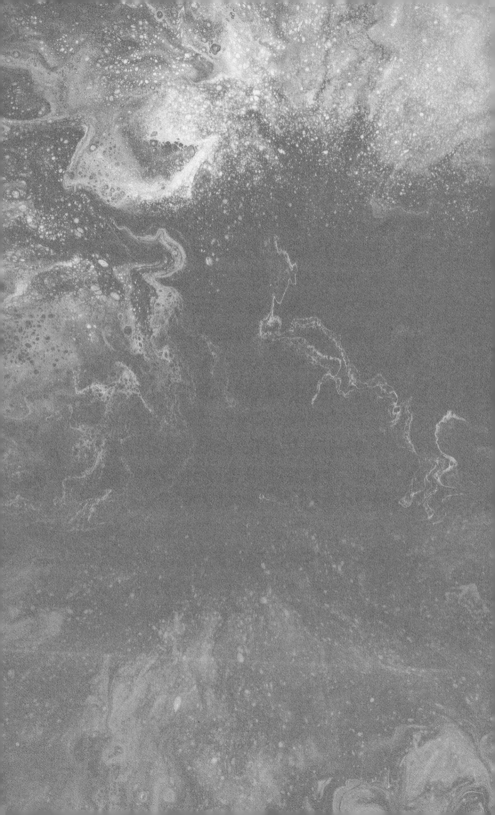

5.
사이버 불링
공유, 좋아요 그리고 돌 던지기

2012년 어느 날, 미주리주 월마트에서 몹시 뚱뚱한 여성 고객이 매장 바닥에 엎어졌다. 전동 스쿠터에 앉아 소다 상자를 꺼내다가 스쿠터가 뒤집혀 발생한 사고였다. 순간 어디선가 카메라 플래시가 터졌고, 여자아이들이 키득거리는 소리가 들렸다.

이 여성을 조애나 맥케이브라고 칭하겠다. 두 아이의 엄마인 맥케이브는 척추전방전위증Spondylolisthesis이라는 질환을 앓고 있어서 걸을 때마다 통증을 느꼈다. 게다가 우울증 진단을 받은 터라, 이 사건으로 자신이 온라인에서 조롱과 비웃음의 대상이 됐다는 사실을 알고도 별다른 반응을 보이지 않았다. 훗날 맥케이브는 이런 글을 남겼다. "나를 놀리거나 비아냥거리는 말에 익숙해서 그러려니 했다. 처음 겪는 일도 아니었다."[1]

누군가 바닥에 쓰러진 맥케이브의 사진을 찍었다. 이 사진은 월마트 방문객의 우스꽝스러운 모습을 모아놓은 피플 오브 월마트 **People of Walmart** 웹사이트에 바로 올라왔고, 소셜 미디어 레딧과 페이스북으로도 진출했다. 조애나 맥케이브는 온라인에서 화제의 인물이 되었다. 사람들은 댓글로 맥케이브를 조롱했다. 탄산음료를 꺼내다가 넘어진 뚱뚱한 여성이라니! 무엇보다도 악질적인 건 사진이었다. SNS라는 강력한 기폭제 때문에 슈퍼마켓 바닥에 쓰러진 거구의 사진을 수많은 사람이 돌려봤다.

맥케이브는 새롭고 강력한 수치심 머신의 피해자였다. 페이스북과 구글 같은 거대 기업이 이끄는 디지털 업계는 온라인에서의 조롱으로 이윤을 얻을 뿐 아니라 이런 행동을 이용하고 퍼뜨린다. 대형 연구실에서 수학자는 심리학자 및 인류학자와 긴밀히 협업해 이용자의 행동 데이터를 바탕으로 알고리즘 기계를 학습시킨다. 이들의 목적은 이용자를 온라인에 끌어들여 광고라는 금광을 캐는 것이다. 이용자를 단단히 붙잡는 수단으로 조롱만큼 확실한 것도 없다. 섹스만큼이나 강력하다. 데이터 과학자와 고위 경영진이 조롱에 기반한 전략을 따로 세우지 않아도 알고리즘이 알아서 여기에 주목한다. 조롱은 트래픽을 올리고 수익을 높인다.

누군가는 조애나 맥케이브를 놀린 이용자들이 상처를 줄 의도가 없었다고 주장할지도 모른다. 그냥 웃고 즐겼다는 것이다. 맥케이브가 월마트 매장에 쓰러진 사진은 SNS에서 주목받고, 인지도를 올리며, 좋아요와 팔로워 수를 늘릴 기회였다. 그러니 이는 다분히 관심종자들을 위한 조롱이었다. 수치심 렌즈로 사건을 들여다보자. 바닥에 쓰러진 고객을 온라인에서 우르르 몰려가 비웃은 것일 뿐 여기에는 어떤 건설적인 목적도 없었다. 이는 삐뚤어진 영혼을 잘 타일러 사회규범을 수용하게 하려는 행동 같은 것이 아니었다. 대다수 사람에게 맥케이브는 그저 동네북이었다.

수치심 네트워크는 사람들을 강하게 끌어들이는 해로운 속성을 가지고 있다. 트위터에 분노를 표현하거나 페이스북에서 못마땅한 인간을 공격하면 속이 후련해진다. 예일대학교 심리학자 몰리 크로켓의 설명에 따르면, 이는 전뇌의 일부인 선조체의 보상 회로에 불이 들어오기 때문이다.[2] 음식을 먹거나 섹스를 하거나 코카인을 들이마실 때 생기는 신경계의 반응도 이와 유사하다. 크로켓은 우리의 뇌가 종족 번식을 장려하는 쪽으로 진화해왔다고 설명한다. 그래서 공동체 구성원을 통제하는 행위는 보상회로를 활성화한다. 격분 역시 비열하고 근거 없는 비난에서 나왔더라도 이러한 만족감을 준다.

인터넷이 없던 시절에는 탄산음료 코너에서 목격한 우스꽝스러운 사건을 친구나 이웃끼리 공유하며 웃고 말았을 것이다. 그러나 요즘은 어쩌다 한번 넘어진 일도 전 세계가 공유한다.* 알고리즘이 부추기는 이 드라마에 동참한 수백만 명은 거대 기술기업에 공짜 노동을 제공한다. 이 기업들의 마케팅 활동은 우리가 살아가는 삶과 우리가 만드는 사회를 규정하는 데 상당한 역할을 한다. 또 온라인에 떠도는 수치심 문화는 우리가 사고하는 방식뿐 아니라 진실로 받아들이는 대상에도 영향을 준다.

SNS 사진 한 장의 파급력

이렇게 서로 엇갈리는 현실을 보여주는 대표적인 예로, 코빙턴 소년들Covington boys이라는 기묘한 사건을 들 수 있다. 2019년 1월, 노던 켄터키에 있는 코빙턴 가톨릭 남자고등학교 학생들이 워싱턴에서 열린 낙태 반대 집회에 참석했다. 집회가 끝난 후 학생들은 집에 가려고 링컨 기념관 근처에서 버스를 기다리고 있었다.

당시 현장을 담은 최초로 공개된 영상을 보면, 바로 그때 닉 샌드먼이라는 16살 학생이 오마하Omaha 부족 출신 노인 네이선 필립스와 대치하는듯한 모습을 보였다. 필립스는 북을 치고 노래를 부르며 학생들 쪽으로 다가오고 있었다. 미국을 다시 위대하게 Make America Great Again, MAGA(트럼프 전 대통령의 대선 구호 – 옮긴이)라고 적힌 빨간 모자를 쓴 샌드먼은 필립스가 코앞까지 다가오자, 꼼짝하지 않고 서서 그를 마주 보았다. 히죽거리는 샌드먼의 표정

---

* 이외에도 온라인에 퍼져 전 세계인의 비웃음을 산 사례들은 존 론슨의 『그래서 당신은 공개적으로 망신당했다(So You've Been Publicly Shamed)』를 참고하라.[3]

은 원주민 노인을 비웃는 듯 보였다. 어찌 보면 십 대 특유의 어색한 표정 같기도 했다. 소년이 지은 표정은 모호했지만, 현장 사진과 영상이 소셜 미디어에 올라온 순간 곧바로 문화적·정치적 갈등이 터져 나왔다. 시작은 좌파가 끊었다. 트럼프 모자를 쓴 샌드먼은 적어도 두 가지 차원에서 경멸과 편협함의 상징으로 보였다. 그는 토착민을 멸시하는 특권층 백인 남성으로 보였고, 동시에 위엄 있는 노인을 깔보는 철없는 청소년으로도 보였다.

버즈피드의 작가 앤 헬렌 피터슨은 샌드먼의 표정이 "백인 가부장제의 모습"이라고 말했다. HBO사 드라마 〈더 와이어The Wire〉의 제작자 데이비드 사이먼은 샌드먼의 모자가 '원초적 악raw evil'을 상징한다고 했다. 배우 알리사 밀라노는 트위터에 빨간 모자를 "새로운 하얀 두건"이라고 표현해서, 쿠 클럭스 클랜Ku Klux Klan(백인 우월주의 단체. 하얀 두건을 두르고 다니며 테러를 자행했다 - 옮긴이)을 떠올리게 했다. 베스트셀러 『젤롯, 나사렛 예수의 삶과 시대Zealot: The Life and Times of Jesus of Nazareth』의 저자 레자 아슬란은 이러한 적대적 분위기를 간결하게 요약했다(트위터에 올렸다가 나중에 삭제했다). "솔직히 묻겠다. 이 아이만큼 약 올리는 표정을 본 적이 있는가?"[4]

이와 비슷한 내용의 게시물을 수백만 명이 공유하고 리트윗했다. 단 몇 초짜리 영상 하나로 누군지도 몰랐던 고등학생 한 명이 갑자기 몹쓸 인간이 되었다. 샌드먼이 다른 친구들과 비교해 눈에 띄게 다른 점은 없었다. 아미시Amish(현대 기술과 문명을 거부하고 과거의 농경 생활을 유지하는 종교 집단 – 옮긴이) 공동체의 옷을 입은 것도 아니고 엄청난 거구도 아니었다. 누가 봐도 미국의 평범한 백인 고등학생 자체였다. 샌드먼이 특정 야구팀의 모자를 쓰고 있었다면, 그가 네이선 필립스와 마주 선 모습은 주목받지 않았을 것이다. 단지 그가 썼던 빨간색 마가MAGA 모자는 그 누구보다도 아슬란에게 어떤 신호를 보냈다. 증오로 들끓는 괴물인 샌드먼을 공격하면 기분이 좋아질 것이라는 신호였다.

자연스럽게 우파의 반격이 시작됐다. 워싱턴에 소재한 정치단체인 미국의 공익 옹호자Public Advocate of the United States는, 지금은 삭제된 트윗에서 난폭한 좌파 인물이 자기네 '부족'의 전쟁 북을 두드리며 코앞에서 소리 지르는데도 샌드먼은 기죽지 않았다며 칭찬했다. 폭스 뉴스의 진행자 로라 잉그래엄은 트위터에 "가학적인 온라인 공격"을 멈추라고 촉구했다.[5]

시간이 지나 또 다른 영상들이 나오면서 사건의 구체적인 맥락이 드러났다. 당시 코빙턴 학생들은 검은 히브리 이스라엘 사람들Black Hebrew Israelites이라는 소수 시위대로부터 분노에 찬 인종차별적 야유를 듣고 있었다. 이 흑인 우월주의 종교 집단과 대치하던 코빙턴 학생들은 야유소리가 묻히게 하려고 학교 응원가와 교가를 부르고 있었다. 바로 그 순간 필립스가 북을 두드리며 두 집단 사이로 걸어왔다. 나중에 필립스가 한 말에 따르면, 격앙된 분위기를 누그러뜨리기 위해서였다.

자세한 내막은 여전히 모른다. 그렇지만 좌파와 우파 모두 각자 퍼부은 조롱을 정당화했다. 온라인 매체 복스Vox의 특파원 잭 뷰챔프가 훗날 기고했듯이, 이 사건은 곧 사회적·정치적 입장을 고스란히 보여주는 일종의 로르샤흐 검사지(잠재된 무의식을 파악하는 심리검사 – 옮긴이)로 기능했다.[6] 각 진영은 사건을 자기식대로 해석하면서 상대를 혐오하고 조롱했다. 이 갈등은 다시 밈meme(인터넷에서 유행하는 사진이나 영상 – 옮긴이) 전쟁으로 넘어갔는데, 좌파는 인종주의와 잘난척하는 백인의 특권의식을 맹렬히 비난한 반면, 우파는 청교도적인 정치적 올바름, 기독교인과 백인에 대한 편견을 신랄하게 비난했다. 어느 순간 샌드먼은 자유의 상징이자 좌파의 캔슬 문화에 희생된 피해자가 되었다. 1년 후 샌드먼은 2020년 공화당 전당대회에 특별연사로 나섰다. 이렇게 되자 워싱턴에서 있었던 그 기이한 만남은 세세한 맥락을 따지는 게 무의미해졌다.

미국인 수백만 명 중 하나가 이 드라마에 끌려 들어갔다고 해보자. 2019년 1월의 어느 날 아침, 미국 어딘가에 거주하는 한 남성이 목욕 가운도 벗지 않은 채 휴대폰이나 노트북을 열었다가 닉 샌드먼과 네이션 필립스가 맞대면하고 있는 사진을 보았다. 그는 자신이 지닌 확고한 정치적 신념에 따라, 이쪽이든 저쪽이든 분노에 동화되어 어느 한 편에 가담했다. 그는 우선 분노 서린 트윗을 공유한 다음 페이스북에 들어가 신랄한 비판에 '좋아요'를 눌렀다. 이어 직접 트윗을 작성했다. 남들이 글을 퍼가고 좋아요를 눌러주니 점점 뿌듯해져서 컴퓨터를 떠나지 못했다.

그런데 분위기가 갑자기 달라졌다. 그가 올린 트윗에 화난 댓글이 줄줄이 달렸다. 댓글 작성자들은 어린 학생에게 왜 그러느냐, 인종주의자냐, 이쪽 혹은 저쪽의 꼭두각시냐며 그를 비방했다. 보고 있자니 화가 났다. 어떻게 답글을 달까 고민했다. 점잖은 말투로 합의점을 찾으려 해도 화난 트윗이 빗발쳤다. 그도 슬슬 분노가 차올랐다.

몇 시간이 흘렀다. 하루가 거의 다 갔다. 수백만 명이 서로의 악행과 타락을 전 세계에 고발하며 시간을 허비했다. 링컨기념관 근처의 대결로 시작된 이 드라마는, 사람들 사이에 비난과 불만이 오가면서 결국 상대를 모욕하는 말싸움으로 번졌다.

이런 끝없는 말싸움 덕분에 소셜 미디어 기업은 트래픽을 끌어올리고 광고 수입을 넉넉히 챙길 뿐 아니라 값진 정보를 얻는다. 내가 동의하는 게시물을 공유하고 나와 의견이 다른 사람을 비난하며 자신의 정치적 입장을 명확히 드러낼 때, 플랫폼 기업은 이용자에 대한 정보를 얻는다. 이 정보를 토대로 기업은 이용자를 더욱 정교하게 세분화할 수 있어서 훨씬 효과적이고 수익성 있는 맞춤형 광고가 가능해진다. 그 결과 지난 10년 사이에 페이스북과 구글 등 회사는 주가가 급등하면서 자산가치가 수조 달러에 달하는 세계적인 기업으로 올라섰다.

디지털 거물 기업이 갈등에서 얻는 횡재는 그저 운 좋게 얻은 게 아니다. 이들은 돈이 되는 논쟁을 부채질하도록 자사 플랫폼을 설계한다. 또 이용자의 견해를 극단으로 몰아가곤 하는데, 그렇게 해야 논쟁이 과열되어 이용자가 쉽게 이탈하지 않는다.

내 타임라인은 세상의 전부가 아니다

출판업계도 수 세기 동안 갈등을 이용해 돈을 벌었다. 소설가 줄리언 반스는 『빨간 코트를 입은 남자The Man in the Red Coat』에서 19세기 예술의 풍속사를 묘사하며 이런 사례를 든다. "신문사 발행부수가 줄어들면, 편집장 하나가 출근해 업계 사람 아무나 한 명을 헐뜯는 매서운 기사를 써낸다. 상대방이 이에 반박한다. 대중의 관심이 쏠린다. 대중은 마치 레슬링 경기장에 들어온 구경꾼처럼 이 공방을 지켜본다."[7]

페이스북은 이런 현상에 대해 잘 알고 있다. 일간지 『월 스트리트 저널The Wall Street Journal』의 보도에 따르면, 2018년 페이스북의 내부 연구 자료는 "우리의 알고리즘은 인간 두뇌가 분열에 이끌린다는 사실을 이용한다"라면서 "플랫폼을 지금처럼 방치하면 점점 더 분열을 낳는 콘텐츠"를 계속 제공하게 될 것이라고 경고했다.[8]

이는 기계학습 알고리즘이 제어하는 자동화 플랫폼의 속성이다. 이 시스템은 트래픽 및 수익의 극대화가 목적인 경우, 조회수와 댓글 수, 공유 횟수를 가장 많이 끌어내는 정보를 자동으로 퍼뜨리고 활성화한다. 게다가 우리는 정중하고 세세한 담론보다는 위협적이고 공격적인 내용에 훨씬 반응하는 편이어서 진흙탕 논쟁에 곧장 빠져든다.

알고리즘 설계가 이렇다 보니, 소셜 미디어 플랫폼은 분노 자극엔 매우 능숙하지만 평화로운 합의 도출에는 서투른 정도가 아니라 아주 무능하다. 『월 스트리트 저널』에 따르면, 페이스북 임원진은 자사의 사업모형과 관련해 불편한 도덕적 문제를 제기한 내부 연구 자료를 일단 무시하고 넘어갔다. 이후 2020년 페이스북의 의뢰로 진행한 시민권 감사에서 "페이스북 리더십은 양극화 문제에 대해, 그리고 페이스북 알고리즘이 극단적이고 양극화된 콘텐츠를 무심코 주입한다는 사실에 대해 깊은 관심을 보이지 않는다"라는 지적이 나왔다. 감사원들은 이 문제를 소홀히 다루면 "현실 세계에서 위험한 (그리고 생명을 위협하는) 결과를 초래할 것"이라고 덧붙였다.[9] 그로부터 1년도 안 되어 성난 군중이 워싱턴 국회의사당을 습격한 사건을 이에 대한 근거로 들 수 있다. 소셜 미디어에 퍼진 음모론에 빠진 시위대는 국회의사당에 난입해 죽음과 파괴의 씨앗을 뿌렸고, 미국 부통령의 목을 매달겠다며 으름장을 놓았다.*

---

* 2020년 대통령 선거 결과에 납득할 수 없는 후보 당사자가 트위터를 통해 음모론을 제기하며 불복 선언을 했고, 그를 추앙하는 지지자들이 이에 응답해 실제 행동으로 보여준 사건. 같은 사고방식을 공유하는 집단의 결속력이 극단적으로 치닫는다면 자신들의 가치가 보편적이라고 맹신하게 되고, 다른 집단을 배척하며 폭력적 성향을 띠기도 한다는 것을 나타냈다 - 편집자주.

이처럼 충격적인 사건이, 적어도 공포에 질린 군중의 단합된 모습이라는 점에서 2001년 9·11 테러 이후 미국 대중이 보인 반응과 유사하다고 생각할지도 모른다. 그렇지만 당시 공격적 행동은 소셜 미디어가 탄생하기 전의 일이었다. 이후 수십 년 동안 디지털 거물 기업들이 여론을 작고 고립된 집단으로 쪼개는 일에 박차를 가하면서 사람들은 서로를 이해하거나 존중하기가 무척 힘들어졌다.

온라인이든 사교모임이든 새로운 동질 집단은 그 집단을 넘어 시야를 확장하기가 점점 어려워진다는 문제가 있다. 동질 집단은 나의 정보 채널을 장악하고 나의 세계관을 형성하는 경향이 있다. 결국 우리는 어리석게도 나와 생각이 비슷한 친구들과 공유한 가치가 보편적이라고 믿어버린다.

우리는 세상이 많이 좋아졌다고 우리끼리 생각한다. 여기서 '우리'는 누구일까? 현재 다수의 대학에서는 타인을 배려하는 차원에서 학적부에 연락처와 함께 본인이 원하는 인칭대명사를 기입하고 또 여러 인종이나 종족, 성 정체성과 관련해 가장 최근 승인된 용어나 약어를 쓰는 것을 당연시하는 분위기다. 이런 흐름을 보면 역사적 불의에 맞선 노력이 최근 몇 년 사이에 꾸준한 진전을 '이루고', 새로운 용어가 그 결실을 반영하는 듯하다. 이런 식으로 우리가 사용하는 언어는 새로운 규범을 싹틔우므로, 옛 용어를 고수하는 사람은 이제 방침을 바꿔야 한다. 교실에서 꾸지람을 듣든 소셜 미디어에 올라온 남들의 우스꽝스러운 영상을 보든, 변화의 계기는 때로 약간의 수치심을 동반한다.

문제는 한 공동체에서 오랜 세월 철저한 논쟁을 거쳐 얻어낸 것, 즉 진리로 여기는 것을 다른 집단이 매우 생소하게 여길 수 있다는 점이다. 이는 시류를 파악하지 못하는 것과 같다. 자신이 원하는 인칭대명사를 표기하라고? 이걸 왜 하지? 내가 원하는 인칭대명사를 밝히지 않으면 남들에게 무례한 건가? 이런 사람들에게 용어 수정은 정의를 둘러싼 담론의 합리적 결론이 아니라, 고상한 척하는 이질적 집단이 만들어낸 당황스러운 명령이다. 인칭대명사 문제도 소위 깨어 있는 자들이 만든 규범일 뿐이다. 그래서 양측은 서로를 비방하는데, 한쪽은 새로운 교리를 퍼뜨린다고 욕하고, 다른 쪽은 이를 거부한다고 비난한다.

온라인 소모임에 파묻혀 시야가 좁아지면 대화가 편협해지고 오해가 생기며 남들을 경멸하게 된다. 결국 우리는 상대를 나와 다른 존재일 뿐 아니라, 컬트cults(강렬한 일체감을 바탕으로 극단적 이념을 추구하는 집단. 종교적으로 사이비를 뜻하기도 한다 - 옮긴이) 추종자로 여기게 된다. 보통은 상대방도 우리를 그렇게 본다.

SNS에 개인정보가 박제된다는 것

페이스북에 접속하니 알림 표시가 떴다. 클릭해보니 경악스럽게도 누가 단체 사진을 올려놓고 당신을 태그해놓았다. 확인해보니 당신이 굴욕스럽게 나온 사진을, 어쩌면 가장 추하게 나온 사진을 올려놓았다. 게다가 사진 위로 커서를 움직이면 모두가 볼 수 있게 당신 이름이 떴다. 이 태그가 고약한 이유는, 인터넷에서 당신이나 그 사진에 태그된 사람을 검색할 때마다, 또는 당신이 참석한 모임과 관련된 내용을 검색할 때마다 그 민망한 사진이 계속 등장하기 때문이다. 이 사진은 당신의 정체성에 달라붙어 계속 따라다닌다.

우리가 디지털 수치심 머신을 통해 남에게 주는 불행은 종종 나도 모르게 하는 행동이지만, 가장 눈에 띄는 가해다. 더 만연한 고통은 저절로 퍼지도록 설계된다. 이렇게 자동으로 퍼지는 독소는 그 발전 속도가 어마어마해서, 불과 몇 년 전에 나온 공상과학 소설도 읽다 보면 오늘 뉴스를 보는 것만 같다. 예를 들어, 2010년에 나온 게리 슈테인가르트의 소설 『무척 슬프고 진실한 사랑 이야기Super Sad True Love Story』는 철저한 정보 공개가 규범인 세상, 그래서 언제 어디서나 망신당할 수 있는 미래 세계를 그린다. 동네에 있는 '신용 전봇대credit pole'를 지나가면, 내 신용점수가 공공 디스플레이에 뜬다. 고성능 휴대폰 아파라트äpparät로 지나가는 사람을 스캔하면 개인의 순자산과 금융거래 이력이 뜬다. 술집에서 썰렁한 농담을 하는 사람은 매력 지수와 개성 점수가 실시간으로 곤두박질친다.

이와 아주 유사한 정보남용이 이미 확산되고 있다. 특히 중국에서는 아무런 통제 없이 국가감시가 작동한다. 이는 정부가 각종 사회적 신용점수를 매겨 제재를 가하는 식으로 이뤄진다.[10] 예를 들어 금연 구역에서 담배를 피우거나 비디오 게임을 지나치게 많이 하는 장면이 감시 카메라에 잡히면 해당 인물에게 휴대폰으로 경고음을 보낸다. 또 인공지능AI이 장착된 카메라를 이용해 얼굴 특징, 자세, 걸음걸이를 조합하면 개인의 신원을 알아낼 수 있다. 예를 들어 출근길에 무단횡단을 하다 걸리면, 스마트 캠이 범법자의 이름과 개인정보를 파악해 디지털 게시판에 띄운다. 마찬가지로 지하철에 쓰레기를 버리거나 온라인에서 집권당을 욕하면 처벌받을 수 있다. 또 각종 범법행위를 하면 중국의 거대 플랫폼인 웨이보나 위챗에 이름이 공개될 수 있다.

네트워크의 확산으로 개인정보가 수치심이나 사회적 낙인과 연결되는 세상에서, 어디를 가든 남들보다 수완이 뛰어난 사람들이 있다. 이런 자들에게 가장 쉽게 이용당하는 부류는 가장 절박한 사람들이다. 돈과 지식이 부족하거나, 자신을 따라다니는 디지털 허물을 없앨 시간적 여유가 없는 사람들, 아니면 예전부터 홀대받은 사람들이다. 이들은 지독하게 가난하거나 주변부로 내몰려, 자기 정체성에 대한 통제력이 거의 없다. 우리는 이들의 삶을 규정하고 이들에게 악영향을 끼치는 수치심 머신을 이미 살펴봤다. 다이어트 산업, 마약 거래상, 민영교도소, 관료주의적 복지 제도, 그리고 이들에게 무급노동을 시키는 재활 기관 등이었다. 이러한 수치심 머신은 약자를 집요하게 공격한다.

데이터 경제에서 수치심은 두 번째 생명력을 얻는다. 강제퇴

거, 아동보호기관에 신고당하거나 아동보호법으로 구속될 뻔한 사건, 카지노 여행, 이 모두가 온라인에 풍부한 정보를 남기므로, 수치스러운 데이터를 먹고 사는 다수의 기관에는 그야말로 노다지다. 이런 정보는 사회연결망을 훌쩍 뛰어넘어 신용평가 회사, 담보대출 중개인, 가석방 심사위원회 같은 공식 경제formal economy 부문으로, 더 나아가 수많은 장사꾼과 사기꾼에게까지 뻗어나간다. 디지털이나 문서에 남은 매우 치욕스러운 정보를 수백 수천의 알고리즘이 처리하는 과정에서, 당사자는 남들에게 평가당하고 돈벌이에 이용당하며 각종 기회를 영원히 박탈당한다.

이는 호손의 작품 『주홍 글씨』의 주인공 헤스터 프린이 간통죄로 가슴에 달고 살아야 했던 붉은 색 A 글자와 매우 비슷하다. 현대에 와서 이 낙인은 디지털로 형태가 바뀌었다. 이제는 청교도 전통에 따라 옷에 글자를 달고 다니지는 않지만, 컴퓨터 클라우드에 저장되는 방대한 데이터센터에 각종 위험지수로 오래도록 남는다.

디지털 주홍 글씨를 깨끗이 지우기란 만만치 않다. 미국의 형사사법제도는 무죄로 밝혀지면 공식적으로 범죄기록을 말소해주지만, 머그샷mugshot(피의자의 얼굴 사진 - 옮긴이)과 혐의사실은 인터넷에 계속 떠다니기 때문에 검색으로 바로 확인이 가능하다. 뉴저지에 사는 앨런이라는 남성이 2017년에 불구속 기소 상태에서 행정착오로 체포됐다. 지방법원에 출두하라는 소환장이 엉뚱한 주소로 날아간 탓이었다. 재판 결과 공소기각 판결이 나왔고,

피고인이 소환장을 받지 못했다는 사실을 알게 된 판사는 체포기록을 삭제해주겠다고 했다. 그렇지만 온라인 매체 슬레이트Slate에 실린 기사에 따르면, 앨런은 인터넷에 떠도는 잘못된 체포기록을 지우느라 엄청나게 고생했다.[11] 수많은 웹사이트 관리자와 뉴저지주 경찰에 연락한 끝에 어느 정도는 삭제했다. 그렇게 애쓰고 다닐 동안 '평판 관리' 상담업체가 계속 그에게 연락해 수수료를 내면 머그샷을 지워주겠다고 제안했다. 디지털 수치심이라는 거대한 경제생태계가 무한한 돈벌이 기회를 열어주고 있었다.

소셜 미디어라는 시험대가 낳은 과시욕

뉴욕의 어느 겨울날 오후, 나는 한 무리의 어린 여성들과 함께 앉아 있었다. 이들은 뉴욕시 엘리트 사립고등학교에 다니는 졸업반 학생들이었다(사생활 보호를 위해 이들의 이름과 학교는 밝히지 않기로 했다). 일반적으로 볼 때, 이들은 21세기에 누릴 수 있는 가장 매혹적인 삶을 살고 있었다. 수학 실력이 부족하면 과외를 받았다. 얼굴 피부에 문제가 생길 때를 대비해 피부과 의사가 대기했다. 이들의 부모는 목표 대학을 위해 자녀의 SAT 점수를 올릴 수만 있다면 얼마든지 돈을 쓸 사람들이었다. 돈은 전혀 제약이 아니었다. 졸업반의 절반을 지난 시점에 이들 대부분은 미국 최고 명문 대학에 이미 합격한 상태였다. 인생의 큰 고비를 넘긴 것이다. 불평등이 만연한 사회에서, 이들은 이미 성공의 길로 들어서고 있었다.

그런데 내가 수치심이라는 주제를 꺼내자, 부글거리는 가마솥 뚜껑이 열리기라도 한 듯 온갖 굴욕담과 끔찍한 성적 이야기가 튀어나왔다. '파티 후에 걸레라는 말을 들었다', '시험을 완전히 망친 적이 있다', '친구가 되고 싶은 애들한테 인스타그램에서 뚱뚱하다고 놀림 받았다' 등의 사연이었다. 빈곤층, 중독자, 수감자를 괴롭히는 온갖 치욕과 비교하면 이런 고민은 평범하고 사소해 보이기까지 했다. 하지만 학생들에게는 매우 현실적인 문제였다. 특권을 누리며 사는 듯한 사람에게도 나름 고충이 있었다. 그중 한 명은 대학 육상 코치를 실망시켰을 때 부끄러웠다고 했다. "선생님께 5분 10초 페이스로 뛴다고 말씀드리려고 했는데 제 기록을 보니 5분 20초 7이 나온 거예요. 10초가 느렸죠. SAT로 치면 목표점수보다 30점이 뒤진 거예요. 제 실력이 너무 부족하다고 느꼈어요."

온라인에서는 이런 경쟁을 매 순간 부추긴다. 소셜 미디어는 배심원과 판사 역할을 맡아 경쟁자들을 24시간 내내 유심히 지켜본다. 성공은 영원한 기록으로 남고, 클릭 한 번으로 확인이 가능하다. 실패도 마찬가지다. 매번 실수할 때마다 기록되고, 공유되며, 몇 번이고 검색해볼 수 있다.

이는 압박에 시달리는 고등학생들을 더욱 몰아붙인다. 나와 대화한 여학생들에게는 모든 인스타그램 게시물이 일종의 모험이었다. 학생들은 사진 한 장을 올릴 때마다 정교한 메시지를 전달하기 위해 얼마나 꼼꼼히 검토하는지 설명했다. 몸매가 가장 돋보이는 자세를 취하고, 벨트 위로 뱃살이 튀어나오지 않게 하며, 이마에 여드름 크림의 흔적이 남지 않아야 했다. 인스타그램 사진 때문에 피우는 소란은 아주 오래전 여고생들이 댄스파티나 바닷가에 갈 때, 한 세기 전이라면 무도회에 갈 때, 어떤 옷을 입고 갈지 고민하던 모습과 비슷하다. 차이가 있다면 지금은 전 지구적 네트워크에서 뽐낸다는 점(그리고 공격받는다는 점)이다.

이런 과시적 양상은 수치심의 악순환을 키울 수 있다. 나와 대화한 학생 중 한 명은 9학년 때 강박적 식습관이 있었다. 그 학생은 "아이스크림을 먹으면 기분이 최악"이었다고 했다. 강박이 심해져서 금지하는 음식도 늘어났다. 얼마 안 가 먹는 게 거의 없다 보니 살이 심하게 빠졌다.

물론 식이장애는 인터넷이 등장하기 훨씬 전부터 있었다. 그렇지만 이제는 소셜 네트워크의 역학 때문에 위험 요소가 더 확산될 수 있다. 이 학생은 치료를 통해 다시 정상적으로 식사했다. 몸무게도 상당 부분 회복했다. 그런데 휴대폰 사진첩을 훑으며 인스타그램에 올릴 사진을 고르는데, 한참 굶고 다니던 9학년 때 찍은 사진이 마음에 들었다. 그렇지만 더 말랐을 때의 사진을 올리면 온라인에서의 모습과 학교에서 실제 보이는 모습이 달라 민망해질 수 있었다. 어린 학생들은 이런 괴리를 없애려 하다 보니 다시 위험한 다이어트로 되돌아간다.

소셜 네트워크에 가장 멋진 모습을 올리겠다는 강박(그리고 수시로 하는 자기검열)이 몸매 보정 앱이라는 생태계를 낳았다. 직모나 곱슬머리가 창피하고 눈 모양이나 피부색이 마음에 안 들면 앱으로 바꿀 수 있다. 십 대들이 가장 고치고 싶은 부위는 몸 자체다. 바디튠Bodytune은 여성들이 쉽게 가슴을 키우고 허리는 가늘게 골반은 넓게 만들 수 있는 수많은 보정 앱 중 하나다. 클릭 몇 번이면 다리가 길어지고 말랑한 배는 탄탄하게 변한다. 보정 앱만 있으면 남들에게 자랑하고픈 내 모습이 만들어진다. 바디튠 측은 "다들 몰래 쓰는 앱"이라며 제품을 홍보한다.

바비러브즈-빌리BarbieLoves-Billy라는 이용자가 앱 스토어에 이 앱을 극찬하는 후기를 남겼다. "이 앱은 신이 주신 몸을 과시하는 데 정말 도움이 된다. 다른 이용자들은 보정한 사진을 봐도 포토샵을 했다는 사실을 바로 눈치채지 못한다."[12] 한편 이 이용자는 이러한 보정 앱들이 "탐욕을 부린다"라며 불만을 드러냈다. 바디튠은 사흘간 무료 체험한 후 연간 29.99달러의 이용료를 내야 한다. 후기 작성자는 이렇게 경고했다. "돈이 겁나 많지 않다면 쓰지 마라. 이 앱을 깔았다가는 빈털터리가 된다."

성형수술이든 스마트폰 앱이든 몸을 자연스럽고 멋지면서도 위화감이 전혀 없도록 보여줘야 한다는 게 핵심이다. 디지털 사진 보정이나 물리적 성형수술 같은 손쉬운 방법은 수치심을 더욱 키운다. 일은 안 하면서 복지수당을 신청하거나, 마약을 끊고 견디는 게 아닌 대체 약물을 써가며 치료하는 것과 비슷하게 편법처럼 보이기 때문이다.

바디튠으로 보정한 수영복 사진을 공유하는 것부터 트위터에 정의로운 척 소신 발언을 올리는 것까지, 이 모든 온라인 활동은 거짓과 망상을 부추긴다. 이런 행동은 세상을 달리 규정하는 것, 그리고 나의 수치심을 다른 사람을 통해 해소하는 것에 초점을 맞춘다. 게다가 모든 온라인 커뮤니티마다 '좋아요', '공유하기', 이모티콘으로 공감을 표시하므로, 우리는 이런 반응에 현혹되기 쉽다. 보정한 내 셀카에 예쁘다는 칭찬이 올라오면 남들은 못생겼고 심지어 추하다는 생각이 든다. 또 월마트 통로에서 넘어진 뚱뚱한 여성의 사진을 신나게 공유했는데 남들이 긍정적 반응을 보인다면, 나는 그 여성이 건강해지도록 살짝 자극한 것일 뿐이라고 합리화한다. 이는 물론 꾸며낸 말이고 생수에 담긴 독과 같다. 애석하게도 그 해악은 개인을 훨씬 넘어선다.

수치심 네트워크는 우리를 부지런히 끌어들인다. 우리는 그 안에서 사회구조에 균열을 내고, 그때마다 잠깐씩 고양되는 기분을 느끼며 옹졸한 권력감이나 분노, 복수심 같은 감정에 중독된다. 우리는 나한테 관심을 주는 듯한 소규모 커뮤니티에 상주하며 과도한 감정에 몰입하지만, 그 감정을 기계적으로 자극하는 허술한 시스템은 눈치채지 못한다. 그 시스템은 바로 영속적으로 굴러가는 수치심 머신이다.

6.
차별
차별의 네트워크

2020년 화창한 현충일Memorial Day, 40세 재무분석가 에이미 쿠퍼가 강아지 헨리를 데리고 뉴욕 센트럴파크에 산책하러 나갔다. 에이미는 공원의 야생 지대인 램블Ramble이라는 곳에서 헨리의 목줄을 풀었다. 자연보호 구역인 램블은 탐조인探鳥人들이 많이 찾았다. 그중 한 명이 에이미 쿠퍼에게 목줄을 채워달라고 부탁했는데 에이미는 이를 거절했다. 이 사건은 인종차별 논란을 일으키며 인터넷에 빠르게 퍼졌다.

부탁을 거절당한 탐조인은 57세 남성 크리스티안 쿠퍼였다(우연히도 에이미와 성이 같았다). 그는 위협적 남성이라고 하면 보통 떠오르는 모습과 거리가 있었다. 목에 쌍안경을 둘렀고 탐조 안내

책자를 끼고 다녔다. 에이미 쿠퍼에게 강아지의 목줄을 채워달라고 요청할 때도, 부드러운 목소리로 "부탁한다please"라는 표현을 강조했다. 그는 하버드대학교 졸업생에 뉴욕시 오듀본 협회New York City Audubon Society(조류보호단체) 이사직을 맡는 등 기득권의 요건을 두루 갖춘 점잖은 사람이었지만, 한 가지 위협적 특성이 있었다. 바로 흑인이라는 점이었다. 에이미 쿠퍼는 불안한 마음에 경찰에 신고했다. 크리스티안은 주머니에서 스마트폰을 꺼내 아프리카계 미국인에게 공격받았다고 허위 신고하는 에이미의 모습을 촬영했다.

그날 느지막한 시간에 크리스티안 쿠퍼는 이 영상을 페이스북에 올리면서 에이미 쿠퍼가 경찰에 신고하기 전 그녀와 주고받은 대화 내용을 기억나는 대로 적었다. 대화에서 에이미 쿠퍼는 '캐런Karen'으로 지칭됐다.

캐런은 당시 2년쯤 된 신조어로, 매장 관리자나 경찰 등 상부 권력자에게 호소하는 식으로 흑인에게 특권과 권력을 휘두르는 백인 여성을 뜻했다. 2018년 캘리포니아 오클랜드에서도 일명 캐런이 공원에서 불법으로 숯불 바비큐를 해 먹는 흑인 가족이 있다고 경찰에 신고한 일이 있었다. 이때부터 이 여성은 '바비큐 베키BBQ Becky(베키는 무례한 백인 여성을 일컫는 표현이다 - 옮긴이)'로 불렸다. 2020년 6월에는 자유주의 성향이 강한 뉴저지주 몽클레어에서 수잔 슐츠라는 여성이 911에 전화해, 이웃에 사는 흑인이 허가 없이 파티오patio(마당 일부분에 설치하는 휴게 공간 - 옮긴이)를 짓는다고 신고했다. 이때부터 이 여성은 '퍼밋 캐런Permit Karen'으로 통했다.

캐런으로 취급받는 것, 그리고 백인의 특권을 내세웠다고 인터넷에서 비난받는 것은 곧 대대적으로 엄청난 모욕에 시달릴 예정이라는 뜻이다. 수잔 슐츠가 경찰에 신고한 지 몇 시간 만에, 몽클레어 주민과 활동가 수십 명이 수잔 집 밖에서 플래카드를 내걸고 구호를 외치며 시위했다. "용납할 수 없다! 흑인의 목숨도 소중하다. 백인의 특권은 폭력이다."

센트럴파크에서 개를 산책시켰던 에이미 쿠퍼는 TV와 소셜 미디어에서 훨씬 더 심한 비난을 들었다. 에이미는 진심 어린 사과를 했지만 너무 늦었다. 이튿날 에이미는 직장인 프랭클린 템플턴Franklin Templeton에서 바로 해고당했다.* 이 자산운용사는 "우리는 그 어떤 인종주의도 용납하지 않는다"라는 입장문을 트위터에 올렸다. 캐런과 엮이면 기업 평판에 먹칠할 수 있다고 판단한 것 같았다.

새로운 형태의 수치심이다. 몇 년 전이라면 흑인이 위협한다고 경찰에 신고한 백인 여성에게 어떤 비난도 하지 않았을 것이다. 오히려 경찰이 신고자를 동정하거나, 문제 될 상황을 미리 알려줘서 고맙다고 했을 것이다. 에이미 세대는 이런 사람을 인종

---

* 이 글을 쓰는 가운데, 에이미는 자신의 인종과 성별을 근거로 차별받았다며 전 직장을 고소했다.[1]

주의자로 보는 게 말이 안 된다고 생각했을 것이다. 인종주의자는 추수감사절 만찬 때 N워드N-word(니그로negro, 니거nigger 등 흑인을 멸칭하는 표현 – 옮긴이)를 내뱉던 에이미의 삼촌이거나, 공교롭게도 센트럴파크에서 탐조인이 불미스러운 일을 겪은 날 조지 플로이드의 목을 무릎으로 짓눌러 질식사시킨 미니애폴리스 경찰 데릭 쇼빈이라고 생각했을 것이다. 위협적인 인물이 있다고 신고한 경우라면? 과거에는 그런 행동을 용인했다.* 그러나 이제는 규범이 달라져서, 예전과 똑같이 행동해도 극악한 인간으로 취급받고 전 세계에서 조롱이 쏟아졌다.

네트워크화된 수치심 엔진은 이러한 갈등을 부추기고 널리 퍼뜨린다. 지금처럼 의사소통이 즉각적으로 이뤄지는 세상에서, 새로운 기준을 따라가고 그에 맞춰 자신의 신념과 행동을 바꾸려면 시간이 부족하다. 그러다 보니 매우 불쾌한 사건과 사회적 마찰이 발생한다. 그리고 예상대로 수치심은 이런 불편한 상황을 부채질한다. 수치심의 힘이 사회적 기대에 적응하도록 사람들을 몰아붙이기 때문이다.

---

* 2014년에 나온 앱 스케치팩터(SketchFactor, 위험하거나 수상한 사건이 일어난 지역을 지도에 표시하고 공유하는 앱 – 옮긴이)가 그런 보고를 적극적으로 활용했다는 사실을 떠올려보자.[2]

구시대적 사고를 향한 정의 구현

역사적으로 이러한 전환은 서서히 일어났다. 20세기에는 대부분 직장에서 동성애자를 놀리거나 기피하는 일이 흔했다. 당시는 동성애 혐오Homophobia가 주된 정서였다. 그런데 자신의 성 정체성을 밝히는 사람이 늘어나고 또 내 아들딸과 동료가 동성애자라는 사실을 알게 되면서, 노골적인 동성애 혐오에 핀잔을 주는 공동체와 업계가 늘어났다. 동성애 혐오는 이제 용납되지 않았다. 혐오를 혐오했다. 규범이 달라졌다. 많은 분야에서 동성애가 아니라, 동성애 혐오를 수치스러워했다. 이렇게 달라진 인식이 경제 전반으로 확산되고 패션계와 연예계가 그 흐름을 주도하면서, 동성애를 수용하는 문화가 차츰 주류로 자리 잡았다.

새로운 규범에 적응 못 한 사람에게는 이러한 변화가 거슬릴 수 있다. 유행처럼 번지는 조롱 문화에 분노하고 분개하는 건 자연스러운 반응이다. 이 지점에서 이들은 수치심의 두 번째 단계인 부정으로 들어간다.

이 단계의 한 가지 특징은 인지부조화다. 퍼밋 캐런은 이렇게 생각했을 것이다. '나는 나쁜 사람이 아니야. 그런데 사람들이 집 밖으로 몰려와 나한테 분노를 내뿜고 있어. 나는 인종주의자가 아닌데 동네 사람들은 그렇다고 해. 어떻게든 이를 거부해야 해.'

인지부조화, 즉 서로 충돌하는 두 개의 생각이 공존하는 상태는 상당한 감정적 스트레스를 일으켜 왜곡된 논리를 낳는다. 이

용어는 1950년대에 미네소타대학교의 사회심리학자 레온 페스팅거와 두 동료가 처음으로 사용했다. 이들은 1954년 12월 21일에 대홍수가 인류를 덮친다고 확신하는 사이비 종교 집단을 연구했다.[3] 시카고 시민이자 이 집단의 교주인 도로시 마틴은 추종자들에게 인류가 물에 잠기기 전 외계인이 신도들을 비행접시에 태워 구해줄 것이라고 예언했다. 물론 외계인은 오지 않았다. 홍수도 터지지 않았다.

심리학자들이 연구해보니, 사이비 종교 집단에서 비교적 덜 헌신적인 신도들은 자신의 신념을 바로잡는 데 별다른 어려움이 없었다. 이들도 어리석게 예언을 믿었지만, 깊이 빠지지는 않았기 때문이다. 이들은 자신의 신념이 명백히 틀렸다는 사실을 알고는 그 믿음을 버림으로써 인지부조화를 피해 갔다. 친구와 가족에게 종말이 임박했다고 장담한 사람들은 조롱과 수치를 견뎌야 했다.

그렇지만 매우 헌신적인 광신도는 다른 경로를 걸었다. 이들은 상반된 견해가 공존할 수 있는 시나리오를 만들었다. 홍수는 당연히 오고 있었다. 외계인도 신도들을 구하려고 했다. 그렇지만 종교공동체의 한결같은 선교활동과 신도들의 신앙의 힘이 인류를 홍수라는 종말에서 구원했다. 이 종교 집단은 일반적인 예측과 달리 몰락하지 않았다. 오히려 더 성장했다.

캐런처럼 자신을 급변하는 규범의 피해자로 여기는 사람들은 이와 유사한 딜레마에 처한다. 이들에게 주어진 선택지는 낯선 용어와 행동을 받아들여 새로운 질서에 적응하거나, 역으로 자신을 공격하는 주장의 전제를 의심하는 것이다. 이들은 흔히 자신을 비난하는 세력을 헐뜯고 그들의 판단을 거부하는 것, 심지어 자기 마음에 드는 대안 현실을 만들어내는 것을 선택한다.

규칙은 계속 바뀐다. 캐런 사건이 보여주듯이, 이들의 행동을 담은 생생한 영상은 한두 시간이면 수백만 명의 무자비한 배심원에게 도달한다. 이 과정은 SNS에서 더욱 활기를 띠는데, 이런 플랫폼은 지금껏 고안된 수치심 엔진 중 가장 부유하고 가장 거대하다. 플랫폼을 타고 배심원들의 평결이 전송되면 엄청난 반응이 튀어나온다. 고통, 분노, 부정을 드러내고 때로는 자신을 받아줄 공동체를 미친 듯이 찾아 헤맨다. 이 과정에서 생겨난 분파와 이단은 주류 견해를 거부하고 대신 그들만의 담론을 얼기설기 만들어 그들끼리 이 사실을 되새긴다.

플랫폼에서 수치심을 자극하려면 최적화 알고리즘만으로는 안 된다. 바로 여기에 우리가 끼어든다. 수억 명의 사람들이 이 목적에 필요한 분노와 비난을 쏟아내면서, 수치심을 살짝 건드려야 세상이 정의롭고 평등해진다고 자신을 설득한다. 어쨌든 이런 게 수치심의 순기능이 아니겠냐고 생각한다. 따끔한 지적이 이탈자를 공유가치와 용인되는 행동으로 끌고 온다는 것이다. 따라서 이웃집 흑인과 언쟁하다가 경찰을 불러 해결하려 한 백인 여성은 문제 있는 행동을 했으니 처벌받아 마땅하다고 본다.

푸에블로 부족의 광대를 다시 떠올려보자. 광대들은 촌극과 수치심을 이용해 공동체 구성원에게, 즉 그들이 보살피고 지켜볼 사람들에게 교훈을 주려고 했다. 이를 몽클레어의 수잔 슐츠, 일명 퍼밋 캐런을 비난한 소셜 미디어의 악의적 게시물과 비교해보자. 자유주의 성향의 트위터 이용자 미즈플래그핀MizFlagPin은 개인 프로필에 이렇게 적어놓았다. "우리는 다 함께 진리와 정의, 그리고 미국의 방식American Way을 지지한다." 그러나 미즈플래그핀은 슐츠가 이웃과 갈등하는 영상 하나만 보고는 슐츠 사건이 사실상 끝났다고 트위터에 썼다. "슐츠의 신원이 밝혀졌다. 그녀가 괴롭힌 이웃은 변호사들이었다. 동네 청년들이 몰려와 슐츠의 집 밖에서 시위했다. 동네 사람들은 변호사 편이었다. 이제 끝내자. 슐츠는 끝났다."[4] 이 이용자의 목적은 슐츠가 새로운 지침에 적응하도록 돕는 게 아닌, 슐츠를 동네에서 추방하는 것처럼 보였다. 잘은 몰라도, 미즈플래그핀을 비롯해 소셜 미디어에서 수잔 슐츠를 비난하는 사람들은 인종적 정의를 앞당기는 일에 지대한 관심이 있었을 것이다. 그런데 이 사건을 둘러싼 트래픽의 상당수는 관심끌기용이었다고 해도 과언이 아니다. 이들은 친구들과 팔로워에게 도덕적 행위와 공유가치를 알려서 개인의 인지도를 높였고, 그렇게 팔로워를 늘리며 정의감을 만끽했다. 이런 행동은 트래픽을 부단히 올려 소셜 미디어 플랫폼에 이윤을 안겨줄 뿐이었다.

온라인 사상검증의 모순

수치심 네트워크를 끝없이 최적화한 한 가지 결과가, 이른바 캔슬 문화의 급증이다. 유튜브, 인스타그램, 트위터를 발판으로 한 이 흐름은 거대한 마을 의회가 동네 주민에게 말이든 행동이든 온갖 훈수를 두는 상황과 비슷하다. 이때 캐런은 눈에 띄는 저격 대상 즉 희생양이다. 사람들은 이런 공격이 사회적 순기능을 한다며 쉽게 정당화한다. 지금 이 순간 이웃집 흑인과 말다툼하는 백인이 있다면, 그 백인은 널리 알려진 캐런 사건을 떠올리며 경찰에 신고하려는 마음을 억누를 것이다. 이런 점에서 공개적 망신은 사회를 더 건전한 길로 이끌 수 있다고 여긴다.

동시에 개인에게 퍼붓는 온라인 조롱은 범죄와 처벌에 대한 기본적인 질문을 제기한다. 어떤 여성이 어느 여름날 오후 어리석은 행동을 했다는 이유로 평생 주홍 글씨를 달고 살아야 할까? 그런 이유로 직장에서 잘려야 할까? 이는 공정성을 논하는 핵심적인 질문이면서 동시에 수치심 전략에 대한 질문이다. 온라인에서의 맹비난처럼 무기화된 수치심은 분노에 찬 저항운동을 일으킬 수 있기 때문이다. 또 과도한 비난은 공격받는 권력자에게 유용한 방어막을 제공하기도 하는데, 그는 자신이 과민한 엘리트에게 당하는 피해자라고 주장할 수 있기 때문이다. 2021년 초, 민주당 소속 뉴욕주지사 앤드루 쿠오모는 다수의 여성에게 성희롱 혐의로 고소당하자, 내가 지금 사임하면 "캔슬 문화에 굴복하는 것"이라며 사임할 뜻이 없다고 밝혔다.[5] 이 논리로 그는 본격적인 조사를 최소 몇 달간 피할 수 있었다. 이후 뉴욕주 법무부장관 레티샤 제임스가 진실을 낱낱이 밝힌 수사보고서를 공개하며, 캔슬 문화로 날조됐다고 보기에는 그의 혐의가 심각하다는 소견을 밝혔다. 쿠오모는 사임했지만 잘못을 인정하지는 않았다.

한편 수적으로 늘어난 보수집단은 사실이든 아니든 가장 끔찍한 사례를 인용해, 좌파가 여론몰이로 사상검증을 하는 사악한 집단이며 마오쩌둥이 주도한 문화혁명기의 무자비한 홍위병과 다르지 않다고 비난한다. 그러면서 정작 본인들도 열심히 캔슬을 하고 다닌다. 예를 들어 미국 프로미식축구NFL 샌프란시스코 포티나이너스의 쿼터백 콜린 캐퍼닉이 흑인에 대한 경찰의 잔혹성에 항의하며 2016년 평화운동에 앞장서자, 그를 팀에서 방출하여 NFL에서 뛰지 못하게 했다.

현대적 의미에서 관계 끊기canceling는 종교적 배척과 비슷하다. 즉 신앙을 떠났다는 이유로 친구 혹은 이웃이었던 사람과 말도 안 하고 쳐다보지도 않는 것이다. 이런 태도에 선의를 내세우기도 한다. 사회에서 인종주의를 추방하고, 여성을 존중하며, 성 정체성을 밝힌 사람들의 권익을 보호하기 위해 하는 행동이라고 말이다. 그 과정은 여러모로 네티즌 수사대의 활동과 닮았다. 아마추어 탐정들은 SNS에 올라온 게시물을 샅샅이 살핀다. 소프트웨어로도 이 작업을 수행한다. 그러다 말이든 행동이든 허물이 될 만한 증거를 찾으면 팔로워를 총동원해 실수한 사람을 공격한다.

결국 그 사람이 해고되거나 사임하게 하고, 평생 낙인을 찍는다.

도나 힉스의 시각으로 캔슬 문화를 살펴보면, 여기에는 존엄성 침해가 곳곳에 배어 있다. 대화로 이해하려는 노력이 없고 비난 받는 자에게 해명의 기회도 주지 않는다. 납작 엎드려 사과하라고 요구하지만, 사과한다 해도 비난이 줄지 않는다. 인터넷 거물 기업의 최적화된 알고리즘으로 증폭되는 이 과정은 규칙을 강요하고, 단 한 번의 잘못도 처벌하며, 적법한 절차를 허용하지 않는다. 반면 힉스는 섣부른 판단 대신 일단 사람들의 말을 믿어보자고 권한다.

충동적 비난을 자제해야 하는 또 다른 이유는 도덕성을 과시하는 트윗이 정작 근본 문제는 건드리지 않는다는 데 있다. 도시에 살다가 자녀를 좋은 학교에 보내려고 교외의 부유한 백인 동네로 이사 간 어떤 사람이 자신의 행동에 모종의 죄책감을 느낀다고 해보자. 이 사람은 자기 동네 캐런이 추태 부리는 영상을 찍어 신랄한 비난과 함께 인스타그램에 올리면서 자신은 이들과 달리 고상하다고 느낄지도 모른다. 이런 행동은 만족감을 줄지 몰라도, 반인종주의 활동의 행동 지침으로 삼기에는 너무 저급하다. 인종별 학교 분리와 거주지 분화 현상을 없애고 경제적 기회를 확대하는 것이 훨씬 어려워도 더 필요한 일이다. 센트럴파크의 탐조인 크리스티안 쿠퍼는 일간지 『워싱턴 포스트Washington Post』에 이런 논평을 기고했다. 캐런 사건에만 주목하면 "백인들이 빠져나갈 구멍이 생긴다. 이들은 캐런의 행동을 비난하면서 정작 자신들의 편견은 돌아보지 않는다."[6]

백인의 인지부조화

온라인 분노에 끌려가면 요즘 '백인의 취약성white fragility'이라고 부르는 현상 또한 유발할 수 있다. 이 상태에 빠진 백인은 인종주의에 대한 책임이 그들에게 있다는 주장을 매우 불쾌해하면서 자신들이 억울한 피해자라고 생각한다. 이들은 자신의 수치심을 외면한 채 인지부조화를 일으켜, 인종주의에 대한 고통스러운 탐색 대신 다음과 같은 단순한 질문을 던진다. 나는 좋은 사람인가? 이에 대한 긍정적 답변은 어느 정도 정서적 평화를 준다. 하지만 인종 문제에 대해 미뤄놓은 물음과 여기서 생겨나는 의심 때문에 평화는 깨지기 쉽다.

2020년 여름에 불거진 인종차별 반대 시위에서 우리는 이 현상을 목격했다. 미국 대다수 지역에선 대체로 평화로운 시위가 열렸지만, 일부 지역은 극소수 참가자의 기물파손으로 시위가 얼룩졌다. 당시 트럼프 대통령을 비롯해 경찰을 옹호하는 세력은 시위대의 폭력성에 주목하면서 이들이 테러와 증오범죄를 저지른다고 비난했고, 군대를 투입해 시위대를 진압하자고 주장했다. 이렇게 트럼프 행정부와 지지 세력은 수치심의 두 번째 단계인 부정에 놓여 있었다. 이들이 빠진 대안 담론은 인종주의의 해악과 인종주의를 떠받드는 백인의 역할, 두 가지 모두를 최소한으로 묘사했다.

이 현상은 1619년 아프리카 노예가 처음 미국 땅을 밟은 이래 형성된 인종 관계의 양상을 그대로 따른다. 억압자들은 수치심을 느끼며, 그중 남들보다 유독 심하게 느끼는 자들이 있다. 이들은 자신이 인권 유린에서 혜택받는다는 사실을 거부하고 다른 신화를 중심으로 뭉쳐야만 마음이 한결 편안해진다.* 일례로 19세기에 사람의 능력을 두개골의 형태 및 윤곽과 관련지은 골상학이라는 유사 과학이 백인 우월주의자의 주장을 뒷받침했다. 과학으로 포장한 이 빈약한 논증은 한 세기 후 두개골에서 유전자로 옮겨갔다.

여전히 남부 연합기를 숭상하는 다수의 무리는 자족적인 거짓 역사에서 위안을 얻는다. 노예제가 반인륜적 범죄이면 남부인은 도덕적으로 타락한 행동을 한 셈이므로, 이 주장을 도저히 받아들이지 못한다. 남부 연합기 아래 모인 군중은 이보다 듣기 좋은 이야기를 고안해야 했다. 인지부조화를 없애기 위해서였다.

결국 허구적 사실이 대거 교과서에 실렸고, 모든 세대가 남부의 잃어버린 대의Lost Cause(남부 연합이 노예제 때문이 아니라 남부의 자치권을 위해 북부연방과 싸웠다는 역사관으로 노예제도를 합리화한다 - 옮

---

* 이 신화는 처음부터 인종차별적 발상으로 시작한다. 이 주제에 관한 역사서로는 이브람 켄디 교수의 『처음부터 낙인찍히다(Stamped from the Beginning for a historical treatment)』를 참고하라.

긴이)라는 신화를 주입받았다.[7] 1970년대에 들어서까지, 다수의 주에서 사용한 교과서는 노예제의 잔혹함을 언급하지 않았을 뿐 아니라, 대농장에서 주인과 노예가 화목한 관계를 유지했다고 강조했다. 버지니아주에 사는 베네트 민턴은 『워싱턴 포스트』에 기고한 글에서 본인이 7학년 때 배운 교과서를 검토했다. 『버지니아: 역사, 정부, 지리Virginia: History, Government, Geography』라는 책이었다. "흑인은 노예제에서 어떻게 살았나"라는 장을 펼치면 이런 대목이 나왔다. "대다수 버지니아 가정에서 주인과 노예 사이에는 강한 애정이 존재했다."

노예제 미화 작업whitewashing은 계속됐다. "일부 흑인 노예는 링컨 대통령이 노예를 해방시킨다는 말을 듣고 대농장을 떠났지만 대다수는 대농장에 남아 계속 일했다. 이 중에는 사랑하는 백인을 목숨 걸고 지킨 노예도 있었다." 남부 연합의 상징적 인물에 대한 칭송도 나왔다. "로버트 리 장군*은 자상하고 강인한 인상에 외모가 준수했다. 그는 말의 안장 위에서도 자세가 꼿꼿했다. 여행자(그를 태운 말)는 자신이 위대한 장군을 모신다는 사실을 알기라도 하듯 위풍당당하게 발걸음을 옮겼다."

다행히 이 자족적 담론은 최근 반발을 얻고 있다. 인종적 정의에 주목하는 사회 분위기에서, 인종차별에 반대하는 활동가들이

---

* 19세기 미국 남북전쟁에서 남부군을 이끌었던 총사령관이다. 뛰어난 명장으로 남부군의 상징으로 추앙받았다 – 편집자주.

남부 연합을 상징하는 동상을 철거했다. 한때 대단했던 로버트 리 장군의 명성도 타격을 입었다. 이제 리 장군을 잃어버린 대의 신화에 나오는 고귀한 영웅이 아닌, 수백만 명의 노예를 부리려고 미합중국과 전쟁을 벌인 배신자로 보는 사람이 많아졌다. 게다가 오랫동안 남부 지역의 자부심이던 남부 연합기는 차츰 인종 혐오자들의 상징이 되었다. 이들은 수천 건에 달하는 쿠 클럭스 클랜의 린칭lynching(폭력을 동원한 사적 제재 – 옮긴이)을 비롯해, 한 세기 반 동안 부당한 행위와 이루 말할 수 없는 폭력을 저질렀다. 이제 규범이 바뀌면서 남부 연합기는 미국판 나치의 갈고리 십자가로 인식되었다. 미시시피주에서도 주 깃발에서 남부 연합 문양을 삭제했다.

허구적인 역사 교과서를 읽고서 거짓이지만 위로가 되는 역사를 여전히 믿는 수백만 미국인에게 이 새로운 규범은 수치심을 일으킨다. 대부분 자신은 인종주의자가 아니라고, 노예제를 옹호하는 반역자는 더더욱 아니라고 부인한다.

이들은 분노하고 부정하는 단계에 갇혀 있다. 이는 인종을 미끼로 삼는 정치인에게 무한한 기회를 제공한다. 정치인은 불만이라는 공통된 감정에 호소하면서, 인종 문제의 새로운 정설이 된 '깨어 있는 시각'이 틀렸다고 유권자에게 말한다. "당신은 선량하다. 당신이 믿는 신화가 진실이다. 당신을 모욕하는 저들이 나쁘다." 이는 백인이 인종주의의 가해자가 아닌 피해자라는 터무니없는 주장을 퍼뜨리며 다수에게 큰 위안을 준다. 이런 태도는 인종 문제 해결에 필요한 노력과 성찰, 대화, 인종차별 역사 청산을 피해 간다. 대신 순수한 증오라는 쉽고 단순한 길로 빠진다. 프린스턴대학교에서 아프리카계 미국인을 연구하는 에디 글라우드 주니어 교수는, 현시점에서 인종 간 평화와 인종 문제의 진전을 위해서는, "백인이 (…) 백인이라는 정체성에서 빠져나올 수 있는 역사를 포용하도록 설득하는 것" 말고는 방법이 없다고 지적했다.[8]

백인의 수치심은 극도로 다양한 양상을 보인다. 한쪽에서는, 수백만 명의 백인이 경찰의 잔혹함과 인종차별의 부당함에 맞서 시위에 동참했다. 이들은 현실을 직시하며 모든 피부색의 시민들과 연대했다. 그리고 수치심의 단계에서 부정을 지나 수용으로, 심지어 초월까지 나아갔다.*

이 스펙트럼의 또 다른 끝에는 인위적 담론synthetic narrative에 점점 깊이 빠져드는 백인 민족주의자가 있다. 이 담론은 이들을 부정이라는 보호막으로 감싼다. 백인 민족주의자 눈에 미국은 차츰 백인에게서 등을 돌리는 것처럼 보인다. 2020년 여름 여러 달 동안 흑인 인권운동 시위가 벌어졌을 때, 항공사부터 대형제약회사 심지어 다우지수 30대 우량기업까지 구조적 인종주의systemic racism 를 비판하는 TV 광고를 앞다투어 제작했다. 그때 이후로 백인들

---

* 적어도 경찰의 폭력성 문제에서는 그러했다. 우리는 주거지와 교육 문제에서도 이러한 연대가 이뤄지길 기다린다.

사이에 인종차별 청산을 둘러싼 설전이 계속 이어졌고[9] 테네시주
는 교육적 환경에서 구조적 인종주의를 언급 못 하게 하는 법안
을 제출했다.**

인종 문제가 주류로 자리 잡으면서 인종 문제 부정론자는 이
를 회피하기가 더욱 힘들어졌다. 내게 친숙하고 귀에 익은 이야
기를 버리기란 불편하고, 또 불편할 수밖에 없다. 사회구성원으
로서 우리는 이렇게 발버둥 치는 자들을 그들이 거부하는 진실로
이끌어야 한다. 그 과정은 쉽지 않다. 마우스 클릭 한 번으로, 리
모컨 누르기 한 번으로 모든 수치심을 없애주는 담론으로 달아날
수 있다면 이런 고생은 필요 없을 것이다.

중학교 시절 내 인격 형성에 영향을 준 한 가지 기억이 있다.
당시 나는 백인이라는 수치심을 부정하는 단계에 대해 고민하기
시작했던 것 같다(물론 그때는 이런 표현을 쓰지 않았다). 역사 선생님
은 19세기에 강력한 전망으로 떠오른 영토확장론Manifest Destiny을
설명해주셨다. 이는 유럽의 백인 개신교도가 대서양부터 태평양
까지 북미대륙 전체를 장악하고 지배하는 운명을 타고났다는 주
장이었다. 20세기 끝 무렵, 같은 반 친구들과 나는 이것이 노골적
인 침략 행위이며 아메리카 원주민 집단학살에 대한 합리화라는
사실을 깨달았다.

** 구조적 인종주의란 인종의 생물학적 특성에 따라 계급이나 민족 사이에서 벌어지는
억압을 합리화하는 사고방식이다.

과거가 아닌 미래를 내다보며 창작한 이야기였다. 이는 우리와 같은 인류를 죽이고 땅을 차지한 행위를 신의 이름으로 정당화했다. 백인 정착민은 이 논리에 만족했는데, 강간과 약탈이라는 수치스러운 행적을 상당 부분 씻어주었기 때문이다. 하지만 완전히 씻긴 건 아니었다. 인간에게는 양심이란 게 있었기에. 프랑스 철학자 르네 지라르에 따르면, 할리우드는 백인 정착민의 집단학살을 용서해줄 방법을 고안했다. 바로 생존을 다룬 영화를 수십 년 동안 제작하는 것이었다. 이 영화들에서는 원주민이 죽어야 모든 (백인) 국민이 살 수 있었다. 지라르는 "희생양 만들기는 무의식적으로 이뤄져야 한다. 그래야 공동체의 죄를 피해자에게 떠넘기는 행위가 저 너머에서, 백인의 개입 없이 일어나는 것처럼 보인다"라고 지적했다.[10]

다른 많은 이들처럼 나 역시 이런 범죄의 백인 수혜자라는 부끄러움과 여기에서 거리를 두려는 회피 심리 사이를 넘나들었다. 아주 심란하기도 했다. 하지만 이는 피할 수 없는 문제였다.

인종차별은 어떻게 합리화되는가

백인의 수치심은 불안감을 일으키며 특히 자유주의자들 사이에서 심하게 요동친다. 이들의 불안감은 때로 추악한 모습으로 드러나는데, 얼마 전 뉴욕 어퍼 웨스트사이드에서 있었던 사건이 바로 그랬다. 이곳은 맨해튼의 특권층이 사는 동네로, 링컨 센터 주변 공연장부터 내가 전에 살던 곳에서 몇 블록 떨어진 컬럼비아대학교와 버나드칼리지까지 남북으로 길게 뻗어 있다. 이 동네 주민들은 자신들이 다양성과 평등에 열려 있다고 자부한다. 그래서 텍사스처럼 보수적인 지역에서의 삶을 생각만 해도 몸서리치는 사람이 많다. 이들은 그런 지역에 거주하는 수백만 명의 다양한 사람들을 보며 보통 인종차별이나 편협함을 떠올린다.

2020년 3월 뉴욕시에 코로나 위기가 터졌을 때, 이 지역은 놀랍게도 백인들의 수치심을 살펴볼 수 있는 실험실이 되었다. 그 사건은 뉴욕시장이 노숙자 수백 명을 고급 호텔 루체른에 보내면서 시작됐다. 공중보건 위기가 닥친 상황에서, 노숙자를 안전하게 보호하고 이들을 사회적 거리두기에 동참시키기 위해서였다. 1904년에 지은 이 유명 호텔은 최근 수백만 달러를 들여 새 단장을 마쳤다. 호텔의 위치는 부유층이 찾는 노른자 땅인 브로드웨이와 센트럴파크 사이, 79번가 지하철역 근처였다.

수천 명의 지역 주민이 보기에 루체른에 온 새 이웃들은 불량하고 거북했다. 페이스북의 어퍼 웨스트사이드 지역 모임에서 일부 주민들은 새로 온 노숙자를 '인간쓰레기', '불량배'라고 불렀고, 이들을 쫓아내려면 무장이 필요하다며 망상을 펼쳤다. 이들은 노숙자가 길거리에 볼일을 본다고 불평했다. 이들 때문에 동네에 바이러스가 퍼진다고 말했다. 어떤 남성은 "상시 민병대를 꾸려서 이 재수 없는 새끼들을 총으로 쏴버리자"라고 제안했다.

이 페이스북 그룹에 글을 올리는 한 60세 여성은 어퍼 웨스트사이드의 전형적인 동정심 많은 자유주의자였다(실명을 밝히면 모욕 행위가 될 수 있으니 로베르타라고 부르겠다). 로베르타는 공동체 위기관리Community in Crisis라는 비영리단체에서 이사로 활동했다. 뉴저지에 있는 이 단체는 마약성 진통제 확산 저지와 약물 중독에 대한 인식개선을 위해 힘썼다. 로베르타가 페이스북에 쓴 기금 모금 안내 글에도 나오듯이 단체의 목표는 중독자에 대한 낙인을 없애고, 심각한 의료 문제에 시달리는 중독자를 소중한 인간으로 대우받게 하며, 재활에 성공하도록 돕는 것이다. 그런데 어퍼 웨스트사이드 페이스북 모임에서 노숙자를 어떻게 막을지 논의하던 중에 로베르타가 이런 글을 올렸다. "노숙자들 눈에 후추 스프레이 말고 살충용 스프레이를 뿌립시다."

훗날 온라인 매체 고다미스트Gothamist의 기자가 인터뷰를 요청했을 때, 로베르타는 스프레이는 당연히 호신용으로만 써야 한다고 해명했다. 또 자신은 "흑인 인권운동을 틀림없이 지지"하며 구조적 인종차별은 정말 심각한 문제라고 강조했다. 그렇지만 노숙자를 우리 동네에 데려오기로 한 결정은 실수라고 지적했다.[11]

이제 이 사건에서 파생된 다양한 형태의 수치심을 살펴보자. 우선, 로베르타는 고다미스트에서 연락이 오자 갑자기 고통스러운 수치심이 밀려왔다. 어찌 됐든 가난한 약자를 해코지하자는 발언은 그녀답지 못했다. 로베르타는 약물 중독자를 돕고자 활발히 활동하던 사람이 아니던가.

어느 날 기자가 전화를 걸어와 대부분 흑인과 아시아인인 가난한 노숙자들 눈에 살충제를 뿌리자고 한 이유를 물었을 때, 게다가 인터뷰가 온라인에 공개된다고 했을 때, 로베르타는 불쾌한 충격을 받았을 것이다. 악몽 같은 유행병이 퍼지던 시기에 노숙자들은 어쩌다 한번 찾아온 행운으로 길거리와 보호소에서 벗어나 안전하고 안락한 호텔로 옮겨 갔다. 로베르타는 이들이 사라지길 바랐을 뿐 아니라 해를 가하려 했고, 페이스북 친구들에게도 함께하자고 부추겼다. 이는 잔인했고, 인종차별주의자로 보였으며, '캐런'과 다르지 않았다. 그래서 로베르타는 자신도 흑인 인권운동에 동조한다고 황급히 말한 것이다.

로베르타는 살충제 스프레이를 제안하게 된 이유를 밝혔다. 자신은 어퍼 웨스트사이드 이웃들에게, 노숙자가 다가와 말을 거는 경우에만 호신용으로 쓰라고 조언했다고 말했다. 로베르타는 자신의 동기를 해명하면서 새로 온 사람들이 가난한 노숙자라 문제 삼는 게 아니라고, 그들이 특정 인종이어서 거부하는 건 더더욱 아니라고 했다. 단지 그들이 불결하고 두려운 게 문제라고 했다. 노숙자는 주민을 괴롭히고 인도를 더럽히는 존재였다. 잘못은 그들에게 있었다. 로베르타와 페이스북 그룹 주민들은 피해자였다.

로베르타가 언급한 문제는 사실이었다. 새로 온 노숙자 중 일부는 인도를 화장실로 썼고, 지역 주민들은 이를 용납하지 않았다. 하지만 호텔에 머문 노숙자 중 민폐를 끼치는 사람은 극소수였을 것이다. 이들은 대개 약물 중독에 시달리거나 정신건강에 문제가 있었으므로 살충제 스프레이가 아닌 도움이 필요했다. 게다가 호텔에 투숙한 다른 노숙자들은 자기 삶에 충실했다. 건물 관리인이나 배달원, 야간경비원으로 일하며 최저임금을 벌었고, 안전하게 머물 장소가 있음을 감사히 여겼다. 그러나 페이스북 그룹의 성난 주민들은 노숙자 집단 전체를 더럽고 위험하며 달갑지 않은 존재로 여겼다.*

누군가에겐 나도 악플러다

로베르타의 수치심은 여기서 끝나지 않는다. 나는 이미 이 책에 주민들의 행태와 그들의 페이스북 페이지를 소개하고 또 페이스북에 올라온 악성 댓글 두세 개를 인용하면서, 고다미스트 기자와 더불어 이 사건에 뛰어들었다. 주민들이 인종주의자라고, 적어도 인종차별적 행위에 가담했다고 폭로했다. 어퍼 웨스트사이드에서 인종주의자로 불리면, 그 꼬리표가 평생 따라다닐 위험이 있다.

---

* 여기에 덧붙이자면, 이들과 정반대 입장에 선 단체인 어퍼 웨스트사이드 노숙자 지지단체(Upper West Side Homeless Advocacy Group)는 노숙자의 권익을 옹호하고, 노숙자를 루체른 호텔에서 뉴욕 금융가에 있는 래디슨 호텔로 옮기려던 뉴욕시의 정책에 항의하기 위해 조직됐다. 금융가는 뉴욕시의 정책에 반대하고 참견하는 주민들이 상대적으로 적었다. 노숙자의 거취 문제는 이렇게 이중전선을 나타냈다.

혹자는 내가 로베르타를 공격하는 것 아니냐고 지적할 수도 있다. 내가 로베르타의 실수를 책에 언급해 전 세계 독자가 보도록 출판하니 말이다. 로베르타는 이미 실명이 공개되어 한 차례 창피를 당했다. 그런데 이 책에서(그것도 상업적으로 출판하는 책에서) 또 비난했으니, 나 역시 수치심 머신에 연료를 집어넣고 이로부터 이득을 본다고 주장할 만도 하다.

그렇지만 나의 비판은 우리 모두에게 교훈이 되길 바라는 마음에서 비롯된 것이다. 우리는 살아가면서 남을 조롱하는 일에 동참하기 쉬운데, 보통은 아무런 자각 없이 한다. 왜 그런 고통을 가했는지 누가 물어보면 우리는 당황해서 인지부조화를 일으킨다. 내가 선량하다고 생각했는데 세상은 아니라고 하니 말이다. 어퍼 웨스트사이드에 사는 나의 과거 이웃들은 본인들이 뉴욕시장을 향해 펀치를 날렸다고 믿었겠지만, 실은 가장 불운한 뉴요커들에게 펀치를 날렸고, 일부 주민의 펀치는 잔혹하기까지 했다.**

이런 당혹감은 상당 부분 자신이 생각한 자아와 괴리가 생길 때 발생한다. 일례로 2020년 경찰의 잔혹함에 항의하는 시위가 대대적으로 벌어진 이후, 미국 대도시와 인근 교외에 잔디 팻말이 대거 등장했다. 대부분 흑인 인권운동과 끝까지 함께하겠다는 맹세가 적혀 있었다. 이주자, 과학, 페미니즘, 성 소수자LGBTQ 공

** 마찬가지로, 소셜 미디어에 널리 퍼진 과실 때문에 회사가 직원을 해고할 때, 보통 직원이 회사에 펀치를 날린 듯 보이지만 이 역시 회사가 직원에게 펀치를 날린 것이다.

동체를 지지한다며 진보적인 교리문답을 열거한 팻말도 있었다.

팻말을 꽂은 사람들은 자신이 인종차별주의자 진단 테스트를 '통과했다'고 생각했을 것이다. 이들은 부적절한 용어를 사용한 적이 없었다. 투표도 평등에 헌신하는 후보에게 했다. 미니애폴리스에서 조지 플로이드가 경찰에게 살해당하자 거리로 뛰쳐나와 행진한 사람도 많았다.

이렇게 인종을 뛰어넘은 행동을 보면, 이들은 노골적인 인종주의를 극복했고 백인의 취약성이라는 과장된 피해의식을 넘어섰다고 봐도 무방했다. 미국의 고질적인 인종 문제를 인정했으니, 이들 진보적 도시인은 수용의 단계에 도달한 듯 보였다. 또 시위에 동참한 사람들은 한발 더 나아가 초월 상태에 이르렀다고도 볼 수 있었다. 이들은 인종 불평등을 지탱하는 구조에 맞섰다. 도덕적으로도 탄탄한 근거를 갖춘 듯했다.

그러나 거리로 나간 대다수 자유주의자는 노숙자들이 자기 동네에서 어슬렁거리거나, 동네를 화장실로 쓰는 것을 용납하지 않는다. 사실 이들은 로베르타처럼 시험대에 오른 적이 없다. 이들은 명문 공립학교가 있는 동네로 이사 가거나 자녀를 사립학교에 보내는데, 현 거주지의 학군이 별로거나 자기 집안 수준에 못 미친다고 보기 때문이다. 또, 토지 용도규제 위원회에 참석해 동네에 서민주택이 못 들어오게 막는다. 교육의 질을 내세워 인종별 학군 분리를 유지하려고 애쓰기도 한다. 그런데도 이들은 자신이 인종 문제에 깨어 있다고 생각한다.

우리 대부분 그렇다. 자신의 허점을 직시하기란 어려운 일이어서 다들 자신에게 관대한 편이다. 물론 선의를 지닌 사람도 많다. 보통은 선의만으로도 충분해 보인다. 그러나 실제 시험대에 올랐을 때, 우리의 행동은 스스로 내세운 기준에 미치지 못한다. 수치심 렌즈로 우리 삶을 들여다보면, 즉 모든 관계와 만남을 하나하나 살펴보면 무심코 흘린 말과 농담조차 남에게 수치심을 전달하는 매개체라는 사실을 깨닫는다. 우리는 각자 여러 형태의 수치심을 주고받으며 이 감정과 엮인다.

일단 수치심에 눈을 뜨면 이것이 어디에나 있음을 알게 된다. 수습 직원에게 내뱉는 모진 말, 할아버지에게 리모컨 작동법을 알려주며 은근히 무시하는 태도, 열두 살짜리 아이에게 디저트 좀 그만 먹으라며 주는 핀잔, 신랄한 리뷰를 리트윗하는 행위 등 모두가 수치심을 낳는다. 수치심이 늘 나쁘거나 부적절한 것은 아니지만, 일단 이를 인식하는 게 중요하다. 특히 번개같이 빠른 수치심 네트워크에서 언제 조롱이 일어나는지 알아채야 한다.

비만, 가난, 약물 중독, 인종차별 등 어떤 문제를 겪고 있든, 아니면 뭔가를 이루려고 안간힘을 쓰고 있든, 우리는 각기 다른 수치심의 차원에서 저마다 선택과 마주한다. 많은 이들이 어느 한 영역에서는 확고한 자세를 보이며 이를 지키려고 애쓰는 반면, 다른 영역에서는 매우 풀어진 태도를 보인다. 어느 날 오후, 인종차별 반대 시위에서 곤봉을 휘두르는 경찰과 대치하며 용감히 싸우던 사람, 잠시 짬을 내 접속한 트위터에서는 독설을 마구 내

뽑을지도 모른다. 한쪽에서는 낙인찍기에 반대하면서 다른 쪽에서는 낙인찍기에 몰두하는 등 우리는 수치심에 관한 한 점잖으면서 동시에 무자비할 수 있다.

특권층의 피해의식

말로는 참 간단해 보이는 것들이 있다. 바르게 살아라. 나쁜 짓 하지 마라. 다른 사람의 말을 일단 믿어라. 문제는 인간이 자신을 속이기 쉽고, 때로 자신의 의지를 과소평가하며, 사실 피해자가 아닌데 피해자인 척한다는 점이다.

『뉴욕 타임스』의 보수적 칼럼니스트 브렛 스티븐스는 그런 피해망상을 여실히 보여준 인물이다. 스티븐스는 다른 작가와 정치 사상가가 꿈만 꾸는 영향력을 누린다. 그는 거대 매체의 노른자 땅에, 즉 세계에서 가장 영향력 있는 신문사의 사설란에 뭐든 원하는 주제로 글을 쓸 수 있다. 주필인 그가 누군가를 향해 총구를 겨누면 당사자는 바로 알아챈다.

2019년 4월, 『뉴욕 타임스』는 미드타운 맨해튼에 있는 건축가 렌조 피아노가 설계한 62층짜리 본사 건물에 빈대가 출몰해 애를 먹고 있다고 보도했다. 이 기사를 본 조지워싱턴대학교 미디어행정학과 교수 데이비드 카프는 훗날 그가 "하찮은 농담"이라고 칭한 글을 트위터에 올렸다. "빈대는 은유다. 빈대는 브렛 스티브스를 뜻한다."[12]

미디어 세계의 권력 관계로 보면, 카프는 장난감 총 한 자루를 쥐고 주류 언론인이 조종하는 위압적인 전함을 향해 홀로 뛰어든 격이었다. 카프의 트윗들은 한 줌의 팔로워에게만 전달됐고, 빈대 농담은 그의 대다수 게시물과 마찬가지로 좋아요도 리트윗도 없는 전혀 주목받지 못한 글이었다. 이 글은 그렇게 묻히는가 싶었다.

그런데 누가 그 트윗을 스티브스에게 보여주었고, 트윗 내용이 그의 신경을 건드렸다. 스티브스는 자신이 피해자라고 느꼈다. 그 농담을 본 사람이 거의 없다는 사실은 중요하지 않았다. 스티브스는 공격에 나섰다. 곧장 카프에게 메일을 보냈고, 조지워싱턴대학교 교무처장에게도 똑같은 내용의 메일을 잊지 않고 보냈다. 이는 교수직이 위험해질 수도 있다는 경고 사격이었다. 스티브스는 메일에서 카프의 발언이 매우 모욕적이고 무례하다고 비난했다. 어디 한번 우리 집에 와서 내 부인과 아이들이 보는 앞에서 날 빈대로 불러보라고 했다. 이 지체 높은 칼럼니스트는 자신을 놀렸다는 이유로 카프 교수를 공격했다. 스티브스는 MSNBC 방송에 출연해 카프의 트윗이 "인격모독이며 절대 용납할 수 없는 일"이라고 말했다.[13] 다시 말해 무명 교수가 올린 아무도 모르는 트윗이 유명 칼럼니스트를 모독할 만큼 대단히 위력적이라는 뜻이었다.*

며칠 후 스티브스는 수백만 독자가 보는 칼럼에 자신의 고통을 낱낱이 묘사했다. 카프의 이름을 밝히거나 그의 트윗을 언급하지는 않았지만, 자신의 고통을 제2차 세계대전에 관한 담론과 연관 지었다. 한때 시민사회였어도 증오와 폭력, 권위주의에 노출되면 결국 집단학살에 빠진다는 담론이었다. 스티븐스는 이렇게 썼다. "인간을 특정한 범주, 계급, 인종으로 나눈 나치의 정치적 태도는 인간을 다시 설치류, 곤충, 쓰레기로 분류하게 했다."[14] 카프의 트윗은 사소해도 해로운 흐름을 보여주는 사례이며, 미국을 파국으로 몰아넣을 수 있다고 그는 주장했다.

스티븐스의 지적은 타당한 면이 있었다. 앞서 살펴봤듯이 실제로 소셜 미디어는 온라인 패거리가 무고한 사람을 피해자로 만들고, 피해자를 조롱하며, 혐오와 적대감을 부추기도록 발판을 마련해준다. 그런데 스티븐스는 본인이 타인의 자유를 지키는 수호자일 뿐 아니라 피해자라고 했다. 자신이 누리는 권력과 특권은 도외시한 채 편협한 세력에게 반격했다고 확신했지만, 사실 그는 한 사람을 내리찍고 있었다. 훗날 카프는 이렇게 표현했다. "스티븐스는 자신의 지위를 남용하지 않는 법을 반드시 배워야 한다. 그래야 아무 트위터 이용자나 위협하는 일이 없을 것이다."[15] 게다가 스티븐스는 온라인의 기하급수적 파급력을 포함해 플랫폼

의 역학을 제대로 이해하지 못했다. 카프는 스티븐스의 메일을 받고 바로 트위터에 글을 썼다. 이는 카프가 어느 논평에 기고한 내용과 같다.

아침에 눈을 떠보니 뭔가 달라졌고, 그 이야기가 금세 화제가 됐다.[16] 처음에 올린 농담은 리트윗이 없고 좋아요가 9개였다. 지금은 리트윗이 4,700개, 좋아요가 3만 1,200개다. 지난 이틀, 나는 논란에 휩싸인 바이럴 미디어viral media(입소문을 타고 정보가 빠르게 전달되는 매체 – 옮긴이)를 옆에서 흥미롭게 지켜보는 게 아니라 그 한복판에서 체험했다.

스티븐스는 미디어라는 거대 전함에 장난감 총으로 맞섰다. 카프 교수에게 모욕을 주려고 했지만 오히려 그에게 비난이 쏟아졌다. 카프는 미디어 수업 시간에 이 뜻밖의 사건을 이른바 스트라이샌드 효과Streisand Effect를 보여주는 사례로 소개했다.** 권위 있는 인물이 온라인 콘텐츠를 없애려다가 도리어 엄청나게 주목받는 현상을 가리킨다. 이런 일은 뻔할 정도로 자주 일어난다. 이때

** 가수 바브라 스트라이샌드가 의도치 않게 만들어낸 효과이다.[17] 2003년 스트라이샌드는 캘리포니아주 말리부 해안에 있는 자신의 저택을 항공사진으로 찍어 유포했다며 한 사진작가를 고소했다. 스트라이샌드가 소송을 냈을 때, 그 온라인 사진의 조회수는 6회였고, 그중 두 번은 스트라이샌드 측 변호사가 보았다. 이 소송으로 온라인에서 그 사진에 대한 관심이 폭발했다.

특권층은 자신들의 이익을 보호하면서 공익을 위한다는 구실로 저항 세력을 모욕한다.

표현의 자유 아래 이뤄진 배척

2020년 7월, 경찰의 직권 남용에 항의하는 시위가 미국 전역에서 절정에 달하고 신종 코로나바이러스가 전 지구를 휩쓸던 시점에 작가와 예술가, 지식인 등 151명이 모여 표현의 자유를 옹호하는 공동서한을 발표했다. 서한은 창간 170주년을 맞이한 대표적인 자유주의 잡지 『하퍼스 매거진Harper's Magazine』에 실렸다. "우리가 원하는 민주주의적 포용은 곳곳에 퍼진 편협한 분위기에 맞서 반대 목소리를 내야만 이룰 수 있다."[18] 이들은 또 "공개적 망신과 배척이 유행하는 현상, 복잡한 정책적 과제를 맹목적인 도덕적 확신으로 해소하려는 경향"도 언급했다. 그리고 논란을 낳는 기사를 실었다는 이유로 편집자가 해고되고, 수업 시간에 특정 문학작품을 인용했다는 이유로 교수가 조사받는 현실을 통탄했다. 이들 문예계 인사들은 고통스럽거나 진실이 아닌 주제도 거침없이 표현할 수 있어야 한다고 강조했다. 이러한 주제는 금지나 처벌, 명령이 아닌 자유로운 공개토론으로 다뤄야 한다고 주장했다.

브렛 스티븐스처럼 이들도 몇 가지 타당한 지적을 했다. 하지만 이들도 권력의 역학관계 그리고 그 비판의 방향을 무시했다. 이들은 말로 먹고사는 산업 즉 언론, 출판, 영화, TV 분야에서 가장 큰 특권을 누리는 자들이었다. 스티븐스와 마찬가지로, 이들에게는 남들이 부러워하는 플랫폼이 있었다. 이들도 자신들이 띄운 캠페인이 광범위한 대중의 이익을 지킨다고 주장했다.

이들에게는 자신의 이익이 무엇보다도 먼저였다. 이들은 TV 방송이나 팟캐스트, 라디오 인터뷰를 통해 자신을 널리 홍보하고 개인 브랜드를 키울 수 있는 영향력 있는 전문가였다. 이들은 자신에게 반대하는 목소리, 약점을 들추거나 편견을 드러내는 목소리를 점점 불편해했다. 그런 목소리는 조치가 필요했다.

공개서한 서명자 중 한 명인 J.K. 롤링을 살펴보자. 공개서한이 나오기 1년 전, 롤링은 젠더 논쟁에 휘말렸다. 정확히는 트랜스젠더 여성을 여성으로 받아들일 수 없다는 롤링의 불만이 발단이었다. 사실 이런 주제에는 진지한 토론이 필요하지만 이미 트위터에서 설전이 오갔고, 토론 주제가 작가에게 명성을 안긴 책『해리 포터Harry Potter』와 무관한데도 롤링의 의견이 지나치게 주목받았다. 롤링에게 분노와 조롱이 담긴 트윗이 쏟아졌다(분명 그중 상당수는 자기 친구와 팔로워의 입장을 대변하는 척하며 보낸 메시지였을 것이다).

나는 이 일련의 흐름이 잘못되었다고 느꼈다. 롤링이 트랜스젠더 여성을 어떻게 생각하든 사람들이 알 필요가 없다면 세상은 더 행복하지 않을까 생각했다. 하지만 롤링은 디지털 광장에 자기 의견을 밝혔고 불특정다수에게 조롱받았다. 롤링은 자신이 부당한 괴롭힘을 받는다고 느꼈을 것이다. 그런 와중에 『하퍼스 매거진』 공개서한에 이름을 올릴 기회가 생겼으니, 틀림없이 이를 반겼을 것이다.

롤링을 비판하던 사람들의 생각은 달랐다. 오히려 롤링과 그 주변의 저명한 인물들이 대중을 모욕한다고 느꼈다. 공개서한은 분개하는 대중이 편협할 뿐 아니라 천박하다고, 복잡한 세상을 단순하게 선과 악으로 나눈다고 비판했다. 대중이 약자를 괴롭히고, 선동가가 나올 최적의 상황을 만든다고 비난했다. 사실 문학계는 일반 대중에게 펀치를 그것도 아주 세게 날리고 있었다.

자칭 피해자인 롤링은 지구 역사상 가장 방대한 문학작품 독점권을 구축한 사람이다. 『해리 포터』 시리즈, 영화, 관련 상품 덕분에 롤링은 억만장자 작가가 되었다. 롤링은 모든 작가가 선망하는, 작가의 글에 목마른 독자층을 확보했다. 그렇다면 롤링이 젠더 문제를 둘러싸고 온라인에서 불편한 기색을 드러냈을 때, 트랜스젠더와 그 지지자들은 롤링의 판단을 말없이 받아들여야 했을까? 롤링에게 어떠한 반응도 보이면 안 되는 것이었을까?

작가들은 이 공개서한이 권리를 빼앗긴 자들을 전폭적으로 지지하는 글이라며 부질없는 포장을 했다. 이들은 "논쟁이 제한되면 (…) 언제나 힘없는 약자들이 피해를 보고 민주적 참여가 제약된다"라고 주장했다.

온갖 미사여구를 동원해도 이 서한은 소위 하찮은 사람들에 대한 반감을 드러냈을 뿐 약자들의 입장을 대변하지 않았다. 결국 이들의 메시지는 약자들이 온라인에서 지나치게 단순한 주장과 검열의 목소리를 거리낌 없이 드러낸다는 것이었다.[19] 이 소식을 전한 『뉴욕 타임스』 기사에, 1,000명이 넘는 약자들이 시간을 내어 댓글을 남겼다. 그중 펜실베이니아주 출신으로 부채관리프로그램DMP에 등록했다는 댓글 작성자가 이렇게 물었다.

> 그러니까 정리하면 이런 말이잖아. 표현의 자유를 옹호한다던 다수의 부자가 이제 그 표현의 자유 때문에 공격받으니까 불쾌하다는 거잖아? 지금 누가 누구를 입막음하는 거지?[20]

공개서한 곳곳에 숨겨놓은 작가들의 이기적인 태도는 서한 말미까지 이어졌다. 즉 자신들의 글에 모욕적인 비난이 쏟아질 경우 달아날 피난처가 필요하다고 했다. "작가인 우리에게는 실험하고 모험해도 지켜봐주는, 실수마저도 받아주는 문화가 필요하다."

물론 우리 모두 실수할 자유가 있어야 한다. 그러나 앨라배마주의 조지 월리스는 실수를 차고 넘치게 저지른 사람이었다. 그는 권력을 잡으면서 노골적으로 잔인해졌다. 1963년, 마틴 루터 킹 목사가 「나에게는 꿈이 있습니다 I Have a Dream」 연설을 한 바로 그 해에 월리스는 앨라배마주 주지사로 취임한 자리에서 이와 정반대인 입장을 드러냈다.

이 땅을 밟은 가장 위대한 국민의 이름으로, 나는 부당한 현실을 거부하고 폭군의 발 앞에 도전장을 던집니다. 단언컨대 인종 분리는 오늘도 있고, 내일도 있고, 영원히 있을 것입니다.[21]

인종주의는 월리스의 특기였다. 주지사가 될 때도, 대권에 도전할 때도 그는 인종주의에 호소했다. 1968년 대선에서 월리스는 미국 최남단 주Deep South 다섯 곳에서 승리했다. 하지만 결국 대권을 잡은 자는 리처드 닉슨이었다. 월리스는 자신을 지지한 다수의 백인 시민이 속으로만 생각하던 악랄한 사고를 용감하게 내뱉고 다녔다. 이것이 그의 권력이었다.

이 시기 조지 월리스는 수치심을 모르는 사람 같았다. 적어도 대중의 눈에는 그렇게 보였다. 어쩌면 그는, 인종분리정책은 신이 정했으며 '그를 지지한 국민'의 이익과 복지를 위해 꼭 필요하다는 자신의 주장을 그대로 믿었는지도 모른다. 아니면 인종주의를 단지 정치적으로 이용한 것일 수도 있다.

어느 경우였든, 1972년 봄에 사건이 터지고 말았다. 민주당 대선 후보 경선을 앞두고 메릴랜드주에서 유세하던 월리스에게 아서 브레머라는 자가 총을 쏘았다. 브레머는 원래 닉슨 대통령을 저격할 계획이었으나 월리스가 더 쉬운 표적이라고 판단하고 계획을 바꿨다. 브레머가 직사거리(조준선을 따로 조절하지 않고도 목표물을 맞힐 수 있을 만큼 가까운 거리 — 옮긴이)에서 네 발을 쏘았지만, 월리스는 살아남았다. 대신 총알 하나가 척추에 박히면서 하반신

불구가 되었다.

월리스가 병원에서 회복하는 동안 예상치 못한 방문객이 찾아왔다. 미국 최초의 흑인 여성의원이자 흑인 최초로 대통령 후보 경선에 도전한 셜리 치솜이었다. 치솜은 암살 미수 소식을 듣고 경선 유세 활동을 중단했다. 참모들이 만류했는데도 그녀는 경쟁 상대인 월리스를 보러 병원을 찾았다.

정치적 계산이 먼저였던 월리스는 치솜에게, 당신을 지지하는 유권자들이 이 뜻밖의 병문안에 어떤 반응을 보이냐고 물었다. "내 지지 세력이 무슨 말을 할지는 잘 안다. 하지만 당신이 겪은 일을 그 누구도 겪지 않았으면 해서 왔다." 월리스의 딸은 치솜의 대답을 이렇게 전하며 다음과 같이 덧붙였다. "아버지는 치솜의 진심 어린 마음 그리고 정치 경력에 손해를 보더라도 기꺼이 감수하겠다는 말에 감동했다. 아버지는 그 누구에게도 그런 행동을 한 적이 없었다."[22]

월리스는 아주 조금 수치심을 느꼈던 것 같다. 아니면 죽다 살아난 경험 덕분에 남은 인생의 우선순위가 바뀌었는지도 모른다. 어느 쪽이든 그의 도덕관은 완전히 달라졌다. 1979년 어느 일요일, 월리스는 예고도 없이 앨라배마주 몽고메리에 있는 덱스터 애비뉴 킹 메모리얼 침례교회에 나타났다. 흑인 인권운동의 중심지였던 이곳은 1974년에 그 역사적 의의를 인정받아 국립역사기념물로 지정됐다.

교회 입구까지 휠체어를 밀어준 수행원을 제외하면, 월리스와 동행한 이는 아무도 없었다. 월리스는 교회에 모인 신도들에게 이렇게 말했다. "저는 그동안 알지 못한 고통의 의미를 이제야 알았습니다. 흑인이 견뎌온 고통을 조금이나마 이해했습니다. 그 고통에 한몫했던 저는 그저 용서를 구할 뿐입니다."[23]

2년 후 월리스는 주지사 선거에 다시 출마했다. 이번에는 인종 단합을 공약으로 내걸었다. 월리스는 아프리카계 미국인 유권자 중 90퍼센트의 지지를 받으며 당선됐다. 이 지지율을 보고 그의 사죄에 정치적 계산이 깔린 것 아닌지 의심이 들 수도 있다. 그런 의도가 드물지 않지만 그렇더라도 문제될 건 없다. 약물 중독이든 외도든, 자신의 수치심과 마주하기로 결심했을 때 사람들은 비용과 편익을 계산한다. 무엇을 얻고 무엇을 잃는지 따진다. 자신의 문제와 솔직하게 대면하다 보면 차원이 다른 엄청난 보상이 생기지만, 동시에 힘겨운 고통이 뒤따르기도 한다. 고통은 피하고 보상은 취하려는 게 인지상정이더라도, 우리는 두 가지 모두 염두에 두어야 한다.

동기가 무엇이든 월리스는 올바른 선택을 했다. 그는 자신이 상처 입힌 사람들의 목소리에 한껏 귀를 기울였다. 이런 태도는 피해자에게 의미가 컸다. 용감한 발걸음이었고, 모두에게 교훈을 남겼다. 나는 잘못을 저질렀습니다. 죄송합니다. 당신에게 용서를 빕니다.

7.

인셀
피해의식과 폭력성의 발현

지위라는 위계질서에서 돈과 경쟁할 수 있는 유일한 힘은 섹스다. 섹스는 종의 생존 및 보존과 관련이 있다. 우리는 동물적 육체와 영혼 깊숙한 곳에서 이를 느낀다. 흔히들 섹스를 게임으로 여긴다. 이 게임의 승자는 잘생기고 아름답고 부유한 연인을 얻고, 패자는 홀로 잠든다.

　많은 이들이 동정童貞을 저주로, 독신을 불명예로 여긴다. 성적으로 거부당하거나 비슷한 거절을 여러 번 당하면 자아를 거부당했다고 느낀다. 독신자는 수치심에 빠진 모든 이들처럼 선택과 마주한다. 외로운 처지를 비관하며 고독과 자기혐오에 빠질 수 있다. 아니면 잠시라도 자신의 상황을 인정하고 이를 터놓고 얘기할 수 있다. 외로움을 해소할 방법은 없는지, 불행과 좌절만이라도 대처할 방법은 없는지 다른 사람들과 대화해보는 것이다. 이는 쉽지 않다. 수치심을 극복하려면 수치심과 마주해야 하기 때문이다. 이 과정을 잘 넘기면 다른 사람과 사랑에 빠질 것이고, 아니면 최소한 사회생활을 하며 나와 잘 맞는 상대를 만날 수 있다.

그러나 또 다른 선택지는 아예 독신이 자랑스러운 이유를 찾아내는 것이다. 비자발적 독신자Involuntary celibates를 뜻하는 인셀Incel은 여성에게 거절당하고 불만을 호소하기 위해 온라인 커뮤니티에 집결한 남성들을 가리킨다. 깨어 있는 시간 대부분을 레딧 소모임에서 보내는 인셀은 거의가 허위 정보인 흔한 속설과 담론을 흡수한다. 이들은 자기들끼리 공유하는 정체성을 유지하기 위해 근거가 불분명한 가짜 과학을 동원한다. 이들 다수가 추앙하는 성인聖人은 엘리엇 로저라는 살인범이다.

2014년 봄, 샌타바버라 시티 칼리지에 다니는 불행에 찌든 대학생 로저가 유튜브에 절망적인 심정을 담은 영상을 올렸다. 그는 검은색 BMW 차량 운전석에 앉아, 여자들에게 무시당하며 사는 비통한 심정을 7분 동안 쏟아냈다. "사춘기 때부터 지난 8년간 나는 외로움, 거절, 욕구불만을 참고 견디며 살아야 했다. 여자들은 다른 남자들과 섹스와 사랑을 나눴지만 나하고는 절대 하지 않았다. 나는 이제 22살인데 아직도 숫총각이다. (…) 대학에 다니면 다들 섹스하면서 재밌고 즐겁게 지내지 않나. 내가 간절히

원한 여자들은 모두 날 무시하고 거절하고 열등한 사람으로 취급했다. (…) 나는 외로움으로 속이 타들어 갔다."[1]

로저는 캘리포니아대학교 샌타바버라 캠퍼스에서 가장 인기 있는 여학생 사교클럽에 간 다음, "거만하고 싸가지 없는 금발 걸레를 보이는 대로 죽여버리겠다"라고 맹세했다. 내가 바로 "진정한 우두머리 수컷alpha male"임을 보여주겠다고도 했다.

다음 날 로저는 정말로 무차별 살인을 저질렀다. 사교클럽 회원 두 명을 총으로 쏴 죽였고, 같은 아파트에 사는 룸메이트 두 명과 손님 한 명 이렇게 젊은 남성 셋을 칼로 찔러 살해했다. 이어 소도시 아일라 비스타에서 차를 몰며 창밖으로 총을 난사했다. 이 사고로 한 명이 숨지고 14명이 부상당했다. 이후 로저는 머리에 총을 쏴 자살했다.

로저는 범행 직전 140쪽짜리 글을 남겼다. '나의 뒤틀린 세상'이라는 제목의 글에서 로저는 잉글랜드에서 보낸 어린 시절부터 영화감독인 아버지를 따라온 로스앤젤레스에서 보낸 청소년기까지, 자기 인생이 나락으로 떨어진 과정을 자세히 묘사했다. 그는 성장하면서 자신을 사랑해주지 않는 여자들에게, 그리고 여자에게 어필하는 매력을 타고난 남자들에게 점점 깊은 분노를 느꼈다.

그가 남긴 글에는 '인셀'이라는 표현이 단 한 번도 등장하지 않았다. 그러나 그가 올린 영상과 인생사, 무엇보다도 그가 저지른 폭력은 인셀 커뮤니티에서 숭배받았다. 로저 사건이 발생한 지

4년 후, 토론토에 사는 남성 알렉 미나시안이 페이스북에 로저를 찬양하는 글을 올리며 이렇게 선언했다. "인셀의 반란은 이미 시작됐다!" 몇 분 후 그는 차를 몰고 혼잡한 인도로 돌진했다. 10명이 숨졌고, 사망자는 대부분 여성이었다.

2018년, 플로리다주 파크랜드에 있는 마조리 스톤맨 더글러스 고등학교에서 학생 17명을 죽인 총기 난사범 니콜라스 크루즈도 범행 전 로저를 기리는 글을 올렸다. 다른 인셀처럼 그도 로저를 "최고의 남성the Supreme Gentleman"이라고 표현했다. 경찰 측은 2019년 말까지 북미에서 벌어진 살인사건 중 최소 47건이 온라인 인셀 모임에서 자극받아 저지른 범행이라고 밝혔다. 이 수치는 계속 증가하고 있다.[2]

인셀의 탄생

인셀 운동의 기원은 인터넷이 보급되던 1990년대로 거슬러 올라간다. 인셀 운동은 지금은 사라진 개별 웹사이트에서 시작해 이후 각종 블로그, 특히 레딧 소모임에 뿌리내렸다. 인셀은 인터넷 사이트가 아니면 그 어디에도 존재한다고 상상하기 힘들다. 여자에게 거절당했다고 분노하고, 여자랑 자본 적이 없다며 몇 시간씩 투덜대는 많은 남성을(백인이 압도적으로 많다) 온라인 말고 또 어디에서 찾아볼 수 있겠는가. 증오심으로 똘똘 뭉친 남성들의 모습이 새로울 건 없지만, 인셀의 규모와 그들의 단일한 목표는 인터넷이 있기에 가능하다.

인셀은 여자들한테 인기 없고 사랑받지 못하며, 거부당한 데서 오는 수치심을 공유한다. 그들에게 모든 사람은 욕망의 사다리 위에 올라가 있고, 본인들은 사다리 맨 밑 칸에 갇혀 있다. 엘리엇 로저는 어느 날 밤 사랑을 찾아 아일라 비스타 거리로 나갔다가 허탕 친 기억을 이렇게 기록했다.

어느 날 밤, 나는 예쁜 여자 두 명과 나란히 걸어오던 한 남자와 마주쳤다. 너무 질투가 나서 욕을 내뱉고는 몇 분 동안 그들 뒤를 밟았다. 그들은 날 비웃었고, 한 여자가 남자의 입술에 키스했다. 남자의 여자친구로 보였다. 그 순간 나는 여자 때문에 겪어야 했던 고통 중 최악을 경험했다. 이 기억은 영원한 상처로 남아 여자들이 나를 다른 남자들보다 하찮게 여긴다는 사실을 계속 상기시킬 것이다. 집으로 뛰어오는데 뺨에 눈물이 흘렀고, 창피한 모습을 보이기 싫어 집에 아무도 없기를 바랐다.

인셀은 이런 수치심을 과장하고 찬양한다. 일종의 부정이다. 인셀은 그들끼리 공감하는 수치심을 통해 하나로 결집한다. 수치심을 느낀 경험을 털어놓으며 한배를 타고 서로를 위로한다. 이런 점에서 그들이 모이는 커뮤니티는 숨기고 싶은 비밀을 털어놓는 재활 프로그램이나 익명의 알코올 중독자 모임과 비슷하다. 그러나 여기에는 결정적 차이가 있다. 재활 집단치료에서 환자들은 자신의 문제를 떨치려고 애쓰는 반면, 인셀은 자신의 비참한 처지를 미화한다. 재활치료 회원들은 한 방에 모여 앉거나 하나의 화상 모임에 참여하지만, 인셀은 전 세계 네트워크에서 만나 생각을 전파한다. 온라인에서 그들의 꿈과 희망은 점점 암울하게 변해간다.

"내가 한 수 위라는 심리one-upmanship로 보인다." 캘리포니아에서 활동하는 기자로, 온라인 인셀 커뮤니티를 추적해온 브래들리 하인스는 이렇게 표현했다.[3] "어느 한 명이 '내 인생은 끔찍하다, 지하에 처박혀 2주째 샤워도 안 했다'라고 글을 올리면, 또 다른 이가 나서서 나도 더럽다며 이렇게 덧붙인다. '최근에 어떤 여자한테 말을 걸었는데, 내 얼굴에 침을 뱉더라.'"

인셀 커뮤니티는 절망감이 번식하는 곳으로, 결국 살인과 자살이라는 극한의 폭력을 낳는다. 이들을 묶는 유대감은 많은 사람에게 상당한 호소력을 지닌다. 어쨌든 많은 이들에게 데이트는 까다롭기 때문이다. 인셀 집단은 세상이 왜 이렇게 가혹한지 설명해줄 뿐 아니라, 동료애와 권력감을 느끼게 한다.

인셀은 다양한 종류의 수치심을 보여준다. 그리고 수치심으로 고통받는 사람들을 끌어들인 후 이들이 수세적 태도를 버리고 공격적 성향을 가지게 한다. 그들 극소수는 여성에 대한 혐오와 증오를 주체하지 못하고 살인 혹은 그에 맞먹는 폭력으로 분출한다. 나머지 대다수는 말로 떠드는 전쟁을 치른다. 하인스의 설명에 따르면, 인셀은 대부분 온종일 '남성계manosphere'(페미니즘에 적대적인 남성들이 모인 온라인 공간을 통칭하는 표현 – 옮긴이)에서 시간을 보낸다. 남성계는 게임 플랫폼, 웹사이트, 채팅방 등 온라인 곳곳에 흩어져 있다. 이들은 자기 인생과 성생활에 만족하는 듯한 사람들, 즉 사회적 승자를 공격하는 글을 올린다. 그리고 보통 여성을 '페모이드Femoid'(여성female과 휴머노이드humanoid의 합성어 – 옮긴이)라고 부르며 인격적으로 모독한다. 사실상 인셀의 이데올로기는 남성 우월주의로 만연하고 종종 백인 우월주의로 빠지기도 한다.

허무주의가 낳은 피해망상

다이어트 산업, 제약 회사들처럼 인셀 커뮤니티도 가짜 과학을 근거로 주장을 펼치고, 생물학적 결정론과 진화 인류학에서 가져온 단편적 이론으로 주장을 정당화한다. 견해를 설파할 때 통계 자료를 덧붙여 객관적인 듯한 인상을 풍긴다. 일례로 80대 20의 법칙에 따라, 80퍼센트의 여성이 가장 매력적인 상위 20퍼센트의 남성을 놓고 경쟁한다고 가정한다. 또 인셀의 논리에 따르면, 대다수 여성은 욕구가 생기면 언제든 섹스할 수 있다. 즉 여성은 남성을 마음대로 할 수 있는 엄청난 힘을 갖는다. 특히 우월한 유전자를 타고 나지 못한 사람, 여성이 원한다고 하는 키, 체형, 턱선, 피부색(하얀 피부)을 갖추지 못한 열등한 남성에게 그 힘을 휘두른다.

인셀은 섹스 파트너 경쟁이 근본적으로 불공평하다고 본다. 그리고 자신들의 세계관에 계량 분석을 잔뜩 껴넣는다. 이 역시 다른 수치심들이 자주 쓰는 수법이다. 인셀은 파트너 선택에 계량 분석을 적용해 사람들을 등급화한다. 상위 1, 2퍼센트에 해당하는 소수는 상위등급 여성과, 또는 인셀이 쓰는 여성 혐오적 표현으로 '텐스10s'와 짝을 맺는다(인셀은 우월한 남성을 채드Chad, 매력적인 여성을 스테이시Stacy라고 부른다. 이들은 인셀 세계에서 혐오의 대상일 뿐이다). 그리 성공하지 못한 남성들은 이류대학에 진학해야 하는 학생들처럼 매력이 떨어지는 성 파트너를 찾아다니는 반면, 이들보다도 등급이 떨어지는 남성들, 즉 유전자 복이 없는 패배자는 사랑도 못 해보고 평생 독신으로 살아야 한다.

이들이 계산한 수치는 현실과 부합하지 않는다. 자발적 독신의 경우 규모가 작지도 않고 그렇게 외로운 집단도 아니다. 미국의 독신자 수는 상당하며 계속 증가하는 추세다. 2018년 『워싱턴 포스트』의 조사에 따르면, 18세에서 30세 사이의 연령대에서 남성의 28퍼센트, 여성의 18퍼센트가 전년도에 성관계를 갖지 않았다.[4] 이 비율은 2008년 이후 두 배 이상 늘었다. 이 통계치는 코로나 대유행 기간에 자연히 증가했다. 이런저런 이유로 젊은 층의 섹스 횟수는 줄었다. 하지만 이들 중 극소수만 자신의 정체성을 비자발적 독신에 뿌리박고 절망을 끌어안는다.

절망감은 기이하게도 위안이 될 수 있다. 내가 하찮은 존재라고 확신하면, 내 타고난 유전자 때문에 어떤 여자도 날 사랑하거나 받아주지 않는다고 확신하면, 자기계발과 운동, 피부 관리, 다이어트를 포기하게 된다. 해봤자 무슨 소용이란 말인가. 누가 뭐래도 성공은 나의 선택과 무관한데 말이다. 이렇게 운명에 체념하는 태도를 블랙필blackpilling이라고 한다. 종교적 신념을 밀어내고 그 자리를 절망으로 채운 인셀에게 블랙필은 수도사의 순결 서약에 해당한다. 그들 세계에서 일종의 신조인 셈이다.

무기력한 허무주의는 세상과 동떨어진 남성계에서 그들끼리 주고받는 단어에 고스란히 드러난다. 2017년부터 2019년까지 인셀 웹사이트에 올라온 4만 9,000개의 게시물을 언어분석한 결과, 위험할 정도로 높은 수위의 유해성을 보였고 상당수의 글에서 분노, 두려움, 슬픔이 묻어났다.[5] 연구진은 인셀이 쓰는 언어와 그들이 드러내는 감정을 무작위로 고른 다른 대화방들의 소통방식과 비교해보았는데, 인셀의 게시물이 3배 정도 '유해하고, 지나치게 해롭고, 모욕적이며, 저속하거나 음란'했다. 당연한 결과겠지만 인셀의 글에는 심각할 정도로 기쁨이 없었다.

"옛날이 좋았어"

자신들의 외로운 요새를 유지하고 지키려면 커뮤니티에는 리더가 필요하다. 리더들은 인셀의 불만을 부채질하는 영향력 있는 이론가다. 인셀 세계에서 인기 있는 이론가는 조던 피터슨이다. 이 캐나다 심리학자는 정치적 올바름에 반대하고 남성의 우월성을 옹호하는 논변을 학자답게 펼친다. 그의 강연, 저서, 유튜브 영상을 찾는 추종자가 상당하다. 그는 '질서는 남성적이고 혼돈은 여성적이며, 인류가 등장한 이래 이 사실에는 변함이 없었다'라고 주장한다. 왜 남성이 세상을 이끌었는지, 왜 그것이 정당한지도 이 논리로 설명한다.

피터슨은 인셀이 아니다. 그러나 인셀과 마찬가지로 그 역시 수요와 공급에 따라 등급화된 시장에서 서로 파트너를 고른다고 본다. 그는 여성에게 상승혼hypergamy 성향, 즉 자신과 지위가 같거나 자기보다 지위가 높은 남성과 짝을 맺으려는 경향이 있다고 주장한다. 2018년 한 팟캐스트에서 그는 이렇게 말했다. "배우자 선택은 까다로운 문제다. 여성들의 해법은 이렇다. 남성들을 링 안으로 던진다. 무엇 때문에 싸우든 이들을 서로 경쟁시킨다. 여기서 이기는 남성을 최고로 친다. 그와 결혼한다." 이 승자들은 "파트너 선택 기회를 또 얻을 확률이 예외적으로 높다."[6]

인셀의 논리에 따르면, 기본적으로 채드는 모든 스테이시를 얻는다. 운 좋은 엘리트 집단인 채드와 스테이시는 이른바 풍부한 성애 자본erotic capital을 휘두르며, 모두가 부러워하는 파트너와 성관계를 맺을 수 있다. 그러다 보니 위계질서의 밑바닥에 있는 집단, 즉 인셀은 비디오게임을 하거나 온라인 커뮤니티를 들락거리며 고독을 씹는다. 이 불균형을 현대의 정보기술이 부추긴다. 기술의 발달 덕분에 남녀 할 것 없이 승자들은 데이트 앱에서 상대방을 고르고, 검색사이트와 SNS에서 상대방을 탐색하며, 인스타그램에 사진을 올려 자신의 승리를 알린다.

피터슨은 성적 엘리트sexual elite가 우위를 점하면 세상이 건전하지 못하고 성애 자본이 부족한 사람에게 수치심을 준다고 말한다. 그가 내놓은 해법은 '강제적 일부일처제enforced monogamy'이다. 이 구상에 따르면 각각의 우두머리 수컷은 여러 여성과 잠자리를 갖거나 상위 등급 여성을 독차지할 수 없고, 한 명의 여성에게 정착해야 한다. 이렇게 하면 이론상 인셀을 포함한 매력이 떨어지는 남성들이 더 많은 여성에게 접근할 수 있다.

이런 주장은 일부 남성에게 희망을 불어넣는다. 하지만 피터슨은 인셀에게 너무 앞서가지 말라고 경고한다. 2018년 피터슨은 『뉴욕 타임스』와 강제적 일부일처제를 주제로 대담한 후 비판이 쏟아지자 다음과 같이 답했다. "그 주장이 이야기하는 건 내가 매력적인 젊은 여성을 원한다 해도 국가가 강제한다면 그 여성을 하찮은 남성에게 넘겨야 한다는 것이다." 일부일처제가 사회의 기대에 부합한다고 여기는 말이다. 다시 말해, 여러 여성과 바람 피우고 돌아다니는 채드는 사회에서 지탄받는다는 뜻이다.[7]

성 시장sexual marketplace 규제라는 사고의 흐름은 인셀의 각종 판타지로, 이를테면 여성의 재분배로 이어진다. 이번에도 통념을 깨는 학자들이 인셀에게 동아줄을 던져준다. 예를 들어 조지메이

슨대학교 경제학과 교수 로빈 핸슨은 성관계를 복지 혜택으로 접근하자고 주장한다.[8] "성관계 접근성이 매우 떨어지는 사람은 저소득층과 비슷한 고통을 받는다고 할 수 있다. 따라서 이들 역시 자신의 정체성을 바탕으로 사람들을 조직해 이익을 얻으려 하고, 성관계 접근도에 따라 성을 재분배하라고 로비할 것이며, 자신들의 요구가 관철되지 않으면 암묵적으로 폭력을 행사하려 들 것이다."

이 섬뜩한 주장에 수많은 SNS 이용자가 여성의 몸을 상품화하는 것이라고 항의하자 핸슨은 한발 물러났다. 그러나 여성을 여전히 성 시장에 남겨두었다. 그는 현금을 지급해 매춘부를 살 수 있게 하면 성 재분배를 실현할 수 있다고 주장했다.

수치심의 힘은 매우 강력해서, 부정 단계에 갇혀 지속적으로 인지부조화를 겪는 사람들은 이렇게 그럴싸하고 불만을 달래주는 주장에 솔깃해한다. 성적 수치심과 피해의식을 중심으로 뭉친 인셀 커뮤니티에서 이런 이론은 캣닢catnip(고양이들이 흥분하며 좋아하는 박하류 허브 ─ 옮긴이)과 같다. 독신자의 고충을 해결해줄 것 같고 한편으로 비난도 감수하는 듯 보이기 때문이다. 페미니스트, 정치적 올바름을 추구하는 사람들이 여성을 물건 취급한다며 '성적 기회의 공평한 분배'를 비판한다면, 인셀들은 현실 자체가 불공정하다며 자신들의 입장을 두둔할 것이다. 이들은 예나 지금이나 여성의 몸을 욕망의 대상이자 욕구를 채워주는 수단으로 여기며, 수 세기에 걸쳐 요부들이 남성을 노련하게 이용해왔다고 생각한다.

인셀의 사고방식을 따라가다 보면 여성을 성적으로 학대하는 남성 권력자(할리우드의 영화 제작자 하비 와인스타인 같은 가해자)도 아름다운 여성의 꼬임에 넘어가 폭력을 행사하게 된 피해자일 뿐이다. 여성들은 20세기까지 투표권이 없거나 본인 명의의 계좌도 만들지 못했는데, 젠더 관계에서는 특권층으로 내세워진다.

이탈자가 생기면 광신도가 늘어난다

거짓과 부정에 근거한 운동은 깨지기 쉽다. 소속 회원들은 서로에게 없어서는 안 될 존재가 된다. 남성계는 위협적이지 않은 분위기를 조성하고 가상의 우정을 내세우는 등 인셀 회원을 공들여 관리한다. 그러나 오랜 기간 활동한 성실한 회원이라도 더 크고 분주한 바깥세상이 있다는 사실을 모를 수 없다. 바깥세상 사람들은 전통적인 방식으로 대인관계를 맺고 가족과 어울린다. 그들은 대개 인셀의 논리를 황당해할 것이다. 인셀은 무턱이나 여드름, 과체중, 체취, 실직 등이 자신들의 평범한 삶을 가로막는 큰 결함이라고 여기지만, 대다수 사람들에게 그런 것은 큰 문제가 되지 않는다. 인셀은 세상과 완벽히 차단된 존재가 아니기 때문에 이런 사실을 계속 외면하긴 어렵다.

인셀 집단은 회원들이 언젠가 떠날 수 있다는 사실을 안다. 일부 회원은 누가 봐도 그런 마음이 간절해 보인다. 이들 중 여성에게 더 매력적으로 보이려고, 그리고 좀 더 '채드'처럼 보이려고 극단적인 성형수술을 하는 경우가 늘고 있다. 이들은 절망과 체념에 빠져 사는 게 맞는지 심각하게 고민하며 세상 밖으로 나가고 싶어 한다.

간혹 인셀 회원에게 다른 시각을 접할 기회가 찾아온다. 브래들리 하인스의 말에 따르면, 수업이 끝나고 멋진 여학생과 만나 대화를 나누다가 그런 기회를 얻기도 한다. 다른 인셀 회원들은 어느 순간 그가 모습을 드러내지 않고 채팅방에도 들어오지 않는다는 사실을 눈치채며, 어쩌면 그가 모든 남성계 활동을 접었으리라 짐작한다(비극적이게도 자살로 사라지는 경우가 흔하다).

이탈자가 생길 때마다 남은 인셀들은 현재 눌러앉은 암울한 공간보다 더 나은 현실 세계가 있을지 모른다고 생각한다. 지속되는 불평불만과 들끓는 수치심에 그동안 너무 절여진 것은 아닌가, 인셀이란 인생이 꼬였을 때 자신처럼 불행한 사람을 보며 위안 삼는 것에 불과하지 않은가 의심이 든다. 지금 느끼는 외로움도 정해진 운명, 즉 타고난 복이 없어서가 아니라 자신의 선택에서 비롯된 것은 아닌지 재고한다.

이는 인셀 커뮤니티의 설립 취지를 거스른다. 인셀이 자신들의 독신 생활을 '비자발적'이라고 부르는 것에는 이유가 있다. 그렇지만 문득 이런 생각이 드는 것이다. 내 암울한 나날을 사랑으로 밝히고, 인셀 집단에서 탈출하는 것은 내 힘에 달린 게 아닐까 하는 생각이.

내재적 불안정성은 사이언톨로지(과학기술로 정신을 치료한다는 미국의 신흥 종교-옮긴이)부터 ISIS(이슬람 근본주의 무장단체)에 이르기까지 종교 집단과 컬트 집단 내부에도 존재한다. 이탈자와 주변인은 집단을 끊임없이 위협하는 존재다. 집단에 심취한 광신도의 경우, 빈약한 세계관만으로도 의심을 거두고 강경 노선과 정통주의로 돌아선다. 인지부조화를 낳는 허술한 세계관이라도 말이다. 인셀 집단의 가장 열성적인 신도들은 진실에 눈을 감고 귀를 막은 채 독자적 교리를 구성해서 채드와 스테이시의 세계관을 하나하나 반박한다.

결국 인셀은 깊은 수치심 때문에, 주류의 관습과 정치적 올바름에 대한 경멸 때문에 불쾌한 동맹과 손을 잡기도 한다. 일부 인셀들은 백인 우월주의에서 공통된 명분을 발견한다.* 양쪽 집단에 호소력을 갖는 한 가지 이데올로기로 교체 이론replacement theory이 있다. 이 이론에 따르면 선진국 여성은 성실히 커리어를 쌓고 다양한 관심사를 추구하는 등 지나친 자유를 누리고 있다. 그러다 보니 출산을 미루거나 아예 피할 수 있게 되었다. 이에 백인의 인구 성장률이 떨어져 백인 권력의 인구학적 기반이 약해졌다. 이 이론은 여성 인권이 열악한 문화권에서 온 사람들, 이를테면

---

* 두 집단의 교집합에 대한 더 자세한 내용은 탈리아 라빈의 『문화 군벌(Culture Warlords)』을 참고하라.

무슬림이나 멕시코인이 피부색이 짙은 아기를 수억 명 출산해서 백인 사회를 장악할지도 모른다는 점을 우려한다.

이러한 인식은 조던 피터슨이 주장한 가부장적 여성혐오와 이론적 거리가 아주 가깝다. 게다가 교체 이론은 인종주의적 색채가 더 짙을 뿐, 비슷한 해결책을 내놓는다. 바로 백인 여성이 자녀를 더 많이 낳도록 강제할 방법을 찾는 것이다. 그러면 여성들은 어쩔 수 없이 내키지 않는 파트너와 인연을 맺어야 한다. 이에 따라 인셀이 만날 수 있는 여성들도 많아질 것이다.[9]

히키코모리 현상

나는 한동안 일본에서 지내며 이 책을 썼다. 주요 관심사가 수치심이었으므로, 히키코모리라 불리는 십 대와 이십 대 초반 젊은 이들에게 특별히 관심이 갔다. 수십만 명에 달하는 히키코모리들은 사회활동을 접은 채 부모와 함께 살면서 자기 방을 은신처로 삼았다. 연구자들이 주로 집안에서 지내는 주부에 초점을 맞추느라 여성 비율이 높게 나오지만, 역사적으로 히키코모리는 남성이 압도적으로 많았다.[10]

히키코모리는 대개 일하거나 공부하지 않는다. 친구가 거의 없고, 일본 후생성의 분류 기준에 따라 적어도 6개월 이상 혼자 지낸 사람들이다. 히키코모리를 연구해온 정신과 의사 세키구치 히로시는 "이들은 수치심이 깊어서 일반인처럼 직장생활을 하지 못한다. 또 자신이 쓸모없고 행복할 자격이 없다고 여긴다"라며, "부모님의 기대를 저버린 것"을 죄스럽게 생각한다고 덧붙였다.[11]

히키코모리는 자신을 드러내지 않으려고 극단적 행동을 취한다. 세키구치의 글에 따르면 이들은 항상 커튼과 셔터를 내린 채 생활하고, TV를 보거나 컴퓨터를 사용할 때도 음소거를 한다. 집안을 조심스럽게 걸어 다니고, 밤에 다른 식구들이 자는 동안 주방에 살금살금 들어가 냉장고를 뒤진다. 에어컨과 난방기구도 없이 여름의 무더위와 겨울의 강추위를 견디는 경우도 있는데, 소음으로 자신의 존재를 알리고 싶지 않은 이유도 있지만 "자신이 그런 기구를 사용할 자격이 없다고 보기 때문"에 쓰지 않는다.

히키코모리도 인셀처럼 자신이 쓸모없다고 생각해서 집안에 틀어박힌다. 네 삶도 의미 있다고 말해줄 사람이 주변에 없다. 매일 이들의 방문을 두드리거나 이름을 불러주는 사람이 없다 보니, 가혹한 자기혐오를 온 세상이 수긍한다고 여긴다. 옆에서 걱정하는 가족을 제외하면 아무도 이들 곁에 있으려 하지 않는다.

상황이 이렇다 보니 아주 드물지만 인셀처럼 살인적 폭력을 저지르는 사례가 있다. 2020년 6월, 고베 근처에 사는 23세 히키코모리가 가족 중 세 명을 석궁으로 죽이고 한 명에게 큰 상처를 입힌 사건이 있었다.

대다수 히키코모리는 외로움에 짓눌려 산다. 이는 매우 많은 사람과 공유하는 부분이다. 외로움은 산업화된 세계에서 점점 증가하는 유행병으로, 코로나 이후 더욱 심각해지면서 자살과 약물 과다복용을 급증시켰다. 외로움은 수치심의 여러 징후 중 전형적인 형태이자 자연스러운 반응이다. 비만, 가난, 중독, 성 기능 부전 등 수치심의 원인이 무엇이든, 남들의 평가에 취약한 사람은 이로부터 자신을 보호하려고 한다. 이런 행동은 수치심의 여러 형태처럼 자기 강화적self-reinforcing 악순환을 낳는다. 수치심이 외로움을 낳고, 외로우면 친구가 없다는 사실에 자신을 처벌할 확률이 매우 높다.

히키코모리의 처지는 자연스럽게 수치심 산업의 시장이 된다. 현재 많은 업체가 히키코모리에게 서비스를 제공한다. 가장 큰 경제적 기회는 히키코모리가 아닌 그들 부모에게 제공하는 서비스다. 어떻게든 해결책을 찾으려는 부모들은 그야말로 수치심의 피해자다. 노력과 직업적 성공을 중시하는 문화권에서 자식이 자발적으로 방에 틀어박혀 무기력하게 지내기 때문이다. 10년 동안 자기 방에 숨어 사는 히키코모리는 가족 모두에게 부끄러운 존재일지도 모른다. 집에 손님이 오면, 부모들은 귀를 쫑긋 세운다(닫힌 문 뒤로 숨어 지내는 자녀가 TV 소리로 자신의 존재를 드러내지 않기를 분명 꽤 많은 부모가 바랄 것이다). 너무 부끄러운 나머지 본인들도 자식처럼 은둔하며 사는 부모도 있다.

이제는 고액을 요구하면서 부모에게 자녀 문제를 해결해 주겠다며 접근하는 자문업체들이 있다. 이들을 일컬어 히키다시야引き出し屋라고 하는데, '밖으로 끌어내는 자'라는 뜻이다.[12] 이 업체

들은 히키코모리를 방 밖으로 끌어내 직업 세계에 편입시키는 조건으로 수만 달러를 청구한다. 히키코모리가 방 밖으로 나오도록 잘 구슬리는 곳이 있는가 하면, 방문을 부수고 들어가 끌어낸 다음 밴에 태위 어디론가 황급히 가버리는 곳도 있다.

2020년 도쿄 경찰서에 들어온 민원을 보자. 한 히키다시야가 은둔 청년을 강제로 방에서 끌어내 50일 동안 정신병원에 방치한 후 다시 봉쇄형 기숙사로 데려갔다.[13] 이 서비스를 받는 대가로 부모는 6만 5,000달러를 지급했다. 한편 중독자 재활시설의 사기꾼 무리가 떠오르는 히키다시야도 있다. 이들은 돈과 휴대폰을 빼앗고 가족과의 연락을 차단한 후, 히키코모리를 강제로 작업장에 집어넣는다.

해로운 커뮤니티에 빠지는 이유

수치심과 고립의 어두운 경로를 파고들면서 나는 우리 집 세 아들이 걱정될 수밖에 없었다. 인터넷은 도피처와 커뮤니티를 제공했다. 불안감과 성적 욕구불만, 가끔 치솟는 분노 등 사춘기를 겪는 예민한 아이들에게 위안을 주겠다고도 약속했다. 아들들은 편협한 행동을 강요하는 남성성과 씨름해야 했다.

나는 아이들이 빠져들지도 모를 토끼 굴을 주제로 다른 부모들과 대화했다. 다들 자녀가 저녁 식사 자리에서 우익 극단주의

같은 말을 내뱉고 종종 비꼬는 농담을 하며 혐오 표현을 표현의 자유로 옹호한다며 걱정했다. 이 아이들은 인셀 주변을 어슬렁거렸지만, 본격적으로 뛰어들지는 않았다.

그러다 한 아이가 결국 뛰어들고 말았다. 그 아이는 이제 자칭 인셀이었다. 아이 아빠는 아들이 온종일 자기 방에서 시간을 보내고, 엄마와 바깥세상을 향해 증오심을 뿜어낸다고 걱정했다. 한번은 화가 치민 엄마가 아들을 해로운 커뮤니티에서 빠져나오게 하려고 야단쳤다. 엄마는 아들에게 네 생각이 얼마나 삐뚤어졌는지, 태도가 얼마나 잔인해졌는지, 피해자라고 말하기엔 얼마나 많은 특권을 누리고 있는지 지적했다. 집에서는 한바탕 난리가 났고, 아이 아빠가 보기에 바로 수습될 분위기가 아니었다. 아이 아빠는 절박한 심정으로 내게 조언을 구했다.

나는 그 집 아들이 성적 욕구불만과 사회적 배척에서 자신을 구원해줄 공동체와 정체성을 찾고 있다고 짐작했다. 이런 행동은 인생의 전환기에, 예를 들면 친구도 없이 새로운 학교에 적응해야 하는 시기에 흔히 튀어나온다. 보통은 무난하게 지나가지만 방황하는 아이에게 창피를 주면 그 기간이 더 길어질 수 있다. 게다가 아이는 그런 사이트에 올라오는 글이 헛소리임을 알면서도 동지애 때문에 발을 빼지 못했을 것이다.

혐오집단에서 빠져나온 남성들을 연구한 사회학자 마이클 키멜은 집단의 역학에 대한 최소한의 실마리를 제공했다.[14] 혐오집단을 떠난 남성들은 대부분 그 집단의 이데올로기를 믿지 않았다. 전혀 믿지 않은 사람도 많았다. 그런데도 그곳에 머물렀던 건 소속감 때문이었다.

아이들이 정서적으로 예민한 시기에 어른이 해줄 수 있는 최선은, 수치심 네트워크에서 벗어나게끔 다른 선택지와 다양한 경로를 탐색하게 하는 것이다. 아이들은 자기 정체성을 찾아가며 실수도 하고 시행착오도 겪는다는 사실을 알게 될 것이다. 이때 아이에게 해줄 수 있는 가장 중요한 일은 아이가 그 공간에서 빠져나올 때 사랑과 용서로 받아주는 존재가 있다는 믿음을 심어주는 것이다.

3부

—

정의감은 어떻게 무기가 되는가

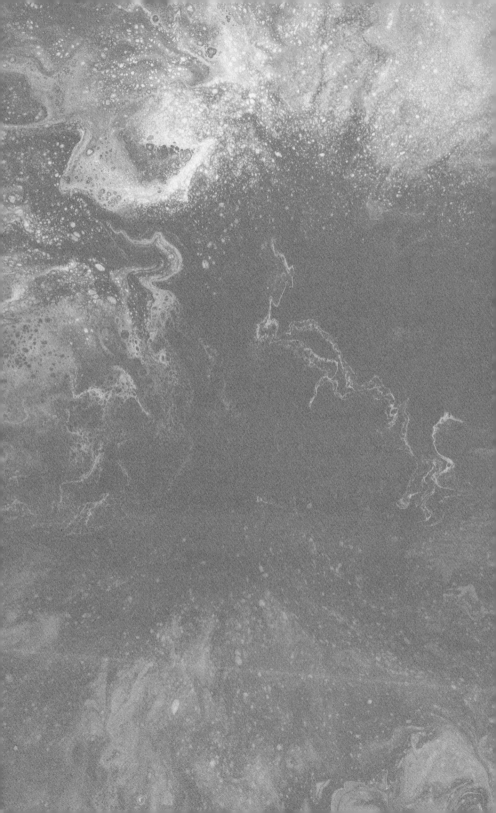

8.

공공 에티켓

팬데믹과 마스크

한껏 들뜬 소수의 무리가 플로리다주 포트로더데일에 있는 대형 마트 타깃Target으로 몰려가 시민 불복종 운동을 전개했다. 코로나 대유행이 시작된 지 6개월이 지난 2020년 9월의 일이었다. 사람들은 매장의 방역 수칙에 따라 모두 마스크를 썼지만, 이들은 소란스럽게 떠들며 하나로 뭉쳐 걷다가 휴대폰을 꺼내 영상을 찍기 시작했다. 이어 시위가 시작됐다. 이들은 마스크를 벗고 다 같이 매장 통로를 돌며 외쳤다. "여러분 마스크를 벗으세요! 우리는 미국인입니다!"

혈기 넘치는 수칙 위반자들은 마스크를 쓴 손님들을 에워싸며 마스크를 벗으라고 재촉했다. 어떤 손님은 이들과 상대하지 않으려고(건강상 위험도 있으니) 멀리 돌아갔다. 또 어떤 손님은 옳은 지적이라고 생각했는지 순순히 마스크를 벗었다. 그때마다 시위대가 환호했다. 그러면 또 다른 손님이 그들의 대의에 동참했다.

대유행 기간 동안 수치심의 중심에 마스크가 있었다. 타깃 매장 시위대는 수치심 네트워크에 놓인 친구들과 팔로워를 위해 이런 행동을 했다. 시위 과정에서 이들은 마스크를 쓴 쇼핑객에게 권위에 소심하게 굴복하지 말고, 남들 하는 대로 따라 하지 말라며 핀잔을 주었다. 반면, 마스크 착용에 소홀한 사람을 비판하는 여론도 있었다. 연방 대법관 클래런스 토머스는 "특정한 환경에서 마스크 착용을 안 하는 사람은 어느 정도 비난을 감수해야 한다"라고 지적했다.[1]

서로 충돌하는 수치심들은 각자 핵심적 사회 가치가 달랐다. 시위대에게는 자유를 지키는 게 중요했다. 마스크 착용을 반대하는 자들의 주장을 극단적으로 생각하면, 마스크 착용은 건국의 아버지들이 헌법에 명시한 비전을 거스르는 것은 물론, 수 세기 동안 수천 명의 미국 병사가 목숨 바쳐 지켜온 자기 결정권을 훼손하는 행동이었다.

이 주장은 감염 위험지역에 사는 사람들에게는 말도 안 되는 소리였다. 치명적인 코로나바이러스가 처음 퍼졌을 때, 뉴욕 시민들은 어둠을 뚫고 지나가는 응급차의 사이렌 소리에 매일 밤을 뜬눈으로 지새웠다. 많은 사람이 코로나로 친구와 친척을 잃었고, 병원과 클리닉 종사자 수천 명이 다른 이의 목숨을 구하려 자기 목숨을 내걸고 정신없이 일했다. 이들을 움직인 사명감은 지역사회의 보건에 힘쓰고 취약층을 각별히 보살피자는 것으로, 강력한 사회적 합의가 이뤄진 내용이었다. 이를 위해 시민 대부분은 전문가가 전달하는 긴박한 지시사항에 귀를 기울였다. "마스크는 일선에서 헌신하는 보건 관계자를 포함해 시민들을 바이러스로부터 안전하게 보호합니다. 그러니 마스크를 꼭 착용하세요!" 내 이웃들에게 마스크 착용은 횡단보도 신호등 앞에서 일단 멈추는 행동과 같았다. 마스크 착용이 상징하는 사소한 자유 침해보다도 서로를 책임지는 자세가 더 중요했다. 우리는 이 수칙을 집행하기 위해 수치심을 동원했다.

에티켓을 강제하는 것은 정당한가

대유행이 시작된 지 한두 달이 지났을 무렵, 남편이 마스크 챙기는 것을 깜빡 잊고 길거리로 나간 일이 있었다. 남편은 길에서 타인과 어느 정도 거리를 유지하며 걸었는데도 따가운 시선을 느꼈다. 한마디하고 지나가는 사람도 있었다. 남편은 씩씩대며 집으로 돌아왔다. 당시 나는 이 책을 쓰던 중이어서 길거리에서 겪은 수치심이 남편에게 어떤 영향을 줄지 궁금했다. 남편의 태도는 완전히 달라졌다. 그날 이후 반드시 마스크를 쓰고 다녔다. 뉴멕시코 푸에블로 부족의 광대부터 뉴욕의 어퍼 웨스트사이드까지, 공유가치가 있는 공동체에서 수치심만큼 구성원을 강하게 단속하는 힘은 없다.

그러나 소셜 네트워크에서 마스크 회의론자를 비난하는 행위는 독선적이고 고상한 척한다는 인상을 줄 수 있다. 나는 SNS에 올라오는 글에서 이런 분위기를 느꼈다. 사람들은 봄 방학을 맞이한 대학생들이 플로리다주 술집과 해변에서 마스크 없이 신나게 즐기는 사진을 인터넷에 올리며 분노했다. 『뉴욕 타임스』칼럼니스트 아만다 헤스는 이렇게 지적했다. "우리에게는 배출구가 절실하다. 코로나로 자택 대기 중인 사람들이 그나마 할 수 있는 취미활동이 집안에 앉아 손가락질하는 것이다."[2]

마스크 착용을 반대하는 사람들은 이런 비난에 똑같이 조롱으로 응답했다. 동일한 규범을 공유하지 않았으므로 마스크를 쓰라는 비난에 아랑곳하지 않았다. 이들이 기세등등할 수 있던 배경에는 마스크 착용자를 겁쟁이라 부르며 마스크 문제를 정치적으로 몰고 간 트럼프 정부와 동조 세력이 있었다. 마스크 착용 반대자들은 '중국 바이러스'라는 표현을 써가며 외국인을 혐오하는 밈을 퍼뜨렸다. 트위터 이용자 소니아패트리어트soniapatriot도 그중 하나였다. "소심한 인간들이 하도 마스크를 강조하길래 마스크가 중국 바이러스 치료법이라도 되는 줄 알았네. 중국산 바이러스 때문에 우리는 중국산 마스크를 사서 쓰는구나. 겁쟁이들이 달리 뭘 하겠어. 집에 틀어박혀 입마개나 쓰고 있겠지."[3] 이 트윗은 지금은 삭제됐다. 이 사람에게 마스크 착용은 두려움과 건강 염려증에 사로잡혀 외부 침입자에게 굴복했다는 물리적 신호였다.

한편 노천카페부터 소프트볼 경기장까지 곳곳에서 웃지 못할 촌극이 벌어졌다. 컬럼비아대학교 정신의학과 교수 로버트 클리츠먼은 생일파티장에서 혼자 꿋꿋이 마스크를 썼다가 어색해진 분위기를 전했다.[4] "두 사람이 걸어오더니, 나와 1미터 정도 간격을 유지한 채 마스크를 벗고 맥주를 마셨다. 마스크를 벗은 게 마음에 걸렸는지 다소 불편해 보였다. 내가 속으로 흉보는 건 아닌지, 그들을 온전히 믿지 못하는 것인지, 아니면 단지 사교성이 부족한 사람인지 생각하는 것 같았다."

사우스다코타주 미첼에서 코로나바이러스로 인한 사망자가 나오자, 이 도시는 마스크 의무 착용을 둘러싼 논쟁으로 갈라졌다. 『워싱턴 포스트』 보도에 따르면, 마스크 착용 반대자들은 어느 토론 자리에서 몇 가지 유사 과학적 대책으로 바이러스를 멀리할 수 있다고 주장했다.[5] 이들은 자연산 정어리부터 방목한 소의 간, 콤부차까지 다양한 먹거리를 예방책으로 언급했다. 어떤 여성은 마스크 착용 반대자의 운명을 히틀러 치하에서 유대인이 처했던 운명에 비유했다. "마스크를 쓰지 않은 맨얼굴은 나치 독일에서 유대인이 가슴에 달고 다닌 노란 별에 해당한다." 이듬해 이 노선을 이어받은 인물이 큐어넌QAnon(미국의 극우 음모론 집단-옮긴이)의 지지를 받는 조지아주 출신 공화당 하원의원 마저리 테일러 그린이었다.

하지 않을 자유

바이러스가 퍼지자 정치적으로 세뇌된 자들은 점점 호전적인 견해에 빠져들었다. 미국 정부의 방역 대책을 지휘한 앤서니 파우치 박사 밑에서 일한 직원 중에도 그런 사람이 있었다. 국립 알레르기·전염병 연구소의 공보관 빌 크루스는 온라인에서 자기 동료들에 대해 악담하고 다녔다. 그는 우익 사이트 레드스테이트 RedState에 익명으로 글을 올리며 마스크 착용 및 사업장 폐쇄 의무화를 추진하던 동료들을 맹비난했다.[6] "정의란 게 있다면 이 파시스트들을 교수대로 보내야 한다. 몸에 타르를 묻히고 쇠사슬로 감아 백골이 될 때까지 교수대에 매달아놓아야 한다." 그가 2020년 6월에 올린 글이다. 정신 나간 발언이었다. 석 달 후 정체를 들킨 크루스가 해고됐을 때, 그를 지지한 사람 중 다수는 어쩌면 이전부터 마스크를 내키지 않아도 쓰고 다녔을 것이다.

비가 올 때 우산을 챙기거나 피부암을 예방하려고 챙 모자를 쓰고 다니는 경우에는 이런 갈등을 찾아볼 수 없다. 하지만 마스크는 다르다. 마스크는 우산이나 모자와 달리, 남들을 보호하고 죽음의 바이러스가 공동체에 퍼지는 것을 막아주기 때문이다. 마스크는 건전한 수치심을 활용할 기회였다.

마스크는 처음에 정치적·과학적 장벽에 부딪혔다. 마스크 착용에 정치적 논리가 개입하면서 정책 도입이 늦어졌다. 게다가 미국에서 대유행이 시작되고 처음 몇 달 동안 발병이 집중된 곳

은 뉴욕과 시애틀 같은 자유주의적 대도시로, 마스크를 쓰고 다
닌 시민이 많은 곳이었다. 이런 지역에서 수천 명의 사망자가 나
오자 마스크 무용론이 고개를 들었다. 오클라호마부터 노스다코
타까지, 공화당을 지지하는 시골 지역의 마스크 반대론자들은 잠
시나마 마스크 벗을 자유를 누렸다. 마스크를 쓰지 않는다고 해
서 어떤 대가를 치를 것 같지 않았다.

과학적 조치를 망설인 것도 마스크에 대한 신뢰를 떨어뜨렸다.
심리적 공황을 유발할 수 있으니 마스크 착용을 피하자는 게 초
기 지침이었다. 더욱이 수술용 마스크는 공급량이 부족해서, 코
로나 환자를 돌보는 의사와 간호사부터 지급해야 했다. 앤서니
파우치 박사가 이끄는 전문가들은 곧 지침을 바꿨다. 그렇지만
초반의 정책 뒤집기는 전문가나 우리나 똑같이 질병에 대해 모른
다는 대중의 냉소만 키웠다.

물론 이는 사실이 아니었다. 한발 물러나 대유행 기간 마스크
착용의 성과를 되짚어보면, 건전한 수치심 캠페인이 갖는 효용과
한계에 대한 사례연구를 얻을 수 있다. 마스크 착용은 사회에 유
익했고, 앞서 1, 2부에서 다룬 수치심 자극 메시지와 달리 실천하
기 힘든 일도 아니었다. 이 지침을 따르기 위해 번듯한 직장을 구
하거나, 45킬로그램을 감량하거나, 중독적 습관을 끊어낼 필요가
없었다. 그저 사람과 만날 때 마스크를 쓰는 게 전부였다(보통 수
감자들이 원해도 마스크를 지급하지 않는 감옥은 예외였다). 대유행을 거
치며 공기 중 비말을 통해 바이러스가 전파된다는 사실이 확인되

자, 마스크 착용은 필수라는 인식이 높아졌다. 서로 다투던 두 진영의 경계가 흔들리기 시작했다. 자가 방역이 중요해지면서 그동안 거부해온 진실을 받아들인 사람이 많아졌다. 몇 달 동안 방역대책에 저항한 텍사스, 플로리다, 조지아주 주지사들도 마지못해 마스크 착용을 의무화한다고 발표했다.

공공장소 흡연에 관한 시대의 흐름

마스크 착용 논쟁은 흡연을 둘러싼 수십 년에 걸친 드라마를 단기간에 재연했다. 20세기 대부분의 시기에 흡연자들은 주변에서 아무리 불평해도 유독한 연기를 보란 듯이 자욱하게 내뿜었다. 간접흡연을 이유로 흡연자를 비난해도, 흡연의 위험성 연구 동향에 주시하는 소수집단에서나 효과가 있었다.

1998년 캘리포니아주에서 술집과 식당을 포함해 공공장소 흡연을 금지했을 때, 흡연자들은 주 정부가 개인의 자유를 침해한다며 보이콧으로 맞섰다. 5년 후 뉴욕시장 마이클 블룸버그가 정책을 이어갔을 때도 역시나 흡연자들은 부들부들 떨었다. 그렇지만 1990년대 말 무렵, 술집 흡연은 전 세계 상당수 지역에서 불법이 됐을 뿐 아니라 배려 없는 행동으로 인식됐다. 흡연자들의 천국이었던 파리와 로마도 상황은 마찬가지였다. 규범을 바꾼 것은 새로운 법률만이 아니라 위험성에 대한 뚜렷한 자각이었다.

이와 동일한 역학이 마스크 반대론자를 흔들었다. 마스크를 어디서나 받아들인 건 아니지만(특히 공화당을 지지하는 주의 도시들은 마스크를 성가시게 여겼다), 불과 1년 사이에 눈에 띄게 달라졌다. 마스크 반대론자들은 자신들의 팩트를 논박하는 증거를 무시하기 어려워졌다. 마스크를 반대하는 집단을 제외하면, 빨간 신호등에 멈추는 게 박수받을 일이 아니듯 이제 마스크 착용도 특별히 도덕적인 행동으로 여기지 않았다. 그저 신중하고 분별 있는 행동이었다.

그러나 수치심의 한 가지 문제는 불똥이 다른 곳에 튄다는 점이다. 코로나 환자에게도 불똥이 튀었다. 어쨌든 이들은 방심하다가 감염된 사람들이었다. 이들이 호흡할 때마다 주변 사람 모두가 위험해졌다. 2020년 존스홉킨스대학교의 연구에 따르면, 미국인의 42퍼센트가 코로나에 걸린 사람들은 무책임하다고 생각했다.[7] 대중의 인식이 이렇다 보니 코로나 환자 다수가 도움 요청을 꺼렸고 숨어버리거나 발병 사실을 부인했다. 이런 수치심의 역효과는 환자 자신뿐 아니라 주변 사람 모두를 위험에 빠뜨렸다.

고통받는 사람에게 수치심을 주는 것은 또 하나의 약자 비난이다. 슈퍼마켓 계산원이든 응급진료소 접수원이든, 근로 빈곤층 다수가 생계 때문에 위험을 감수해야 했다. 이런 상황에서 병에 걸린 사람은 진정한 의미의 피해자였다. 불운한 사람에게 수치심을 주는 것은 그 책임을 권력자에게 묻지 않고 노동자에게 떠넘기는 행동이다.

코로나 환자 비하는 해롭지만, 내 남편이 맨얼굴로 거리에 나갔다가 당한 수모는 정당하고 건전하다고 본다. 마스크 쓰기는 개인의 선택이다. 마스크를 안 쓴 사람에게 창피를 주는 것은 전략상 효과적이며 심지어 필요하다. 바이러스 같은 위험 요인을 사회적으로 감시하는 권한이 있어야 한다. 이런 점에서 코로나 대유행은 새로운 규범을 낳았고, 동시에 새로운 형태의 수치심이 등장해 그 규범을 강제했다.

다양하고 양극화된 사회에서 규범을 강제하는 일은 불가능에 가깝다. 하지만 새로운 형태의 건전한 수치심은 일종의 승리를 거두었다. 그 승리가 반드시 기분 좋은 감정을 동반하지는 않았어도 건전한 수치심은 정당하고 효과적이었다.

백신 개발에 이용된 사회적 약자

전염병 역사에서 천연두는 코로나바이러스보다 훨씬 더 치명적이었다.[8] 특히 18세기에 맹위를 떨치면서 한 해 평균 40만 명의 유럽인이 사망했다. 그런데 사회의 일부 집단은 그 참상을 피해 갔다. 바이러스로 온 가족이 사망한 마을에서도 어찌 된 일인지 우유를 짜는 여성들은 피해가 없었다.

18세기가 끝나갈 무렵, 영국 의사 에드워드 제너는 이러한 저항력을 설명하는 이론을 생각해냈다. 당시 천연두를 한번 앓으면 두 번 다시 걸리지 않는다는 속설이 있었다. 사람들은 수십 년 동안 피부에 상처를 낸 다음 경증 천연두 환자의 고름을 접종하는 방식으로 천연두를 예방했다. 1736년에 천연두로 네 살 난 아들을 잃은 벤저민 프랭클린은 아들에게 미리 접종하지 않은 것을 평생 후회하며 살았다. 그렇지만 이런 방식의 예방접종은 상당히 위험해서 당시 사망률이 2퍼센트에 이르렀다. 제너는 소젖 짜는 여성이 소한테 옮은 가려운 질병인 우두가 안전한 예방법이 될 수 있다고 생각했다.

1796년 어느 봄날, 제너는 한 가지 실험을 했다. 그는 목장에서 우유를 짜는 여성 새라 넬메스가 우두에 걸려 손과 팔에 물집이 생겼다는 이야기를 들었다. 제너는 새라의 물집에서 고름을 채취해 피험자에게 접종했다. 그런 다음 피험자가 천연두에 면역력을 갖는지 관찰했다.

제너가 고른 첫 접종 대상자는 자기 집 정원사의 아들인 8세 소년 제임스 핍스였다. 접종 후 며칠 동안 소년은 가벼운 우두 증세를 보였다. 이제 제너 자신이 생각한 치료법이 효과가 있는지 확인해볼 차례였다. 이번에는 소년에게 치사량의 천연두를 접종했다. 소년은 살아남았다. 확실한 결과를 얻기 위해, 제너는 천연두 고름으로 소년을 20번 넘게 감염시켰다. 소년의 면역력은 이를 버텨냈다. 이 성공적인 실험으로 최초의 백신이 탄생했다(백신 vaccine이라는 용어는 암소를 뜻하는 라틴어 바카vacca에서 유래했다).

제너의 백신은 과학이 거둔 승리였다. 이는 인류가 앓던 치명적인 질병을 사라지게 했다. 또 백신의 발견으로 소아마비, 디프테리아, 백일해, 홍역 등 숱한 질병을 물리칠 수 있는 돌파구가 마련됐다. 백신을 손에 쥔 인류는 면역체계에 침투해 우리 몸을 지키는 방법을 알아냈다.

그렇지만 인류의 진보를 이끈 건 도덕적 선택이었고, 그중에는 특정인의 목숨을 다른 이의 목숨보다 소중히 여긴 사례가 있었다. 이러한 선택이 백신에 대한 회의주의를, 때로는 반발심을 키웠다. 에드워드 제너와 여덟 살 소년 제임스 핍스 사이의 역학 관계도 이를 잘 보여준다. 제너는 의사이자 과학자로서 치료법을 찾는 게 목표였다. 그는 많은 사람의 목숨을 구하는 일이 한 사람의 생명을 위험에 빠뜨리는 것보다 훨씬 가치가 있다고 보았다. 특히 그 한 사람이 미천한 집안의 아이라면 말이다. 18세기 영국 사회에서 제너의 신분은 지주였다. 그는 땅이 없는 정원사와 그 아들을 포함해 하인을 여럿 거느렸다. 덕분에 그는 과학의 이름으로 정원사 아들의 목숨을 위태롭게 할 수 있는 권한을 얻었다.

제너가 한 개인의 권리를 그것도 가난한 자의 권리를 짓밟게 허용한 것은, 힘과 지식을 갖춘 자들이 강조하는 사회의 이익이라는 논리였다. 물론 아무 힘도 없던 제임스 핍스를 요즘 시대의 로스앤젤레스나 브루클린에서 천연두나 코로나 예방접종에 반대하는 누군가와 비교하는 것은 어불성설이다. 핍스는 제너의 직감이 맞는다는 보장도 없이 치명적 질병의 바이러스를 치사량만큼 주입받은 반면, 오늘날의 백신은 안전성과 유효성 면에서 철저한 검사를 거친 후 미국 식품의약청의 승인을 받는다.

그렇더라도 백신을 둘러싼 드라마는 항상 더 큰 공익에 호소하는 과학 엘리트의 논리로 귀결된다. 이 과정에서 엘리트는 저항 세력의 무지를 종종 비난한다. 1998년에 한 논문이 백신과 아동 자폐증 사이의 연관성을 언급했다가 반박당하고 철회한 사례가 있는 만큼,[9] 백신 옹호자들은 백신에 반대하는 다양한 주장이 유사 과학과 음모론으로 점철됐다고 주장한다. 사실 맞는 지적이다. 또 백신 옹호자들은 백신의 위험성이 미미하고, 미접종자가 질병에 걸릴 위험이 훨씬 크다고 밝힌 통계도 인용한다.

그런데도 많은 사람이 백신을 불신한다. 로스앤젤레스 근교 산타모니카부터 브루클린의 하시딕Hasidic(유대교 근본주의 종파 – 옮긴이) 공동체까지, 지역 주민이 아동 백신접종 의무화에 반대하며 들고일어날 만큼 백신은 2010년대에 미국 사회를 갈라놓은 쟁점이었다. 그러다가 이들 지역 학교에서 홍역이 발생하자, 정치인과 보건 관계자, 뉴스 앵커는 재빨리 지역 주민을 탓했다. 코로나가 전 세계로 퍼지던 상황에서 백신 회의론의 확산은 매우 우려스러운 일이었다. 코로나바이러스는 백신 미접종 집단 내부에서 활발히 퍼지고 돌연변이를 일으키기 때문이었다.

사회적 공포 조장이 백신 거부를 낳았다

코로나 위기를 지역사회의 보건과 생존이라는 측면에서 본다면, 코로나 백신 논란은 건전한 수치심을 활용할 절호의 기회였다. 예방접종은 생존율을 높였고 사회에도 유익했다. 통계상으로도 백신은 효과적이고 위험성이 아주 낮았다. 게다가 백신 거부는 집단면역 형성을 남들에게 떠넘기는 일종의 무임승차 행위였다. 백신접종을 안 하고 버티는 사람은 게으르고 이기적이며 무지하다고 봐도 무방했다. 모욕주기에 대한 정당화가 이보다 더 확실할 수가 없었다.

그렇지만 이는 사회적 모욕주기가 역효과를 낳은 사례였다. 정치 지도자나 보건 관계자가 주는 수치심은 사람들을 역방향으로 몰고 갈 수 있기 때문이다. 설문조사를 보면, 아프리카계 미국인의 경우 백신에 회의적인 사람이 많다.[10] 이들 다수는 보건당국 때문에 자신들의 공동체가 공포에 떨었던 사건을 똑똑히 기억하고 있다. 1932년부터 무려 40년간 진행된, 악명 높은 터스키기 실험Tuskegee experiment이 있다. 이는 매독에 걸린 흑인 남성 수백 명을 치료하지 않고 방치하며 경과를 지켜본 생체실험이었다.[11] 또 1950년에는 아프리카계 미국인 여성 헨리에타 랙스가 몸에 이상을 느껴 병원을 찾았다가 자궁경부암 말기로 판정받았다. 의료진은 랙스에게 알리거나 동의를 구하지 않은 채, 무한 증식하는 랙스의 암세포를 채취했다. 랙스는 죽었지만 랙스의 세포는 살아남아 현재까지 종양학의 표준 연구 재료로 쓰인다.[12] 이 세포들은 코로나 백신 개발에도 기여했다. 이런 사건들은 유색인종이 일상에서 겪는 의료계의 구조적인 인종차별과 마찬가지로 백신접종에 대한 거부감을 자연스럽게 키웠다.

뉴욕의 하시딕 유대인도 보건당국을 불신한다.[13] 사실 이들은 거의 모든 정부 기관을 배척한다. 상부 단위의 수치심 캠페인은 하시딕 유대인에게 정치 및 경제 엘리트가 우리를 경멸한다는 그들 내부의 공통된 의심을 확인시켜줄 뿐이다. 2020년 봄 코로나 발생 초기, 뉴욕시장 빌 드 블라시오를 비롯한 뉴욕시 관계자들이 브루클린에 있는 하시딕 공동체가 마스크도 없이 성대한 결혼식을 열었다며 비난했다. 뉴욕시는 이들 거주지에 엄격한 봉쇄령을 내렸다. 이 조치는 거센 저항을 낳았다. 분노한 하시딕 남성들이 여러 차례 시위를 열어 마스크를 불태웠다.[14]

이런 불신은 일정 부분 과학이 자초했다. 과학은 그 엄밀함 덕분에 지구온난화에 대한 증거든 효과적인 대상포진 치료법이든, 인간이 취할 수 있는 최상의 해결책을 내놓는다. 하지만 정치인, 대학, 언론, 과학자 본인들의 문제로 과학은 의사소통에 서툰 모습을 보였다. 과학은 그동안 누구도 의심하지 않는 경이로운 진보의 동력이자 진리의 생산자로 대접받았다. 과학을 옹호하는 세력은 문화 전쟁에서 종종 거만하다는 인상을 준다. 이들은 과학을 의심하고 반대하는 세력을 무지하다고 무시하거나 어리석은 음모론을 믿는 어리숙한 집단으로 여긴다.

대중은 이런 모욕적인 태도를 감지한다. 다수가 보기에 과학은 이제 엘리트의 가치관을 반영할 뿐이다. 급성장세인 기술주나 제약주, 금융주에서 이익을 얻는 것도 엘리트다. 또 불만에 찬 하류층이 보기에 엘리트는 부에서 가장 큰 몫을 요구할 뿐 아니라, 자신들을 진리의 중재자로 여긴다. 코로나가 한창 기승을 부릴 때, 앤서니 파우치 박사는 이렇게 지적했다. "세상에는 권위에 반대하는 정서가 있다. 과학은 여기에 권위적 태도를 보인다. 권위에 반발하는 사람들은 과학에도 반발하는 경향이 있다."[15]

모든 백신 회의론자가 무지하지는 않다. 2021년, 놀랄 만큼 많은 의료계 종사자가 코로나 백신접종에 반대했다. 응급병동에서 몇 달 동안 고통받는 환자를 돌본 경험이 있는 사람들이었다. 2021년 5월에는 휴스턴 감리교 병원에 근무하는 직원 117명이 전 직원 백신접종 의무화는 불법이라며 병원 측을 고소했다. 현재 나온 코로나 백신이 실험용이라는 게 원고 측 주장이었다.[16] 이런 모습을 과학에 대한 반사적 거부로 보기는 어려웠다. 공인 간호사이자 UCLA 간호학과 조교수인 크리스틴 최의 말에 따르면, 동료 간호사 중 일부는 현재 정신없이 추진하는 백신 개발이 원칙을 무시했다고 의심되기 때문에 반대한다고 했다.[17] 또 어떤 간호사들은 소속 기관에서 실시한 조악한 실험 장면을 목격했다고 한다. 불신이 점점 쌓여 간호사들의 회의감을 키웠다. 최는 코로나 백신을 거부하는 간호사가 왜 그렇게 많냐는 주변 사람들의 질문에 다음과 같이 답했다. "간호사들이 백신 연구를 이해하지 못해서 거부하는 게 아니다. 보통은 그런 연구를 이해하기 때문에 거부한다."

최가 아는 간호사들을 포함한 다수의 사람에게, 백신접종 독려는 멀리 떨어진 방역 당국이 아닌 주변의 신뢰 가는 인물이 해야 한다. 디트로이트에 사는 아프리카계 미국인이든, 뉴욕시에 사는 하시딕 유대인이든, 캘리포니아주 핫 요가 스튜디오에 다니는 코로나 부정론자든,[18] 백신을 의심하는 사람들은 가족이나, 친구, 이웃, 신도 등 자신에게 진정한 사랑과 지지를 보내는 사람들의 말을 훨씬 귀담아들을 것이다.*

일례로, 2021년 초 플로리다주 올랜도에 있는 한 복음주의 교회에서 가브리엘 살게로 목사는 주로 스페인어를 사용하는 신도들에게 백신접종을 받으라며 다음과 같이 설교했다. "백신접종을 받으면 이웃에게 도움이 됩니다. 하나님은 여러분이 온전한 존재가 되어 공동체를 돌보기를 원하십니다. 그러니 백신을 하나님의 계획 중 일부로 생각합시다."[19] 펜실베이니아주 에프라타에 있는 베다니 그리스도 연합교회의 목사 케이티 잭슨은 예배자들에게 하나님이 "우리 자신을 보호할 수 있는 기술"을 주셨다고 말했다. "우리에게 최선인 이익을 위해서만이 아니라 남들의 이익을 위해서도 이 기술을 활용해야 한다"라고 잭슨 목사는 설교했다.[20]

---

* 예방접종 캠페인을 시작한 지 몇 개월 후, 백신 안전성에 문제가 없다는 게 확실해지고 전염성 강한 델타 변이 바이러스로 입원한 환자가 증가하자, 정부 관계자와 회사 임원진은 백신접종 의무화를 요구하기가 훨씬 수월해졌다.

설교에서는 별다른 수치심이 느껴지지 않을 것이다. 다만 백신을 공동체에 대한 책임이자 신에 대한 의무로 바라본다면, 이 목사들의 설교는 가벼운 수치심을 주고 있었다. 백신접종 거부는 결국 동료 신자를 외면하고 하나님의 계획에 반대하는 것이라는 암시가 담겨 있기 때문이다.

온갖 비하가 판치는 시대에도 건전한 수치심은 여전히 힘을 발휘할 수 있다. 하지만 그 힘은 꽉 닫힌 문과 창문이 아니라 활짝 열린 문과 창문을 통해 들어와야 한다. 친구들, 나를 응원하는 사람들은 열린 문과 창문이 어디에 있는지, 어떻게 해야 메시지를 가장 효과적으로 전달할 수 있는지 알고 있다. 이들은 사랑을 담아 점잖게 수치심을 줄 수 있다는 점에서 빌 게이츠나 파우치 박사보다 훨씬 낫다. 그렇게 부드러운 독려만으로도 우리는 올바른 방향으로 힘차게 나아갈 수 있다.

9.
권력과 저항
촛불집회, 미투 운동, 부당해고

나이지리아 시민은 수년 동안 부패 경찰에 시달렸다. 특히 강도 퇴치 특수부대Special Anti-Robbery Squad, SARS라는 기관은 갈취와 잔혹함으로 악명이 높았다. 이들에게 도로 검문은 먹잇감을 낚는 행위였고, 함정에 걸려든 시민은 끝없는 고난에 시달렸다. 날조된 혐의로 감옥에 간 사람들도 있었는데, 인권단체 국제앰네스티에 따르면 잡혀간 사람들은 모멸적 대우와 고문을 당했다. 사스SARS 대원은 시민의 휴대폰과 노트북, 보석 심지어 고급 차량까지 마음대로 갈취했다. 게다가 피해자를 강간하고 초법적 살인을 저지를 정도로 악랄했다.

간단히 말해 사스는 사회의 암적 존재였다. 그러나 정부 공무원은 이 추악한 집단의 부패를 눈감아주고 뒷돈을 챙겼다. 견디다 못한 나이지리아 시민들은 2017년 소셜 미디어에서 전국적인 정부 규탄 캠페인을 열었다. 시민들은 경찰과 정부를 살인자, 도둑, 방관자라고 부르며 비판했다. 캠페인은 광활한 해안 도시 라고스부터 나이지리아 북부의 사막 도시 카노까지 뻗어나갔다. 해시태그 #사스해체#EndSARS는 금세 주목받았지만, 이 운동이 실제 거리에서 폭발하기까지는 3년이 더 걸렸다. 2020년 10월, 사스가 자행한 고문과 살해가 또다시 보도되면서 사스 반대 시위가 전국으로 확산됐고, 시위대의 요구도 경찰 개혁에서 사회정의라는 더 큰 범주로 빠르게 확대됐다. 소셜 미디어 덕분에 나이지리아의 시위는 곧 전 세계에 반향을 일으켰다.

사스해체 운동은 다른 시위처럼 수치심을 무기 삼아 권력과 맞붙었다. 시위대는 옥외 광고판, 보디 페인트, 트윗 등을 통해 경찰의 만행을 고발했다. 이 메시지는 경찰조직 전체에 낙인을 찍었다. 합리적인 접근이었다. 전 세계 어딜 가도 탄압받는 집단은 별다른 선택지가 없다. 이들은 파업을 일으켜 경제적 압박을 가할 수 있다. 폭력을 행사할 수도 있지만 이는 보복과 죽음을 불러온다. 아니면 수치심을 자극할 수 있다. 시위 같은 저항행위는 일관된 메시지를 전한다. 바로 억압자들의 악랄한 행태다. 이들은 맡은 임무를 방기하고 자신이 내세운 가치를 배반했다. 그래서 시민들은 억압자들의 자정 노력을 기대하며 권력의 치부를 드러낸다.

이런 점에서 항의 시위는 푸에블로 부족의 광대와 같은 역할을 한다. 앞서 살펴본 부족 의식에서, 광대는 배우자를 두고 바람을 피웠든 해로운 밀주를 제조했든, 공동체의 규범을 어긴 자에게 주목했다. 광대가 조롱하는 목적은 그를 다시 구성원으로 포용하는 것이었다.

사스해체 시위도 비슷한 기능을 했지만 중요한 차이가 있었다. 사회의 공유가치를 저버린 자가 공동체의 지도자라는 점이었다. 시민들은 부패 세력이 다시 제 역할을 하거나 자리에서 물러나길 바라며 공권력이 느낄 수치심을 자극했다.

수치심은 독소다. 때로 수치심은 사람들에게 은근히 눈치를 줘서 공동의 가치에 따르게 하는데, 코로나 대유행 기간의 마스크 착용이 그런 경우였다. 그러나 이보다는 비난받는 자에게 상처를 주고, 죄책감을 심어주며, 쓸모없는 존재로 느끼게 하는 경우가 더 많다. 징벌적 수단으로서의 수치심이 행복한 결말로 끝나는 경우는 약물 중독자였던 블라섬 로저스나 성추행 피해자 데이비드 클로헤시처럼 갖은 노력으로 수치심을 떨쳐내고 마음의 평화를 찾은 사람에게나 해당한다.

그런데도 권력자의 수치심 건들기, 즉 펀치 업punching up은 이런 독소를 건설적으로 활용해 유익한 결과를 끌어낸다.* 미국의 시

---

* 수치심을 좋은 방향으로 활용한 사례들은 제니퍼 자케의 『수치심의 힘(Is Shame Necessary?)』에 구체적으로 실려 있다.[1]

민권 운동부터 남아프리카공화국의 인종차별 반대 운동까지, 정당한 항의 시위를 떠올려보라. 이들 캠페인에서 착취당하거나 권리를 빼앗긴 자들은 억압자의 치부와 억압적 제도의 폐해를 효과적으로 드러냈다. 도망간 노예 출신으로 노예제 폐지에 앞장섰던 프레데릭 더글러스는 단 한 가지 사명에 헌신했다. "기독교와 공화주의적 제도가 그토록 혐오하는 시스템에 그만 집착하라고 미국의 수치심을 자극하는 것"이었다.[2]

펀치 업은 경찰서장, 주지사, CEO 같은 권력자를 압박해 본인의 행동을 돌아보도록 하는 게 목표다. 그들은 저녁 식사 자리에서 아이들의 물음에 답하다가 당황하거나, 교회에서 신도들이 고개를 가로젓고 손가락질하는 모습을 보며 창피함을 느낄 것이다. 위신이 점점 땅에 떨어지면서 권력자들은 자기반성을 할 것이다. 정치적 지지나 실구매층을 잃고 나서야 이들은 기존 방침을 수정할 것이다.

이 전략이 성공하려면 비판하는 자와 비판받는 자가 동일한 규범을 받아들이고 관련 사실에 동의해야 한다는 점을 유의해야 한다. 근본 가치에 대한 합의가 이뤄졌을 때, 권력자의 무분별한 행동이 부인하기 힘들 만큼 명확하고 근거가 확실할 때, 수치심 자극은 결실을 맺는다.

펀치 업 캠페인은 처음 시작할 때 옛 카우보이 영화에 나오는 선악이 뚜렷한 인물처럼 차별화된 정체성을 띠어야 한다. 억압받는 자들은 자신들이 정의롭고, 고결하며, 공동체의 가치를 수호한다고 내세워야 한다. 자신들이 호소한 가치와 어긋난 삶을 살거나, 소중한 개인이 모인 더 큰 집단이 아닌 자기들만의 이익을 위해 언쟁하는 것으로 비친다면 캠페인은 흐지부지된다.

나이지리아의 촛불집회

펀치 업 캠페인은 권력남용에 대한 항의를 넘어 권력남용을 유발하기도 하는데, 모두가 이를 지켜본다면 이상적이다. 시위대는 경찰견, 최루탄, 물대포를 동원한 경찰에게 두들겨 맞고, 짓밟히고, 공격당한다. 목숨을 잃기도 한다. 이런 피해자들은 저항운동에서 두드러진 역할을 한다. 그리고 순교자는 숭고한 존재가 된다. 나이지리아의 경우 사스해체 시위가 일어난 지 2주 만에 56명이 사망했다. 이들은 치안 부대의 손에 희생되거나 정부를 뒷배로 둔 갱단에게 살해당했다.

이들 희생자 중에 28세 청년 앤서니 우누오드가 있었다. 그는 나이지리아 수도 아부자 근처에 있는 나사라와주립대학교에서 교육학을 전공했다. 같은 세대의 졸업생들처럼, 우누오드도 전공과 관련된 직업을 구하지 못했다. 나이지리아의 체제는 우누오드처럼 돈이나 인맥 없이 노력으로 버티는 자들에게 기회를 주지 않았다. 그는 자구책으로 온라인 마권발매소 세 곳을 운영하며 부동산 중개업자로 일했다. 몇 해 전 아버지가 돌아가신 터라 그가 가장 노릇을 해야 했다. 그러다 우누오드는 입대 신청서를 냈다. 훗날 친구들이 전하기로, 그의 입대 목적은 나이지리아 북부에서 잔혹 행위를 일삼으며 반란을 일으켜온 이슬람 무장단체 보코하람Boko Haram에 맞서기 위해서였다.

시위대가 거리를 점거했을 때 우누오드도 무리에 끼어 있었다. 어느 날 밤, 친정부 폭력배들이 아부자 교차로에 있던 사스해체 시위대를 공격했다. 목격자의 기억에 따르면, 우누오드는 동료 시위자를 보호하려고 몸을 던졌고 팔에 가벼운 부상을 입은 채 현장을 빠져나왔다.

그로부터 나흘 후, 아부자 고속도로를 따라 행진하던 우누오드와 동지들을 마체테(날이 넓고 긴 칼 – 옮긴이)와 단검, 나무막대기로 무장한 친정부 갱단이 기습 공격했다. 우누오드는 두개골에 칼날이 박히는 깊은 상처를 입었다. 그는 셔츠를 벗어 머리를 감싸 지혈했다. 그런 다음 친구 무아주 술레이만의 집으로 뛰어갔다. 술레이만은 우누오드를 차에 태워 국립병원에 데려갔다. 술레이만의 말에 따르면, 당시 병원에는 장갑도 붕대도 없고 약도 턱없이 부족했다. 술레이만이 얼른 밖으로 나가 물품을 구해왔다. 병원에 돌아와 보니 전기가 나가 있었다. 의사들은 휴대폰 조명을 켜고 우누오드의 목숨을 구하려고 애썼지만 결국 우누오드는 사망했다.[3]

며칠 후, 촛불집회가 열렸다. 앤서니 우누오드를 추모하고 정부를 비판하기 위한 자리였다. 우누오드의 형과 친구들이 기억하기로 생전의 우누오드는 현 정부와 도덕적으로 대척점에 서 있었다. 우누오드는 용감했고, 가족과 조국에 헌신적이었으며, 성실하게 살았다. 반면 정부가 이끄는 나이지리아 경제는 우누오드 같은 사람에게 기회를 주지 않았다. 정부는 잔인한 경찰을 거느렸고 무장한 정치깡패를 동원해 시민들을 구타했다. 정부는 우누오드와 나이지리아 시민 2억 명의 생명을 책임지는 병원에 기본적인 의료용품이나 전기조차 공급하지 않았다.

바로 이것이 그날 밤 아부자에서 열린 촛불집회가 권력층에게 던진 비판적 메시지였다. 나이지리아의 통치 세력은 무고한 청년을 죽였다. 이 과정에서 그들은 1999년 헌법에 명시된 사회의 기본가치를 배반했다. 군부 통치에서 민주 정치로 복귀하며 제정된 나이지리아 헌법은 국가 운영의 기본원칙을 다음과 같이 밝혔다. "나이지리아는 좋은 정부를 구성하여 온 국민의 복지를 위해 힘쓰고, 자유와 평등, 정의를 원칙으로 삼아 국민 통합을 이루고자 한다."

대통령 무하마두 부하리는 2019년에 올린 트윗에서 이 원칙에 헌신할 것을 다짐하며 트위터 계정 상단에 이를 '고정'해 놓았다. "우리는 오로지 전심전력으로 나이지리아에 봉사하고, 우리 국민과 후손이 자랑스러워할 나라를 건설하는 일에 전념하고자 한다."[4]

고귀한 열망을 제시했던 만큼 부하리는 면목이 없었고, 시위대와 언론보도에 떠밀려 자신을 변호해야 했다. 이러한 시나리오의 통상적인 대응은 시위대가 선을 넘었고 그들의 주장은 '가짜 뉴스'라며 대안 담론을 퍼뜨리는 것이다. 그러나 정부군이 평화로운 군중을 향해 발포한 장면이 소셜 미디어에 퍼진 만큼, 부하리는 신중하게 처신해야 했다.

결국 대통령은 시위자들의 죽음에 유감을 표명하고 몇몇 정치인의 부패를 인정했다. 그러면서 시위대가 무정부상태를 조장했다고 비난했다. 부하리는 선과 악, 무죄와 유죄의 경계를 흐려놓았고, 자신을 민주주의의 수호자라고 자처했다. 트위터에 올린 세심하게 다듬은 성명서에서, 그는 증거 영상으로 반박될 만한 구체적인 비난은 피한 채, 피동형으로 끔찍한 사태를 묘사했다. "인명피해가 있었다. 성폭력 행위가 보고되었다. 두 개의 주요 교정 시설이 공격받았고 기결수가 풀려났다. 공공 및 사유 재산이 완전히 파괴당하거나 훼손됐다."

한편 자유로운 몸이든 갇힌 몸이든, 시위 지도자들은 사회 각계각층에서 쏟아지는 증오의 시선을 느꼈다. 이런 반응은 권력층을 규탄할 때 흔히 나온다. 이는 정부의 거짓말과 왜곡뿐 아니라 시위대가 초래한 불편으로도 생긴다. 시위대의 목표에 공감해도 다수의 시위자가 문제를 일으킨다고 보는 사람들이 있기 때문이다. 훗날 마틴 루터 킹 목사처럼 추앙받더라도, 정부를 비판하는 상징적 인물은 활동 당시엔 원망을 듣고 종종 멸시당한다. 이들을 남들의 고통에 기대 이익을 챙기려는 이기적 인물로 보기 때문이다. 또 이들 때문에 교통이 혼잡하고 경제활동이 중단되는 등 일상이 마비된다고 보기 때문이다.

부하리 대통령은 사스해체 시위대를 향한 분노가 일자 이를 부채질하고 흑색선전과 무력을 동원해 저항운동을 탄압했다. 비난 여론을 돌리기 위해 대중선전을 하는가 하면, 기동 경찰을 파견해 시위대를 진압하고 시위자를 살해하거나 교도소에 가뒀다.

한편 시위대는 국제사회에 지지를 호소했다. 아프리카에서 인구가 가장 많은 나라인 나이지리아는 특히 북미와 유럽에 재외동포가 많았고, 스포츠와 예술 분야에서 주목받았다. 오래 걸리지 않아 가수 비욘세와 리아나 그리고 터키계 독일인 축구 스타 메수트 외질 등 국제적 유명 인사들이 나이지리아의 소식을 접했다. 외질은 자신의 25만 팔로워에게 트위터로 이 소식을 전했다. 나이지리아의 정부 비판 캠페인은 큰 화제로 떠올랐다.

2021년 나이지리아의 시위가 진정되면서 사스해체 운동은 상당한 성과를 거두었다. 정부는 국민의 압력에 굴복해 사스 세력을 해산했다. 그러나 반정부 시위는 부정부패 청산이라는 더 큰 범주로 확장됐다. 부하리 대통령은 권좌를 지켰지만 지지율이 곤두박질쳤다. 더 중요한 점은 부하리와 주변 인물이 감시의 눈초리를 의식하게 된 점, 그리고 단 한 건의 권력남용으로도 전국적인 반정부 시위가 순식간에 불붙는다는 사실을 자각했다는 점이다. 정부를 향한 시위대의 주먹은 그 힘을 증명해 보였다.

식민지 국민의 저항운동 전략

20세기 펀치 업의 대가라 할 수 있는 마하트마 간디는 장기전에서 승리하는 데 필요한 전략과 규율을 몸소 보여주었다. 1930년에 주도한 소금행진Salt March은 그 이정표를 제시했다. 당시 대영제국이 인도에서 이윤을 착취하고 있을 때, 수억 명에 달하는 인도인은 비참하게 살았고 다수가 기근에 허덕였다. 간디는 그런 인도에서 수년째 저항운동을 이끌었다. 시위대의 규모가 점점 커졌고, 1930년 무렵에는 이 비폭력 지도자가 영국의 식민 통치를 떠받드는 기둥을 겨냥해 저항운동을 전개하리라는 예측이 많았다. 이를테면 봄베이의 증권거래소나 델리에 있는 총독 저택이었다. 하지만 간디가 선택한 것은 소금이었다.

영국은 인도의 소금 시장을 독점했다. 인도인은 자국 해안에서 광물을 채취할 수 없었고, 영국 제조업체가 생산한 더 비싼 소금을 구입해야 했다. 부당한 일이었다. 영국 국민이나 다른 강대국이 이 사실을 알았다면 대부분 격분했을 것이다. 그래서 짜낸 묘안이 인도 총독에게 수치심을 줄 수 있는 가장 확실한 장면을 연출하는 것이었다. 간디는 아라비아해에 있는 해안마을까지 390킬로미터를 행군하겠다고 선포했다. 인도 사람들이 그곳에 가서 요리와 건강에 필수인 소금을 되찾겠다고 선언했다.

소금을 선택한 간디의 발상은 탁월했다. 인도인을 움직인 동기가 탐욕이나 지위가 아니라는 게 누가 봐도 분명했다. 사람들은 삶에 기본적인 것을 요구할 뿐이었다. 아무도 이를 부인할 수 없었다. 소금행진은 권력자에게 한 방 먹이기 위한 완벽한 시나리오였다. 간디는 소금행진으로 "대영제국의 근간이 흔들릴 것"이라고 단언했다.[5]

이 전략의 성패는 정보의 확산에 달려 있었다. 행진 소식이 영국과 서방 세계에 전해지지 않으면, 캠페인은 아무런 성과도 얻지 못할 것이다. 인적이 끊긴 숲에 쓰러진 나무처럼, 메시지가 청중에게 닿지 못하면 모욕주기는 아무런 파장도 낳지 못할 것이다. 간디는 어떤 신문사나 라디오 방송국도 장악하지 못했다. 트위터 계정도 없었다.

그러나 간디에게는 전 세계의 이목을 끄는 재주가 있었다. 24일에 걸친 소금행진 동안 국제기자단이 간디를 쫓아다녔다. 손수만든 베옷을 입고 행진 내내 마을 주민과 만나 평등과 자급자족을 이야기하는 간디의 사진을 기자단이 전 세계에 전송했다. 간디는 마을에 머물 때마다 영국 통치자들이 탐욕스럽고 무엇보다 자신들의 민주적 행동 원칙을 어기는 위선자라며 영국 정부를 날카롭게 비판했다.

공유가치는 늘 그렇듯 결정적인 역할을 했다. 영국이 인권에 대한 평판에 무관심하거나 자신이 서구 문명의 모범이라는 자부심이 없었다면, 영국이 가난한 인도를 착취한다는 보도가 나와도 타격이 없었을 것이다. 그러나 영국 정부는 민주주의 등불이라는 자국의 명성을 나이지리아 대통령이나 사우디아라비아 왕세자보다 훨씬 더 소중히 여겼다. 영국이 행진자들과 공유한 가치, 또는 공유한다고 주장한 가치는 영국에 약점으로 작용했다.

영국 정부는 처음에 대응을 자제했다. 소금행진이 펀치 업 투쟁임을 간파한 것이다. 그래서 간디가 군중 앞에서 승리를 선언해도 별다른 개입을 하지 않았다. 간디가 해변에 손을 뻗어 주먹만 한 소금 덩어리를 움켜쥔 다음 카메라를 향해 머리 위로 높이 쳐들었을 때도, 영국 정부는 최소한의 반응만 보였다. 이에 간디는 재빨리 판을 키워 인도 민중이 소금 회사를 인수할 계획이라고 발표했다. 그제야 인도총독부는 간디를 감옥에 가두었다. 그 순간 영국이 누리던 세계적인 명성에도 금이 갔다.

간디가 감옥에 있는 동안에도, 추종자 2,500명 정도가 계속 제염소로 행진하면서 영국 정부를 향한 시위가 극에 다다랐다. 경찰은 나무 몽둥이로 머리를 내려치며 시위대를 공격했다. 비폭력을 다짐한 인도인들은 막으려고 팔조차 들어 올리지 않았으므로, 시위대에게 충돌의 책임을 물으려는 주장은 꾸며낼 수도 없었다. 당시 현장을 목격한 어느 미국인 기자는 "인도인이 볼링핀처럼 와르르 무너졌다"라고 표현했다.[6]

간디의 설계대로 펼쳐진 드라마에서 인도 시위대는 성인처럼 보인 반면, 대영제국과 그 군대는 누가 봐도 야수처럼 행동했다. 미국 의회에서 소금행진을 겨냥한 폭력의 심각성이 공식적으로 거론되면서, 영국의 인도 식민 통치에 반대하는 목소리가 커졌다. 영국에서도 제국주의에 반대하는 여론이 일었다. 영국의 전

총리 윈스턴 처칠은 훗날 간디의 소금행진에 대해 "영국이 인도 땅을 밟은 이래 그런 굴욕과 저항은 처음"이라고 회고했다.[7]

시위대가 물리적으로 참패한 와중에도, 수치심은 불의를 깨부수는 공성 망치battering ram로 기능했다. 시위자는 대부분 카스트제도의 하층민 출신이었다. 이들은 수 세기 동안 너희는 열등하며 평생 천한 신분으로 사는 게 당연하다는 말을 듣고 살았다. 교육이나 주거, 심지어 소금에 대해 저항의 목소리를 내면 곧바로 조롱이 날아들었다. 교육받지 못했고, 형편없는 음식을 먹었으며, 의사 표현도 서툴렀다. 이들은 수치심의 첫 단계에 갇힌 채 아무런 목소리도 내지 못했다. 천한 존재가 어떻게 감히 시민권과 평등을 요구할 수 있겠는가?

이는 전형적인 약자 비하로, 앞서 살핀 중독자나 빈곤층을 향한 비난과 같은 종류다. 간디(그리고 훗날 그의 정신을 계승한 미국의 마틴 루터 킹 목사)는 추종자들에게 자부심을 심어주고 이들이 압제자에게 맞서도록 이끄는 일을 중시했다. 그는 이른바 불가촉천민, 오늘날 달리트Dalit라고 불리는 이들과 함께 목욕했다. 그는 가난이 전혀 부끄러운 게 아니라고 설교했다. 오히려 자신이 소박하고 고결한 존재임을 자랑스러워하고, 인간으로서 아름답고 존엄하다는 사실을 자부해야 한다고 강조했다.

간디와 지지자들은 수치심을 이용해 자신들을 억누르고 침묵시킨 체제를 공격했다. 다만 그 과정은 흔히 그렇듯 매우 오래 걸렸다. 인도의 펀치 업 시위가 영국 식민 통치 종식을 이루기까지

17년을 더 기다려야 했다.

사회를 바꾸는 것은 강한 목소리다

————

펀치 업은 대의명분에 동조하는 사람들에게도 온갖 불편과 불안을 안긴다. 결과적으로 시민권civil rights 투쟁에서 정중한 모습은 찾아보기 힘들다. 펀치 업은 단어가 암시하듯 공격적이고 도발적이다. 사람을 다치게 하고 혐오감을 주기도 한다. 그러다 보니 선 넘은 행동이라는 불만이 나오기 마련이다.

작가이자 에이즈 인권 활동가인 래리 크레이머는 주변 동료들도 놀랄 만큼 고약하고 신랄한 펀치 업 캠페인을 펼쳤다. 1981년 에이즈 유행병이 게이 공동체를 파괴하자, 크레이머는 남성 동성애자 건강지원 센터Gay Men's Health Crisis를 공동 설립했다. 에이즈 환자에 대한 관심과 에이즈 퇴치를 위한 자원을 모으기 위해서였다. 그 활동이 적대자에게 콘돔을 집어던지거나 벽에 손바닥으로 핏빛 자국을 찍어 바르는 것을 의미하더라도 말이다. 이런 호전적인 전술은 크레이머의 동료들도 받아들이지 못했다. 결국 단체에서 그를 쫓아냈고, 그는 자신을 쫓아낸 동료들을 향해 "계집애 같은 놈들"이라며 비난했다.[8]

이는 시작에 불과했다. 크레이머는 다시 에이즈 환자 인권운동 단체인 액트 업ACT UP, AIDS Coalition to Unleash Power을 세우고, 에이즈를 여전히 게이들'만'의 문제로 여기는(그래서 결국 피해자가 잘못했다고 탓하는) 정치계와 의료계에 독설을 퍼부었다. 크레이머는 에이즈에 대한 인식을 바꾸기 위해 신랄한 비판을 가차 없이 날리며 에이즈 연구와 치료제 개발에 자원을 투입하라고 요구했다. 그는 에이즈 양성판정을 받기 1년 전인 1988년, 국립 알레르기·전염병 연구소를 이끌던 앤서니 파우치 박사에게 공개서한을 보냈다.

> 1984년에 당신이 관리하는 끔찍한 동물의 집Animal House of Horrors을 처음 방문한 이래, 나는 미국 국립보건원을 소리 높여 비판했다. 처음에는 당신을 괴물이라 불렀고, 이어 나의 연극 〈더 노멀 하트The Normal Heart〉에 나오는 바보라고 불렀으며, 지금은 살인자라고 부른다. 당신은 정부가 지원하는 모든 에이즈 치료연구 프로그램을 감독하는 책임자다. 당신은 권한이라는 이름으로 다른 사람의 목숨을 희생하는 결정을 내린다. 나는 그런 행동을 살인이라고 부른다.[9]

많은 동료가 크레이머의 행동이 무례하고 불쾌하며 거칠다고 생각했지만, 그의 캠페인은 결과적으로 효력이 있었다. 이런 활동 덕분에 HIV(인간 면역결핍 바이러스) 예방을 사회적 책임으로 받아들였다. 또 에이즈 연구가 활발해지면서 그를 포함한 수천 명이 목숨을 건졌다. 1995년 크레이머는 이렇게 말했다. "차분하게 쓴 편지를 별 볼 일 없는 사람에게 팩스로 보내면, 편지는 허드슨 강에 가라앉은 벽돌이 될 뿐이다."[10]

다수의 사람, 특히 힘이 약한 사람들에게 무례함incivility은 유일한 무기이기도 하다. 2018년 6월의 어느 날 저녁, 그 무기가 겨냥한 대상은 백악관 공보비서관 새라 허커비 샌더스였다. 버지니아주 렉싱턴에 있는 작은 고급 식당 레드 헨에 샌더스가 일행과 함께 저녁 식사를 하러 왔을 때, 식당 직원들은 달갑지 않았다. 직원들은 샌더스가 비인간적인 정부를 대변한다고 봤다. 즉 샌더스는 트랜스젠더를 차별하고, 폭력을 부추기며, 멕시코 국경에서 어머니와 자녀를 생이별시키는 잔인한 정부 밑에서 일하는 사람이었다. 직원들은 샌더스가 이런 정책을 두둔할 뿐 아니라 정부를 위해 습관적으로 거짓말을 한다고 생각했다. 그런 사람에게 식사를 대접하고 싶지는 않았다.

레드 헨의 사장은 샌더스를 식당 한쪽으로 데려간 다음, 이미 주문된 식사 비용은 식당에서 부담할 테니 이곳에서 나가달라고 점잖게 요청했다. 샌더스는 이 요청을 침착하게 받아들이고 남편과 함께 자리에서 일어났다. 식당 측은 전채 요리를 먹고 있던 일행 여섯 명에게는 머물러도 된다고 했지만, 그들은 모두 자리에서 일어났다.

버지니아주 셰넌도어 밸리에 위치한 렉싱턴은 남북전쟁 애호가에게, 특히 패전한 남부 지역에 애착을 느끼는 사람들에게 상징적인 도시이다. 남부 연합의 전설적인 장군 로버트 리와 토머스 잭슨이 이곳에 잠들어 있다. 렉싱턴은 종전 후에도 수십 년 동안 학교, 동네, 묘지를 인종별로 분리하는 짐 크로 법Jim Crow Law에 따랐다. 당시 어느 흑인이 용감하게 렉싱턴의 백인 전용 식당에 들어가 앉았다면, 그도 분명 새라 샌더스와 같은 대접을 받았을 것이다. 누군가 그에게 식당에서 나가달라고 조용히, 혹은 다소 강압적으로 말했을 것이다. 어느 쪽이든 수치스러운 경험이었을 것이다.

두 가지 추방 사이에는 결정적 차이가 있다. 한 사람은 자신이 한 행동 때문에 모욕당했다. 다른 사람은 자신의 정체성 때문에 모욕당했다. 1950년대에 백인 식당으로 뻔뻔하게(또는 용감하게) 들어간 흑인에게 인종은 선택사항이 아니었다. 식당에서 흑인에게 서비스를 제공하지 않은 이유는 개개인의 문제가 아니라 흑인이라는 정체성 때문이었다. 반면 새라 샌더스에게는 선택권이 있었다. 샌더스는 진실을 말하거나 공보비서관을 그만둘 수 있었다. 이것이 펀치 업 대상이 갖는 첫 번째 특징이다.

두 번째 특징은 그들이 가진 권력의 크기이다. 새라 샌더스는 백악관 대변인이었다. 어느 측면에서 보나, 자신의 거짓말을 두둔하고 부당한 대접에 불만을 드러낼 수단이 있었다. 식당과 호텔에서 서비스를 거부당하고, 정당한 항의마저 무시당하는 수많은 흑인의 처지를 샌더스의 위치와 비교해보라.

펀치 업은 선택의 여지가 있고 자기 목소리를 낼 수 있는 대상에만 일어난다. 이 방법이 통할 때 권력층은 자신의 행동을 바로 잡으며 이전과 다른 더 나은 선택을 한다. 그날 밤 식당을 떠난 샌더스는 자신이 쫓겨난 일을 트위터에 올렸다. 소식은 곧장 소셜 미디어에서 걷잡을 수 없이 퍼져나갔다. 예상대로 폭스 뉴스와 보수 성향의 네티즌들이 분노했다. 새삼스럽지 않았다.

그런데 샌더스에 대해 레드 헨 식당과 같은 입장임에도 이 사건을 불편해하는 사람들이 있었다. 오바마 정부에서 선임 보좌관을 지낸 데이비드 액설로드는 식당 측의 무례한 행동에 "깜짝 놀라 충격받았다"라고 했다.[11] 『워싱턴 포스트』는 사설을 통해 분노의 양극화 시대에는 예의가 필요하다며, 샌더스가 어떤 잘못을 했든 "평화롭게 식사하도록 배려해야 했다"라고 썼다.[12]

식당의 결정에 반대하는 주장은 얼마든지 가능하다. 이는 정치적 중도에서 벗어난 행동으로, 정치 자금을 모으려는 샌더스의 동맹 세력에게 좋은 명분을 제공한다. 하지만 이 사건에서 펀치 업은 정치적이기보다 도덕적이었다. 순전히 당파적이었다고 보기는 어려웠다. 행정부 수석 대변인 새라 샌더스는 뻔뻔한 거짓말과 혼란스러운 용어가 뿌리내릴 수 있는 위험한 토대를 만들고 있었다. 식당은 이에 맞서 자신이 휘두를 수 있는 유일한 무기인 수치심으로 펀치 업을 날렸다.

저항의 네트워크

아이들은 최고의 조롱꾼이다. 아이들에게는 무례하다는 비난이 잘 통하지 않는다는 것이 그 이유다. 아이들은 순진함과 희망을 그대로 드러내고, 돈이나 권력과 직접적인 이해관계가 없는 만큼 동기가 순수하다. 아이들은 오로지 자신들의 가치에 헌신한다. 스웨덴의 십 대 환경운동가 그레타 툰베리가 대표적인 예다. 툰베리는 환경을 파괴하는 기업을 비판하고 지구를 지구온난화로부터 구하기 위해 2018년부터 일인 시위를 했다. 툰베리가 주도한 등교 거부 운동에는 전 세계인이 동참했다. 그녀의 활동을 조롱하는 트윗이 백악관에서 올라오고 툰베리 사진을 합성한 음란물이 돌아다니는 등 툰베리를 비하하려는 움직임이 있었지만, 대중은 싸늘한 반응과 함께 오히려 그런 행동을 안쓰럽고 비도덕적으로 여겼다.

2018년 플로리다주 파크랜드에서 총기 참사를 겪은 생존자들도 이와 비슷한 펀치 업 활동인 네버 어게인 MSD**Never Again MSD**(총기 참사가 두 번 다시 없기를)를 띄웠다.[13] 여전히 슬픔에 잠긴 마조리 스톤맨 더글러스**Marjory Stoneman Douglas, MSD** 고등학교 학생들은, 사건 당일 사물함에 숨거나 사선射線에서 벗어난 덕분에 목숨을 건졌다. 그렇지만 같은 반 친구와 선생 등 17명이 사망했다. 네버 어게인 MSD는 총기 규제법을 제정하지 않는(그러면서 총기 로비단체에게 거액의 정치기부금을 받는) 정부와 입법부를 비판했다.

학생 활동가들은 TV, 민주당 의원, 주 의회로부터 뜨거운 관심을 받았다. 또 『타임Time』지 표지에도 등장했다.

이들에게 비판받은 정치인과 지지 세력이 반격에 나섰다. 그들은 학생들이 기회주의자이고 자유주의 단체에 뒷돈을 받았다고 비난했다. 펀치 업 활동에 대한 이런 반응은 유구하다. 활동가의 정당성을 훼손하거나 활동 동기를 의심하면, 그 운동은 명분을 잃고 도덕적 권위에 호소할 수 없게 된다.

폭스 뉴스의 로라 잉그래엄은 학생 지도자 중 한 명인 데이비드 호그를 트위터에서 조롱했다. 호그가 대학 네 곳에 지원했다가 떨어지더니 "징징거린다"라며 비아냥댔다.[14] 호그는 즉시 반격했다. 잉그래엄이 진행하는 방송에 광고를 넣는 업체 열두 곳을 트위터에 올리고는 이들에게 항의하자며 팔로워에게 촉구했다.[15] 이튿날 잉그래엄은 한결 누그러진 목소리로 전날 입장을 번복했다. "다시 생각해보니 제가 실수했네요. 성주간Holy Week(부활절 전 일주일 – 옮긴이)의 정신으로, 제 말 때문에 불편했거나 상처받은 호그 또는 파크랜드의 용감한 희생자분들께 사과드립니다."[16] 그때쯤, 웨이-페어(온라인 가구점)와 트립어드바이저(여행 플랫폼)를 비롯한 업체들이 잉그래엄의 방송에서 이미 광고를 뺐다. 호그의 펀치 업은 효과가 있었다. 그러나 예상대로 총기 소지 지지자들의 분노를 샀다. 그중 한 명이 호그의 트윗에 이렇게 댓글을 달았다. "얘는 하는 짓이 꼭 깡패네. 창피한 줄 알아라!"[17]

총기 난사 사건이 발생한 지 두 달 후, 파크랜드 학생들은 대형

마트 퍼블릭스의 매장 바닥에 드러눕는 '다이 인die in' 시위를 기획했다.[18] 이 체인점은 플로리다주지사 후보 경선에 나선 애덤 퍼트넘에게 60만 달러 이상을 기부해왔다. 퍼트넘은 전미총기협회National Rifle Association에서 총기 우호도 평가 최고등급을(그리고 재정 지원을) 받았다며 자랑하고 다닌 인물이었다. 호그는 트위터에 글을 남겼다.

> 파크랜드에 있는 퍼블릭스 매장에서 현충일 연휴 전 금요일(25일)에 다이 인을 할 예정입니다.[19] (…) 다들 매장에 가서 4시부터 바닥에 누웁시다. 최대한 많은 퍼블릭스 매장에서 함께 누웁시다.

퍼블릭스는 시위 바로 다음 날 정치후원을 중단하겠다고 발표해, 더는 수치스러운 사건을 겪지 않았다. 파크랜드 학생들은 시위 규모를 키워 전국적인 항의운동을 주도했고, 여기에 미국 전역의 젊은이와 부모들이 동참했다. 항의운동은 유권자 등록운동으로 이어졌다. 나이지리아의 사스 반대 시위처럼, 플로리다주의 학생 활동가들도 처음에는 총기 로비 하나만 공략했다. 그렇지만 시위대의 에너지와 관심사는 사회정의 문제로 금세 확대됐다.

미투 운동이 드러낸 민낯

2017년 여름, 미투 운동이 수면 위로 떠올랐다. 언론에서 폭로한 하비 와인스타인의 성 추문이 계기였다.[20] 영화계 실세이자 성 포식자sexual predator인 그는 할리우드에서 자기 영향력을 이용해 마음에 드는 영화계 여성 아무에게나 권력을 휘둘렀고 때로 폭력까지 동원했다. 할리우드는 아름다운 배우들이 모이는 곳인 만큼, 와인스타인이 가는 곳마다 잠재적 피해자가 생겨났다.

와인스타인의 성범죄는 끔찍했다. 게다가 특히 주목할 비극적인 면은 그의 성범죄가 할리우드에서 공공연한 비밀이었다는 사실이다. 와인스타인이란 거물을 알거나 한 다리 건너 아는 사람들 모두 무슨 말이든 해야 했다. 그런데도 다들 비밀로 묻어두었기 때문에 폭력적인 착취가 계속 이어졌다.

수치심도 침묵에 한몫했다. 다수의 성범죄 피해자처럼, 와인스타인이 강간했거나 그와 강압적으로 성관계한 여성들은 이 사실을 털어놓기가 힘들었다. 주변에서 그들이 먼저 잠자리를 원했거나 출세욕 때문에 같이 갔다고, 또는 거절할 수 있었는데 하지 않았다고 수군댔을 것이다. 사실을 발설했다가는 일이 끊기고 비공식적인 요주의 인물로 찍힌다는 것을 피해자들은 누구보다 잘 알았다. 이들은 와인스타인의 성폭력을 용감히 밝힌 소수자 중 하나인 로즈 맥고완이 어떤 일을 겪었는지도 알고 있었다. 이 상황은 마치 와인스타인이 자신의 조력자와 협력자, 고액의 변호사와 공모해 피해 여성들을 새장에 가둔 것 같았다.

여성의 성적 수치심은 성경만큼이나 오래됐다. 그러나 이 사건을 두고 많은 이들이 낯설고 어리둥절했던 것은 와인스타인의 성범죄가 폭로된 후 전개된 흐름이었다. 바로 남성의 성적 수치심이었다.

권력을 쥔 남성들은 직장 내 성평등과 여성 존중에 대해 오래전부터 입에 발린 소리를 했다. 산업계와 미디어계의 거물급 인사들은 가정폭력 피해 여성을 위한 쉼터에 억대 기부금을 냈다. 또 유방암에 대한 인식을 높이고자 본사 건물을 분홍색 리본으로 장식했다. 그러나 이면에는 치밀한 수법으로 여전히 추잡한 행동을 일삼는 인사들의 모습이 있었다. 세상은 그렇게 돌아갔고, 밑바탕에는 뿌리 깊은 위계질서가 있었다.

와인스타인에 대한 폭로로 하룻밤에 세상이 달라졌다. 오랜 세월 성적 학대에 침묵해온 여성들이 갑자기 목소리를 냈다. 소셜 미디어 덕분에 여성들은 공개적인 비판을 할 수 있었다. 그리고 이제 여성들이 하는 말을 (대부분) 믿어주었다. 여성들의 진정성을 의심하지 않았다(적어도 예전만큼은 아니었다). TV 방송부터 『포천Fortune』 500대 기업까지 미국 문화의 문지기들gatekeepers(메시지를 선별하는 결정권자 - 옮긴이)이 미투 운동에 올라탔다. 성 포식자가 해고됐다. 오래된 질서가 뒤집혔다. 펀치 업 캠페인이 성과를 거두고 있었다.

이어서 끔찍하고 충격적인 폭로가 쏟아졌다. 수치심이 규범으로 이뤄진 판을 움직이고 있었다. 권력층 남성의 가면이 벗겨지면서 그들의 화려한 명성도 빛을 잃었다. 온화한 인상의 TV 토크쇼 진행자 찰리 로즈는 누드 상태로 여자 동료들 사이를 돌아다니며 가슴이나 다른 신체 부위를 손으로 더듬었다고 고발당했다.[21] 코미디언 루이 C.K.는 몇몇 여성들 앞에서 자위행위를 한 사실이 드러났다. NBC방송 〈투데이Today〉의 공동 진행자 매트 라우어는 사무실 책상 밑에 문을 잠그는 버튼을 설치했다고 알려졌는데, 성폭력을 당하는 피해 여성이 달아나지 못하게 막는 장치로 짐작됐다. 가해자로 지목된 이 남성들은 엄청난 수치심에 직면했다.

몇 주 사이에 부적절한 행동을 한 수많은 남성이 사회에서 퇴출당했다.[22] 200명이 넘는 연예인, 기업 임원, 정치인(주 정부와 연방정부 모두 포함해)이 엉덩이를 꼬집고, 몸에 손을 대고, 잠자리를 제안하고, 비하하고, 음담패설을 하고, 전 애인의 누드 사진을 인스타그램에 올린 사실이 밝혀지면서 자리에서 물러나야 했다. 해고 사유는 이외에도 다양했다. 사회의 성적 관습이 자신에게 유리하다고 자신하며 승승장구한 권력층 남성들이 마침내 본인의 행동에 책임져야 할 때가 왔다. 오랫동안 높은 지위와 특권을 누려온 자들에게 책임을 추궁하기는 어려운 일이었다. 권력자들은 변호사를 선임해 궁색한 사과문을 내놓았지만, 보통 세부적인 범죄 사실은 부인했다. 직장과 사회에서 퇴출당하지 않으려고, 또는 감옥행을 피하려고 애를 썼다.

달라진 규범은 다수의 남성을 수치심의 두 번째 단계로 몰아넣었다. 바로 분노와 부정, 맞대응의 단계였다. 이들은 천박하며 혐오스러운 행동을 했지만, 자기가 아는 불문율에 따랐을 뿐이라고 항변했다. 하룻밤 사이에 선망의 대상에서 인간쓰레기로 전락한 이들은 인지부조화 상태에 빠져 있었다.

자기 자리를 위협당한다고 느끼는 남성들

미투 운동으로 사회적 각성이 있은 지 1년 후, 캐나다의 여성지 『샤틀레느Châtelaine』는 성희롱을 주제로 남성 1,000명에게 설문조사를 했다. 응답자의 4분의 1이 중립적인 태도를 보였다. 나머지 4분의 3 중에 46퍼센트는 분노와 죄책감, 부당함을 느낀다고 했다.[23] 기타 답변으로는 엉뚱한 불만을 드러낸 그릇된 주장이 있었다. "그런 일을 실제로 겪은 여성이 있다는 게 안타깝지만, 한편으로 그저 관심을 받고 싶은 여성이 남성을 못살게 괴롭힌다는 생각도 든다."

일부 남성들이 거북스러운 반응을 보이는 이유는 쉽게 짐작된다. 남성들은 처음으로 장악력을 잃었다. 미투 운동으로 여성들은 남성들을 수치스럽게 할 수 있는 힘을 얻었다. 이 힘이 미치는 범위는 남성의 행동과 말까지, 즉 그들이 말하고 쓰고 SNS에 올리는 내용까지로 확대됐다.

성인 애니메이션 시리즈 〈스퀴드빌리스Squidbillies〉에서 목소리 연기를 한 스튜어트 베이커가 대표적이었다. 인종 평등과 성평등 모두에 적대적인 그는 가수 돌리 파튼이 흑인 인권운동을 지지한 다는 소식을 듣고 페이스북에서 이를 비난했다. "괴상한 유방이 달린 남부 출신 골빈 여자가 이제야 흑인 인권운동을 지지한다고? 잊지 마라, 걸레야. 네가 떼돈을 번 건 레드넥Rednecks(남부 지역의 하층 백인 노동자 – 옮긴이) 덕분이다!"[24]

네티즌들에게 지탄받은 그는, 다음 날 어떻게든 밥줄을 지키려고 반성문을 올렸다. "돌리 파튼, 흑인 인권운동, 인종, 기타 등등을 언급한 게시물에 대해 진심으로 죄송하게 생각합니다. 제 행동이, 제 부적절한 단어 선택이 누군가를 불쾌하게 했다면 사과드립니다. 제가 뭘 더 사과해야 할지 모르겠군요. 제 사과가 마음에 안 들면, 또 어떤 사과를 받고 싶은지 말씀해주세요."[25]

결국 해고당한 그는 자신과 생각이 비슷한 편향된 집단과 문제의 게시물에 동조하는 사람들 사이에서 위안을 얻으려고 했다. 그래야 이 집단의 공동의 적에게 마음껏 폭언을 퍼붓고 자기의 경력을 무너뜨린 문제의 메시지를 훨씬 더 강한 어조로 되풀이할 수 있었다.

재능 있고 선량한 인간을 끌어내린 새끼들아, 부디 행복해라. 너희들 뜻대로 됐다. '돌리 파튼과 BLM(흑인 인권운동)'이라는 괴상한 쇼 하나 때문에 사람 인생을 망쳐놓다니 뿌듯하겠네.

고맙다, 아주. 나는 너희들한테 30년 넘게 최선을 다했는데, 너희는 넘어진 사람 발로 걷어차는 게 취미구나. 속이 꼬인 변태들 같으니. 고맙다! 내가 너희 개새끼들 평생 기억할 거다![26]

신변이 급격히 바뀌면 심란한 상황이 뒤따른다. 양측은 서로를 모욕하며, 때로 분위기가 과열된다. 주류사회의 남성들은 새로운 합의가 수치심이라는 징벌적 수단을 동원해 다수의 남성에게 새로운 규범을 강요한다고 느낀다. 미투 운동의 경우, 예전처럼 여성을 대했을 뿐인데 책임을 요구한다고 느낀다. 새로운 규범을 수용하는 사람이 있는가 하면, 스튜어트 베이커처럼 불평하는 사람도 있다. 권력자들은 열심히 검색해보지 않아도 자신을 향한 과도한 비난을 쉽게 접한다. 그들은 그런 사례를 들어 인권운동 전체를 먹칠하려 든다.

한편 상당수 백인 남성은 옆에서 관망한다. 노골적인 성희롱에는 개탄하지만 자신의 책임은 아니라고 생각한다. 본인은 여성을 비하하지 않았고, 잠자리를 강요한 일은 더더욱 없기 때문이다. 하지만 이들 다수는 부정의 단계에 갇혀 있다. 즉 자신이 휘두르는 힘이 불의 위에 세운 현실을 떠받친다는 점과 그런 현실로부터 자신이 혜택을 입었다는 사실을 아직 깨닫지 못하고 있다.

이런 인지부조화는 우리 모두 겪는다. 그러나 혜택을 가장 많이 누리는 사람이라면 자기 책임을 받아들이고 부정의 단계에서 벗어나 정의를 추구해야 할 막중한 의무가 있다.

구글의 이중성

오늘날 수치심 세계에서 가장 영향력 있는 세력은 기업 가치가 수조 달러에 달하는 디지털 플랫폼으로, 그중에서도 구글과 페이스북이 가장 주목받는다. 앞서 살폈듯 이 기업들은 인터넷 이용 기록을 추적해 표적 광고를 하고, 우리에게 디지털 주홍 글씨를 붙이며, 진실이든 허구든 가장 수익성 있는 단편적 정보를 사람들에게 제공한다.

이들의 시스템은 침투력과 편향성이 강한데, 잘못된 사업 관행이 점점 누적되자 폭로가 터져 나왔다. 이어 기업들이 두려워하는 규제가 되살아나면서 그간의 행적에 대한 책임을 기업에 묻기 시작했다. 그러나 기업의 속셈을 밝히고 현실을 바꾸려면, 이들에게 동력을 제공하는 인공지능 엔진을 파헤치는 것 말고는 방법이 없다. 고도의 전문지식이 필요한 영역이다.

구글은 2018년에 마이크로소프트 연구원이던 팀닛 게브루를 채용해 공정성을 높이고자 했다. 에티오피아 출신인 게브루는 스탠퍼드대학교에서 인공지능 연구로 박사학위를 받았다. 게브루는 MIT 연구원 조이 부올람위니 그리고 컴퓨터 전문가 데보라 라지와 함께 2017년에 획기적인 연구 결과를 발표한 바 있다.[27] 백인의 이미지를 중심으로 개발된 얼굴 인식 소프트웨어를 구동했을 때, 백인 남성 얼굴의 인식률은 99퍼센트로 정확하지만 흑인 여성 얼굴의 인식률은 65퍼센트에 그친다는 내용이었다. 범죄

현장에서 카메라가 흑인 여성의 얼굴을 포착한다면 이 소프트웨어는 다수의 무고한 사람을 범죄자로 지목할 확률이 높았다. 혼란스러운 연구 결과가 나오자 아마존과 마이크로소프트는 정부와 경찰기관에 얼굴 인식 소프트웨어를 판매하지 않기로 했다.[28]

2020년, 구글에서 성장하던 게브루의 AI 연구팀은 '방대한 언어모형'의 편향성에 관심을 기울였다. 구글 인공지능을 훈련하는 원자료에 관한 연구였다. 「확률론적 앵무새의 위험성에 대하여: 언어모형이 방대해도 문제없을까?On the Dangers of Stochastic Parrots: Can Language Models Be Too Big?」라는 논문은 인종차별을 비롯한 여러 편견이 구글의 자동화 서비스에 내장될 통계적 가능성을 살폈다.[29] 이 논문은 좀 더 집중된 데이터 세트로 인공지능을 학습시켜야 문화적으로 더 민감한 모형을 개발할 수 있다고 날카롭게 지적했다. 구글이 의지가 있다면 자사의 정보 제국에 내재한 불공정성을 낮출 수 있다는 뜻이었다. 또한 구글 입장에선 쓴소리겠지만, 엄청난 수익을 올리는 현행 구조를 개선하지 않는다면 이는 결국 인종주의자로 남겠다는 뜻이라고 암묵적인 결론을 내렸다.

이 논문은 내부 검토를 거쳐 외부에 공개될 예정이었다. 그런데 5주 후인 2020년 11월 말, 구글은 게브루에게 논문의 주장과 상반된 연구를 다루지 않는 등 선행연구를 무시했다며 논문을 철회하라고 통보했다. 게브루는 이를 거부하고 구글에 저항했다. 게브루는 동료들에게 메일을 보내 구글이 자신의 논문을 검열했고, AI 연구팀에서 강조한 AI의 편향성 문제를 무시했으며, 소수

집단 채용에 소홀하다고 비판했다.[30] 구글은 게브루를 해고했다.

게브루는 부당해고를 계기로 구글의 이면을 폭로하고 나섰다. SNS에 자신의 경험담을 공유했다. 그리고 인터뷰를 통해 구글이 자사 시스템의 편향성을 찾아낼 인공지능 전문가를, 그것도 아프리카 여성을 고용하고는 여기에 쏟아진 찬사에 취했다고 지적했다. 정작 자신이 하는 조언은 별로 반기지 않았으면서 말이다.

이 펀치 업 캠페인은 다른 운동과 마찬가지로, 타격 대상이 스스로 내세운 원칙을 저버렸다고 비판했다. 구글 사례에서 문제 삼은 가치는 누가 봐도 명백했다. 구글 창업자들은 2004년 기업 공개 시 제출한 기업 안내서에, 돈에 목매는 다른 경쟁 업체와 달리 구글은 도덕적 차별성을 띠겠다는 문구를 다소 과시하듯 집어넣었다.

> 악해지지 않겠다. 단기 이익을 포기해도 세상에 좋은 일을 하면 장기적으로 주주에게 이익이 되고 다른 모든 면에서 잘될 것이라고 우리는 굳게 믿는다. 이 구글 문화의 중요한 요소를 사내에 널리 공유한다.[31]

이 때문에 구글은 게브루의 비판에 더욱 할 말이 없었다. 2,000명이 넘는 구글 직원이 게브루의 해고를 규탄하는 청원서에 서명했다. 청원서는 AI 연구부서 책임자에게 해고 절차를 철저히 해명하라고 요구했고, 회사 측에는 '연구의 진정성과 학문의 자유'

를 위해 더욱 힘써달라고 요청했다.[32]

일주일 후, 구글 모회사 알파벳Alphabet의 CEO 순다르 피차이가 사과문을 발표했다.

> 게브루 박사의 퇴직과 관련해 어떤 반응이 나오는지 분명하게 전해 들었습니다. 의혹이 불거지다 보니 구글에서의 자기 위치를 의심하는 직원들도 있습니다. 이런 상황을 매우 유감스럽게 생각하며, 직원들의 신뢰 회복을 위해 책임지고 노력하겠습니다.[33]

하지만 싸움은 계속됐다. 게브루가 해고된 지 석 달도 지나지 않아 게브루와 함께 윤리적 AI 팀을 이끌었던 마가렛 미첼이 해고됐다.[34] 미첼은 2년 전 구글에서 함께 일해보자는 게브루의 권유로 입사했었다. 해고에 격분한 미첼은 트위터에 구글의 AI 기술을 조목조목 비판하는 글을 올렸다. 미첼은 구글에서 수행한 연구를 언급하며, 각각의 사소한 문제가 "새롭고 복잡한 문제를 품은 광대한 우주로 팽창한다"라고 지적했다. 미첼은 구글의 인공지능 우주에서 편향을 제거하는 일을 "무한한 양파껍질" 벗기기에 비유했다. 이 편향성 문제는 공정성부터 자유와 평등에 이르기까지 여러 분야에 걸쳐 있었다.[35]

소식통이 언론에 전한 바에 따르면, 게브루가 파면당한 직후부터 구글은 미첼의 온라인 활동을 유심히 지켜봤다. 게브루가 구글에 있을 때 주고받은 연구 자료를 미첼이 편지함에서 검색하는 낌새가 보였다. 회사를 상대로 소송을 준비하는 듯했다. 구글은 미첼에게 정직 처분을 내렸다. 그리고 한 달 후 2021년 2월 19일, 미첼의 트위터에 짤막한 문장이 올라왔다. "나는 해고됐다."[36]

구글로서는 잃을 게 많다. 최고의 인재를 채용하고 유지하는 일에 회사의 미래가 달려 있기 때문이다. 인재들은 페이스북과 아마존, 벤처투자를 받은 스타트업부터 명문 대학에 이르기까지 어디든 원하는 연구소에 골라 갈 수 있다. 이들은 중대한 발견과 기술적 돌파구를 갈망한다. 이를 위해 자유로운 연구 환경이 필수다. 구글에서 제약 없는 연구를 하기 어렵다면 어디든 다른 곳으로 옮겨갈 것이다. 인공지능 분야에서 천재적인 두뇌가 유출되는 건 실존적 위협이다.

구글은 게브루의 입을 막으려다가, 단기 이익 때문에 회사의 원칙을 희생하지 않겠다던 애초의 맹세를 명백히 어겼다. 직원들이 회사의 행태를 비판하는 상황에서 구글이 그들의 불만을 잠재우고 최고의 연구소로 명성을 유지하는 최선의 방법은, 악해지지 않겠다던 원래의 사훈을 지키는 것이다. 혹은 그런 방향으로 한두 걸음 내딛는 것일지도 모른다. 결국 연구자는 이윤보다는 학문의 자유를 갈망하기 때문이다.

기술 플랫폼 내부에서 발생하는 펀치 업은 매우 중요하다. 기술기업이 정교하고 침투성 강한 인공지능을 우리 삶에 배치하며 내리는 결정은 복지와 민주주의의 토대가 될 것이다. 그리고 수치심 자극 캠페인으로 기술기업의 활동에 제동을 걸고 그들이 내세운 고귀한 약속을 지키게 하며, 그 위력을 공익에 쓰도록 유도하려면 한 세대 이상의 오랜 시간이 걸릴 것이다.

구글을 비판한 박사들은 사스해체 시위를 전개한 나이지리아 대중이나 새라 샌더스에게 나가달라고 요구한 식당 주인보다 유리한 위치에 있다. 연구자들만의 핵심 기술이 있기 때문에 세상에서 가장 부유한 기업을 통제할 힘이 있다. 한 명이라도 목소리를 내면 기업에 피해를 줄 수 있다. 우리는 더 많은 연구자가 자기 목소리를 내길 바랄 뿐이다.

10.
자아존중감
극복의 굴레

2015년 무렵에 누가 내게 비만인으로 살아가는 심정이 어떠냐고 물었다면, 이때다 싶어 비만에 대한 나의 깨달음을 전했을 것이다. 이제야 내 몸을 편안하게 받아들인다고 이런 태도를 강요하는 건 아니지만, 지난 수십 년간 겪은 지독한 수치심을 극복하는 데 효과적이었다고 답했을 것이다. 심지어 내가 자기 몸을 받아들이려고 애쓰는 사람들에게 본보기가 될 수 있겠다고 생각했다. 나는 유전자가 체형을 크게 좌우한다는 사실을 깨달았다. 전 세계적 유행병인 비만을 설명하는 이론이 넘쳐나고 시장에는 비만 치료법과 특효약이 쏟아졌지만, 어느 것도 내게는 답이 아니었다. 비만은 나의 선택이 아니었고, 비만에 대한 논의도 별 흥미가 없었다.

당시 내게 0순위는 살을 빼는 게 아닌 당뇨 위험을 낮추는 것이었다. 당뇨는 아버지의 건강을 해친 질병이었다. 나는 영양가 높은 음식을 먹고 운동을 많이 하기로 계획했다. 그 시절 나는 수치심의 단계들과 아직 타협하지 못한 상태였다. 그때 상황을 설명하자면, 나는 수치심의 세 번째 단계에 한동안 머물러 있었다. 내 몸을 받아들이고 수치심에서 벗어나려고 애쓰고 있었다.

하지만 중년에 접어든 뚱뚱한 사람이 최고 기온 35도를 오르내리는 무더운 여름날 체중 관리를 하겠다고 언덕에서 자전거 바퀴를 굴리며 안간힘을 쓰다 보면, 세상 모든 내면의 평화가 부질없어 보인다. 몸은 견디지 못했고, 나는 결국 운동을 포기했다. 그 후로 몇 달 동안 시원한 에어컨 바람이 나오는 집에서 보내는 시간이 많아지다 보니, 혈당 수치가 당뇨 전 단계로 치솟으며 위험신호를 보냈다. 아버지는 내 나이 때 당뇨병을 진단받았고 두 살 터울인 오빠는 얼마 전 안 좋은 소식을 들은 터였다. 나는 운동을 제외한 모든 위험 요인을 안고 있었고, 이제 운동과도 멀어지고 있었다. 당뇨를 피하고 싶어도 어쩔 수 없다는 체념이 들었다.

그때쯤 나는 사람들의 다이어트가 보통 1년을 못 넘기고 실패한다는 사실을 깨달았다. 덕분에 체중감량 산업에는 단골의 발걸음이 끊이지 않았다. 이게 바로 사업모형이었다. 게다가 체중감량 산업은 다른 수치심 산업과 마찬가지로 사이비 과학과 기적의 치료법으로 사람들을 유혹했다. 당뇨병 위협에 맞서려면 장사치가 아닌 믿을만한 자료에서 답을 구해야 했다.

나에게 그것은 과학이었다. 과학은 절대로 완벽하지 않다. 과학을 악용한 사례는 여전히 많다. 돈벌이에 눈이 먼 연구진, 조잡한 통계분석을 실은 논문, 연구 중심 대학들의 저속한 보복 정치, 어리석은 경쟁심리 등이 과학을 악용했다. 그래도 과학은 본질적으로 엄밀하다. 종종 헛소리를 주장하는 사람도 그 사실을 입증해야 한다. 그러면 결국 데이터로 자기주장을 방어해야 한다. 인간의 체형이든 바이러스의 취약성이든, 인체의 작동원리에 대한 답을 구한다면 동료심사와 이중눈가림 실험을 한 과학이야말로 우리가 얻을 수 있는 최고의 자료다.

나는 여기서 한발 더 나아갔다. 어떤 뉴스 기사에서는 비만 대사 수술bariatric surgery이 제2형 당뇨의 치료법이나 다름없다고 소개했다. 전문가들도 깜짝 놀랄 효과라는데, 당뇨를 일으키는 고혈당 증상이 전원 차단 버튼을 누르기라도 한 듯 한 번에 사라졌기 때문이다. 실제로 비만 대사 수술을 받았지만 살이 빠지지 않은 환자들도(보통 이 수술을 체중감량 수술로 본다) 당뇨병은 호전됐다.

건강보다 체중감량에 더 반응하는 사람들

왜 이 수술을 체중감량 효과가 딸려 오는 당뇨병 수술이라고 하지 않고 그 반대로 불렀을까? 내 짐작에 다이어트 시장이 기적을 갈망하고 수치심에서 벗어나길 바라는 고객 수천만 명을 확보했기 때문으로 보인다. 당뇨 치료를 내세우면 체중감량으로 홍보할 때만큼 돈이 벌리지 않을 것이다.

구글에 비만 대사 수술을 검색해보니 뚱뚱한 사람의 수치심을 건드려 특효약을 사도록 유도하려는 광고가 쏟아졌다. 자극적인 다이어트 전후 사진, 성형수술 홍보물, 효과 빠른 감량 비법이 화면을 가득 채웠다. 적어도 요즘 시대에 인터넷이라는 상업 공간만큼은 비만을 악용하는 산업이 과학을 압도한 게 분명했다. 산더미 같은 과대광고와 폭리를 노리는 사이비 과학 사이에서 믿을 만한 알짜 정보를 골라내기란 정말 힘든 일이었다. 동시에 이 과정은 나의 비만공포증과 불안을 자극했다. 이런 정보를 검색할 때마다 내 선택이 맞는지, 내 존재가치가 무엇인지 의구심이 들었다.

다행히 나는 컬럼비아대학교 온라인 도서관에 접속해, 심사를 거친 체중감량 수술에 관한 연구 자료를 열람할 수 있었다. 또 이 분야의 발전 과정도 추적할 수 있었다. 최초의 체중감량 수술은 20세기 후반에 나온 위 밴드 수술Lap-Band surgery로, 환자의 위를 커다란 고무밴드로 묶어 위장 크기를 사실상 줄이는 방법이었다.

그렇지만 수술 효과가 오래가지 못했다.

연구진은 쥐와 인간에게 각종 수술법을 시도했다. 결국 알아낸 것은 위 밴드 수술을 해도 장내 생태계, 즉 위장에서 자체적으로 화학적 환경을 만드는 미생물군이 크게 바뀌지 않는다는 사실이었다. 위장을 작게 만들어도, 신진대사가 활발한 위장 세포는 호르몬을 계속 분비했고 결정적으로 배고프다는 신호를 보냈다. 결국 환자는 체중을 회복했다.

나는 비만 대사 수술 중 위소매 절제술(위 축소 수술)을 더 자세히 파고들었다. 위장에서 신축성 있는 조직을 제거한 다음 남은 부분을 봉합하는 수술이다. 이렇게 하면 장기가 바나나 모양으로 줄어든다. 특히 인상 깊은 연구 한 가지는 이 수술이 쥐의 미생물 생태계에 일으킨 변화였다.* 연구 결과 수술받은 뚱보 쥐의 장내 생태계가 마른 쥐의 장내 생태계와 매우 비슷해졌다.

나는 위소매 절제술을 받은 여성 대여섯 명을 인터뷰했다. 최근에 수술한 사람도 있고 수년 전에 받은 사람도 있었다. 이들은 수술 후 부작용을 말해줬는데, 특히 비타민 결핍증을 조심해야 한다고 했다. 줄어든 위는 외부 도움 없이는 몇몇 주요 비타민을 흡수하지 못하므로 환자는 평생 매일 비타민을 따로 복용해야 한다. 그렇지만 이들 중 수술을 후회하는 사람은 아무도 없었다. 70

---

* 이보다 더 극단적인 수술인 위 우회술은 작아진 위와 소장을 연결해 소화 경로를 완전히 바꿔놓는다.

대에 절제술을 받은 한 여성은 더 일찍 못한 게 후회될 뿐이라고
했다.

나는 수술을 결심했다. 못할 이유가 없었다. 내게는 훌륭한 건
강보험이 있었다. 또 맨해튼에 거주한 덕분에 세계적인 의료 시
설을 이용할 수 있었다. 내가 수술받은 뉴욕 장로병원은 우리 집
에서 지하철로 10분 거리에 있었다.

문제는 비만 대사 수술에 보험금을 지급해달라고 보험사를 설
득하는 일이었다. 다른 나라에서는 보험금 받기가 그리 어렵지
않다. 비만 대사 수술의 당뇨병 치료 효과가 뚜렷한 만큼 영국은
이 수술을 널리 활용해왔고, 체질량지수BMI가 일정 기준을 넘기
만 하면 국민에게 보험 혜택을 줬다. 이 수술은 이스라엘에서도
인기를 얻고 있다. 국민건강보험 재정이 단 몇 년 만에 절감되었
기 때문이다. 비만 대사 수술 하나에 드는 비용이 비만과 당뇨라
는 두 가지 만성질환을 수십 년 동안 관리하는 데 드는 비용보다,
또 과체중 때문에 받는 고관절 및 무릎의 인공관절 치환술에 들
어가는 비용보다 적었다.

미국도 마찬가지 아닐까 생각할 수 있지만 현실은 그렇지 않
다. 1만 5,000달러에서 3만 달러가 드는 고액 수술이 장기적으로
비용을 절감해주는 것은 맞지만, 보험사 입장에서는 재무 위험이
따른다. 보험사에서 수술비를 지급했는데 수술 후 건강해진 고객
이 다른 보험사나 메디케어로 옮겨가면 어떻게 될까? 보험사는
한 사람의 건강에 투자하고도 아무런 실익을 얻지 못한다.

당연하게도 내 보험사는 완강히 거부했다. 보험금 지급 승낙을 받는 데만 장장 6개월이 걸렸다. 나는 이 승낙을 받는 일에 부업하는 것처럼 뛰어들었다. 의사들을 찾아다니며 내가 수술이 절실한 사람임을 증언해달라고 조르는 것은 물론, 수많은 문서를 작성해야 했다. 서류 작업은 그야말로 끔찍했다. 내가 오랫동안 비만이었음을 증명하기 위해 5년 치 진료기록을 제출했다. 게다가 이 기간에 임신은 포함이 안 된다는 규정이 있었다(나는 아이를 셋 낳았다). 임신 기간에 살찐 것은 비만으로 쳐주지 않았다. 보험사는 무엇보다도 이 규정에 융통성이 없었다.

나는 10년도 더 지난 대학원 시절에 날 담당했던 의사들과 여러 차례 통화해야 했다. 병원에 직접 찾아가면 옛날 서류를 찾고 복사하고 발송하는 일에 시간이 한없이 소모되는 데다, 사근사근하게 부탁하고 독촉하는 일을 끊임없이 해야 한다. 몇 날 며칠 담당자와 통화하면서 먼지 쌓인 옛 기록을 발굴해(아직도 종이 서류로 보관하는 곳이 있었다) 팩스로 보내달라고 애걸복걸 매달리고 살살 구슬리며 부탁했다.

이와 별개로 매달 주치의를 방문해 '최후의 다이어트' 처방도 받아야 했다. 주치의는 요구대로 해주었고, 보험사에 제출해야 하는 구제 불능 통보서도 써주었다. 내가 병적으로 뚱뚱해서 전통적인 방법으로는 치료가 힘들며, 무수한 다이어트를 시도했지만 실패했으니 이제 가망이 없다고 봐도 무방하다는 내용이었다. 이렇게 구구절절한 확인이 있어야 수술 자격을 얻었다.

무척 번거롭고 때로 굴욕스러운 일을 겪다 보니 푸드 스탬프를 신청하거나 복지 혜택을 받을 때 수혜자가 마주하는 관료주의적 장벽이 떠올랐다. 혜택을 받기 위해 자신의 나약함을 서류로 증명해야 할 뿐 아니라 자신의 결함이 매우 현실적이며 해결하기 어렵다고 설득력 있게 주장해야 하는 것이다. 이러한 수치심 앞에 우리는 납작 엎드려야 한다. 나는 이 과정에서 모욕감을 느꼈다. 그래도 버틸 수 있었던 건, 이런 고통을 통해 수치심 머신이 어떻게 돌아가는지 알았기 때문이다. 일부러 수치심을 건드려 이윤을 챙기는 이들 앞에 기죽지 않겠다고 다짐할 수 있었다.

결국 나는 보험사의 승낙을 얻어냈다. 몇 주 후, 수술을 위해 혹독한 식이요법으로 지방간 수치를 낮추고 캐리어에 물건을 챙겨 입원한 다음 수술대에 올라 내 위를 잘라냈다.

수치심은 극복할 수 있는 문제인가

수술 후 집으로 돌아오며 택시가 덜컹거릴 때마다 몹시 고통스러웠다. 통증은 수술의 현실을 일깨웠다. 바로 폭력성이었다. 누군가 내 몸을 칼로 긋고 위장의 절반을 잘라낸 다음 바느질하듯 꿰매놓았다는 사실이었다.

집으로 돌아온 후 나는 회복식단을 지켰고(첫 주에는 거의 물만 마셨다) 동시에 끊임없는 통증을 달래려고 코데인codeine(마약성 진통제 - 옮긴이) 성분이 든 타이레놀을 여섯 시간마다 삼켰다. 처음에는 진통제 냄새와 맛이 끔찍했다. 그런데 웃기면서도 소름 끼치는 사실은, 인간은 이에 금세 적응하고 진통제를 더 원한다는 점이다. 몸이 진통제를 진심으로 갈망하고 심지어 그 맛을 즐긴다고 자각한 순간 나는 약을 뱉어버렸다.

몸의 회복은 더뎠지만 수술은 성공적이었다. 체중이 크게 줄었고(그래도 여전히 뚱뚱하다), 더운 여름에도 운동할 수 있게 됐다. 예상대로 혈당수치가 낮아졌고 당뇨 위험이 줄었다. 다만 비타민을 복용하지 않으면 몸이 쇠약해질 수 있어서 하루 두 번 챙겨 먹었다.

수술 후에는 달콤한 음식이 당기지 않았다. 즐겨 먹는 음식도 아이스크림에서 방울양배추로 바뀌었고, 쌉쌀한 맛이 훨씬 더 입맛에 맞았다. 난생처음 구운 채소를 먹고 싶었다. 돌이켜보니 '살 빠지는 음식skinny food' 즉 마른 사람들이 좋아할 만한 음식을 생각보다 훨씬 더 탐닉했다. 역시나 위장에 유익한 미생물이 살도록 하는 게 관건이었다. 앞으로 나는 초콜릿을 갈망한다고 자책하거나 채소를 먹는다고 우쭐거리는 일이 없을 것이다. 그저 몸의 요구대로 따를 뿐이다.

나는 내 경험에서 얼마든지 성공담을 뽑아낼 수 있었다. 뚱뚱한 여성이 인생 대부분의 시기를 좌절하며 살다가 가까스로 암흑 세력의 농간을 깨달았다고, 그리하여 수치심 머신의 황당하고 거짓된 약속을 무시하게 되었다고 각색할 수 있었다. 거짓 정보가 아닌 과학으로 눈을 돌린 여성이 자신의 문제를 정면으로 응시하며 이를 극복했다고 말이다.

상황이 이렇게 단순했다면 참 좋았을 것이다. 애석하게도 수치심은 내 인생의 매 단계마다 있었고, 완전히 사라지는 법이 없었다. 결국 비만 대사 수술도 수치심 산업 안에 놓여 있었다. 과학적 효능이 있긴 하지만, 다이어트 업체에 꾸준한 수익을 보장한다고 알려진 주요 전제를 받아들인다. 바로 환상과 공포다. 그리고 이를 널리 퍼뜨린다. 비만 대사 수술의 사업모형에서 환상과 공포는 핵심적이다.

비만이라는 수치심과 자기 의심은 체중 문제를 살짝 건들기만 해도 생생하게 살아난다. 수치심이 내 안에 자리 잡으면, 특히 어린 시절부터 그랬다면 꽤 오래도록 나와 함께한다. 수치심을 억누를 수는 있다. 그러나 수치심은 어딘가에 머물면서 빈틈을 노리고 자존심을 꺾는 질문을 계속 던진다. '네 모습이 정말로 마음에 드는 건 아니잖아, 안 그래?'

수술을 선택한 순간부터 이런 문제가 생긴다. 수술 자체가 수치심을 휘젓기 때문이다. 우리는 목표를 추구해서 이뤄내는 사람이 승자라는 말을 평생 듣고 살았다. 도중에 그만두는 사람은 패자였다. 그래서 열 번 가까이 다이어트를 반복했거나 다락에 안 쓰는 운동기구가 가득하다면, 또 다이어트 캠프에 다녀왔거나 페이스북에서 체중감량 정보를 열심히 찾아본다면, 이 모든 걸 했는데도 여전히 뚱뚱하다면, 당신은 패자다.

흔히들 칼에 승복하는 것을 최후의 항복으로 여긴다. 우리가 비만 대사 수술이 있다는 걸 들어보지 못했다면, 혼자만 아는 사람이 많아서다. 그만큼 사람들은 이를 부끄러워한다. 비만인 내 친구가 자기는 '정석으로' 살을 뺄 거라서 절대 수술하지 않겠다고 했을 때, 나는 서글펐지만 놀랍지 않았다.

수치심을 다스리는 법

가짜 과학이 뒤섞인 비만인 비하는 병원에도 퍼져 있다. 하루는 맨해튼의 뉴욕 장로병원에서 수술 후 진료를 받으려고 대기실에 앉아 있었다. 그러다 바로 옆 진료실에 있던 집도의가 복도 건너편 간호사에게 요즘 본인이 하는 새로운 다이어트를 소개하는 것을 우연히 듣게 됐다.[1] 의사는 베스트셀러『지방 먹고 날씬해지기 Eat Fat, Get Thin』가 매우 흥미로운 책이라고 했다.

세계적 수준의 병원에 근무하는 전문의조차 유사 과학에 기반한 다이어트 산업을 믿고 있었다. 이런 마당에 과학 잡지를 접할 수 없거나 그런 정보를 읽고 이해할 만큼 교육받지 못한(그리고 그만한 인내심이 없는) 일반인이 어떻게 유사 과학을 뿌리칠 수 있겠는가?

수술 후 나는 정기검진을 받으러 병원에 갔다가 상냥한 전문 간호사nurse practitioner 지오를 만났다. 지오는 나와 만날 때마다 환한 미소로 격려하며 내 목표체중부터 물었다. 그가 인사하자마자 꺼내는 첫마디였다. 내가 얼마나 날씬해지고 싶은지, 목표체중을 얼마로 잡고 있는지 물었다. 일단 지오는 새로운 정보가 생기면 진료기록부에 기록했다. 그러면 몇 주마다 최종목표 대비 체중감량 추이가 어떤지 함께 확인할 수 있었다.

처음에는 간호사가 하자는 대로 했다. 이 방법으로 효과를 보고 싶었다. 살을 빼고 싶었다. 다행히 나도 다른 수술 환자들처럼 살이 빠졌고 체중이 하향곡선을 그렸다. 성공이 눈앞에 있었다. 이를 보고 있자니 부모님이 매주 체중을 재고 그래프를 그리던 일, 내 인생 첫 다이어트에서 짧지만 행복했던 순간이 떠올랐다. 신나고 동기부여도 되는 경험이었다.

나만 그런 게 아니었다. 비만 치료 모임에 나온 환자 모두가 평생 체중 문제와 씨름해왔다. 다이어트 초반 살이 빠지고 체중이 하락할 때 짜릿함을 느꼈다가, 이후 요요현상 때문에 목표체중과 멀어지면서 참담했던 경험을 했다.

이제 우리는 정확히 똑같은 장면을 되풀이하고 있었다. 나는 이제 배가 안 고프니 이번에는 다를 것이라고 확신했다. 비만 대사 수술이 비싼 값을 하고, 효과가 오래 갈 것이며, 이제 남은 인생을 날씬하게(적어도 예전보다 훨씬 날씬하게) 살아가리라는 기대에 부풀었다.

그런데 목표체중이 수치심을 다시 일깨웠다. 목표체중을 정하고 나니, 여기서 조금이라도 벗어나면 실패로 보였다. 솔직히 말하면 나름 수치심을 의식하며 살았어도, 또 최악의 수치심을 극복했다고 자부했어도, 나는 목표체중에 계속 놀아났다. 결국 인지부조화를 겪었다. 나는 수치심을 다스리는 법을 알고 있었다. 아니, 안다고 생각했다. 그런데 열한 살 때처럼 또다시 수치심에 휘둘리고 있었다.

동료 환자들과 나는 목표체중이 아닌 더 활동적인 일상에 주목할 수도 있었다. 예전보다 활력 있고 더운 여름날 자전거로 30킬로미터를 달릴 수 있다면, 이는 엄청난 진전일 것이다. 혈당수치가 안정권에 드는 것도 성과일 것이다. 목표는 어디까지나 내 움직임과 건강을 회복하는 데 있었다. 소위 목표체중보다 5~10킬로그램 많은 상태에 머문다 한들, 그게 무슨 문제란 말인가?

머리로는 얼마든지 이해했다. 문제는 체중 그래프에 목표치가 있으면 감정이 거기에 놀아나고 내 존재가치도 규정당한다는 사실이었다. 실제로 목표체중을 달성하고 유지한 극소수는 뿌듯한 성취감을 느낄 것이다. 그러나 나머지 대다수는 끊임없이 실망하고 고통받는다.

처음 몇 번 상담할 때 지오가 목표체중을 물으면, 내가 왜 이를 거부하는지 세세하게 설명했다. 목표체중이 은근히 수치심을 부추긴다고 말해주었다. 나는 그가 이해했다고 생각했지만, 그다음 상담할 때도 나에게 목표체중부터 물었다. 그는 절대 달라지지 않았고, 나도 내 주장을 굽히지 않았다.

한번은 진료를 받으러 갔는데 지오가 젊은 수습 간호사를 데리고 들어왔다. 무슬림 스카프를 두른 그 간호사는 말없이 기록만 했다. 상담이 끝나자 수습 간호사가 나와 함께 밖으로 나오더니 목표체중이 수치심을 자극한다는 내 강의가 인상 깊었다며 고맙다고 했다. 지오는 내 말을 흘려들었지만 그 수습 간호사는 앞으로도 기억해주리라 믿고 싶다.

목표체중을 거부하는 과정에서 나는 이것이 하나의 수치심 기폭제임을 확인했다. 그리고 이것을 제거하려고 애썼다. 그렇지만 수치심 기폭제를 없애겠다고 의식적인 결정을 해도 감정이 반드시 따라와주는 건 아니다. 제도적 수치심은 매우 끈질기게 반복된다. 내가 아무리 이성적으로 판단해도 수치심은 늘 나와 함께했다. 가족들의 반대를 무릅쓰고 저울을 갖다버린 후에도 내가 목표체중에서 벗어난 건 아닌지 계속 신경이 쓰였고, 그렇게 신경 쓰는 내가 부끄러웠다. 그런 점에서 나의 모든 합리적 주장은 다이어트 실패에 대한 변명처럼 들렸다.

당시 나는 밀려오는 수치심과 마주하고 있었다. 새로운 것도 있었고 어린 시절부터 겪은 것도 있었다. 수치심이 사라지길 기대하는 것은 어리석었다. 뚱뚱한 사람이 체중 문제에 어떤 식으로든 대처하다 보면, 이를 숨기든 아니면 떨쳐내든 감정이 격해지기 마련이다. 이를 잘 넘기려면 나를 응원해주는 공동체를 찾는 게 중요하다. 사람은 서로 돕고 사는 존재이기 때문이다.

나는 이 프로젝트의 일환으로 탐색 중이던 비만 대사 수술 환자들이 모인 페이스북 그룹에 가입해볼까 고민했다. 나는 몇 주

동안 그곳을 염탐했다. 그런데 여성 회원들이, 물론 좋은 의도에서 그랬겠지만, 수치심 머신의 기대에 부응하는 모습을 계속 보여주었다. 이들은 날씬해지는 법을 공유했고, 도달하기 힘든 목표체중을 정해 강박적으로 매달렸다.

그 숫자 하나가 이들에게는 북극성이었다. 각 개인은 목표체중을 달성하고 이를 어떻게든 유지하는 게 목표였다. 또 이들은 수술받은 사실을 숨기는 요령도 자세히 공유했다. 남들에게 "편법으로 날씬해졌다"라는 소리를 듣고 싶지 않아서였다.

감량에 성공해도 문제는 남았다. 병원에서 비만 대사 수술을 과장해서 홍보한 탓이었다. 병원 측은 수술하면 예전보다 건강한 몸무게를 얻고 당뇨나 여러 질병의 위협이 낮아진다고 솔직하게 홍보하지 않고, 대신 환상을 팔았다. 〈더 비기스트 루저〉의 다이어트 전후 사진과 매우 유사한 수술 전후 사진에는, 한때 비만이었다가 날씬하고 날렵해진 사람들이 등장했다. 이런 사진은 수치심을 더욱 자극했는데, 실제로 수술받은 환자들은 대개 그런 매력적인 모습이 아니었기 때문이다. 날씬해지긴 했지만 보통 축 늘어진 여분의 피부가 생겼고, 몸에서 곡선미를 찾아볼 수 없었다. 그래서 일부 환자는 속상한 마음에 또 다른 수술을 고려했다. 여정은 끝이 없었다. 고치고 싶은 곳이 항상 눈에 띄기 때문이었다. 나는 이 페이스북 그룹에 가입하지 않기로 결심했다.

결국 나는 목표체중에 이르지 못했다. 근접하지도 못했다. 사실 목표체중이 기억나지도 않는다. 그래도 한여름 무더위에 자전거를 타러 나가고 활기차게 움직이며 산다. 혈당수치는 정상범위다. 정서적인 면은 어떨까? 글쎄, 예전보다는 내 감정을 훨씬 잘 읽어내는 편이다. 그렇지만 앞으로도 늘 신경 써야 할 부분이다.

나는 평생 체중 문제와 씨름하면서 무한한 모자이크에 아주 작은 조각 하나를 올려놓았다. 수치심 체계는 우리 모두의 모습을 반영한다. 강력하고 수익성 있는 수치심 머신은 우리 머리 위에서 끊임없이 윙윙거린다. 이들은 경제활동을 지배하고 수많은 사람의 인생에 해악을 끼친다. 나에게 바람이 있다면, 일단 우리를 둘러싼 수치심을 깨달은 다음 다 함께 크고 작은 수치심 머신을 해체해 더 나은 세상을 만드는 것이다.

누구에게 책임을
물어야 하는가

지난 수십 년 동안 정치 지도자들이 선포한 다양한 '전쟁'들을 떠올려보자. 빈곤과의 전쟁, 마약과의 전쟁, 비만과의 전쟁 등이 있었다. 단호한 지도력과 지성, 충분한 자금만 있으면 이러한 사회악을 정복할 수 있다는 희망을 안고 팡파르를 요란하게 울리며 각각의 전쟁을 시작했다. 사람도 달에 보내는 세상이니, 이런 사회 문제는 당연히 해결할 줄 알았다.

그런데 이 문제들을 해결하는 일이 생각보다 복잡하고 비용도 꽤 든다는 게 분명해지자, 우리의 태도가 달라졌다. 피해자를 위해 시작한 전쟁이 피해자들을 겨냥한 전쟁으로 바뀌었다. 사람들의 원대한 야망은 증발했고, 그 자리를 각종 재활시설과 약을 파는 업체, 처벌을 앞세우는 관료주의, 교도소가 대신했다.

어중간한 정책이 기대에 못 미쳤을 때, 또는 이런 난제를 고민하는 일이 지겨울 때, 우리는 비난의 화살을 피해자에게 돌렸다. '사회가 막대한 비용을 들여가며 도움의 손길을 내밀었지만 뚱뚱하고 마약에 중독되고 가난한 자들은 사회의 해결책에 따르지 않았다. 그들은 잘못된 선택을 했다. 그러니 잘못은 그들에게 있다.'

도와주는 것보다 비난하는 게 훨씬 쉬운 법이다. 약자를 공격하는 담론은 골치 아픈 문제들을 사업 아이템으로 삼은 광범위한 생태계를 부추긴다. 피해자가 자책하고 그들의 노력이 실패할수록 사업가들은 부유해진다. 업체를 다시 찾는 고객은 황금알이다. 고객 각자가 겪는 처참한 실패는 수치심을 불어넣는 현실을 정당화한다. 이런 담론을 CEO든 정치인이든 쉽게 받아들이는데, 그 논리가 다른 사람에 대한 책임을 면제해주는 것 같기 때문이다. 또 비용도 절감되고, 더 나아가 시장에 훌륭한 돈벌이 수단도 제공한다. 한마디로 수치심은 유망한 사업이다.

동시에 사람들 대다수는 왜곡된 현실을 정당화하려는 가치체계를 받아들였다. 자기 삶에 만족하는 사람들에게는 이러한 가치체계가 유효하다. 승승장구하는 사람들도 당연히 마음에 들어 한다. 서열사회의 꼭대기에서 이들이 누리는 행운을 수치심 머신은 간단하게 설명해버린다. 훌륭한 가치관을 갖추고 인내심을 발휘했으니, 행운을 누릴 자격이 있다고 말이다(물론 남들이 부러워하는 유전자 덕분인 것도 있다). 능력주의 신화가 이들의 성공을 떠받든다. 반면 다른 사람들은 잘못된 선택 때문이든 그저 열등하기 때문이든, 처참하게 실패한다. 승자는 잘했고 패자는 잘못했다는 자기본위적 이분법을 통해 우리는 수치심을 조장하는 뿌리 깊은 불평등을 감내한다.

수치심에 어떻게 맞서야 하는가

수치심은 억눌린 생각과 무언의 두려움에 숨어 있다. 비밀은 수치심의 서식지이자 온상지다. 수치심에 맞서려면 진실이 필요하다. 수치심 머신을 정면으로 응시해야만 이를 해체할 수 있다. 우리에게는 대대적인 청산 작업이 필요하다.

한 가지 참고할 만한 모델로 남아프리카공화국의 진실화해위원회South Africa's Truth and Reconciliation Commission가 있다. 이는 1990년대에 아파르트헤이트apartheid(남아공의 백인 정권이 1948년에 법률로 공식화한 인종차별 정책으로, 1994년에 흑인 정권이 탄생하면서 철폐됐다 - 옮긴이)를 폐지하며 세운 기구다. 남아공의 역사를 살펴보면, 반세기에 걸친 아파르트헤이트 시기에 소수의 백인이 다수의 흑인을 억압하고 학대했다. 흑인을 투옥하고 살해했으며, 국민의 기본권인 자유를 빼앗고 사실상 모든 기회를 박탈했다.

남아공 국민은 이 역사를 공개적으로 논의했다. 피해자들이 다시 목소리를 얻었고 추악한 진실이 드러났다. 사실을 확인하고 이에 합의하면서 자기본위적 신화도 증발하는 모습을 보였다. 이러한 학습 과정이 있어야 사회는 불의와 불공정을 바로잡을 수 있다. 눈에 보이지 않으면 고칠 수도 없다.

그러나 오늘날 남아공의 현실이 보여주듯이, 진실과 마주한다고 해서 수 세기에 걸친 문제가 해결되는 건 아니다. 그래도 이렇게 첫발을 내디뎌야만, 국민이 수치심의 첫 두 단계(상처받고 부인하는 단계)를 지나 현실을 인정하고 책임을 받아들이는 단계로 나아가도록 이끌 수 있다.

어떤 상황을 다른 시각에서 이해하려면 우리는 냉정하게 초당파적 진실을 수용하면서 나름의 화해 절차를 거쳐야 한다. 미투운동이 이러한 흐름을 보여준다. 여성들은 수치심과 피해자 의식에서 벗어나 자신의 이야기를 꺼냈다. 증언에 나서기도 했다. 그리고 2020년 경찰의 조지 플로이드 살해 후 터져 나온 시위는 인종과 정의에 관한 토론을 미국 전역으로, 나아가 전 세계로 확대했다. 이는 희망찬 시작이지만, 인종차별 기제에 관한 철저하고 편향 없는 분석이 아직 부족하다. 그 실상을 가감 없이 밝혀야 수치심 머신의 청사진이 뚜렷이 드러날 것이다. 그럴 때만 우리는 이 기계의 엔진을 멈추게 할 전략을 세울 수 있을 것이다.

수치심 자체를 이용해 권력자에게 대항하는 것도 방법이다. 이미 이런 사례들이 있다. 사회운동가들은 미국인 수백만 명을 아편성 진통제에 중독시킨 퍼듀 파마와 그 소유주인 새클러 일가에게 그 책임을 물었다. 시위와 법정 소송에 압박을 느낀 퍼듀는 파산보호 신청을 했고 소유주 일가는 수십억 달러의 손해배상금을 지급해야 했다. 사회적으로 낙인찍힌 새클러 가문의 이름은 퍼듀가 부정하게 번 돈으로 후원해온 박물관과 대학에서 지워지고 있다. 이는 시작일 뿐이다.

탐사보도와 법정 소송 덕분에 대중은 새클러 가문을 비판하고 그들에게 저항하는 것이 정당하다는 사실을 충분히 안다. 퍼듀의 대표 상품인 옥시콘틴은 중독자와 자살자를 양산했다. 퍼듀의 사내 메일도 이들의 죄를 입증한다. 이들은 자신들이 무슨 짓을 하는지 알고 있었고, 피해자를 모독하며 거액을 버는 쪽을 선택했다.

가해자는 변호사와 기업 위기관리 업체가 세심하게 작성한 형식적인 사과문을 습관처럼 읽는다. 중요한 것은 가해자의 진정성 없는 사과를 받아들이지 않고 계속해서 목소리를 내는 것이다. 퍼듀 같은 회사는 의료계와 정치권에 촉수를 깊이 뻗고 있다. 퍼듀 정도 되는 회사 한 곳의 운영방식을 파헤치면 네트워크 전반이 드러나는데, 바로 이 연결망을 폭로하고 각각의 행위자에게 책임을 물어야 한다. 서로 한통속인 범죄 시스템을 끝장내는 가장 확실한 방법은 이런 시스템에서 잇속을 챙기는 인물과 회사에 모욕을 주고 이들이 벌어들인 수익을 훨씬 웃도는 막대한 벌금을 부과하는 것이다. 이는 초갑부가 공익에 주목하도록 압박한다는 점에서 수치심을 유익하게 활용하는 사례에 해당한다.

수치심 머신과 치르는 전쟁의 다음 단계는 혈세가 들어가는 공공서비스 부문을 철저히 조사하는 것이다. 공공서비스가 가난하고 불우하며 중독에 시달리는 자들을 얼마나 고통스럽게 하는지, 매 순간 이들에게 수치심을 주지는 않는지, 현실에서 이러한 존엄성 침해가 어느 정도이고 신뢰에 바탕을 둔 제도는 없는지 살피는 것이다.

거의 모든 사회 문제는 수치심을 주지 않고도 해결할 방법이

있다. 예를 들어 저렴한 공공주택으로 수백만 서민에게 거주 공
간을 마련해 주면 삶의 질이 높아질 것이다. 또 마약에 중독된 이
들을 향한 경찰의 무작위 몸수색stop-and-frisk을 없애고 중독자 쉼
터에 들어가게 하면 이들의 존엄성 회복에 도움이 될 것이다.

한 가지 혁신적인 약물 중독 해결책으로, 약물 남용자가 메타
돈 클리닉에 갈 수 있게 보조하는 방법이 있다. 식비 지원 카드에
5달러나 25달러를 추가해주면 된다. 보조금으로 재활 기회를 마
련하면 정책 성공률이 올라간다. 소액의 보조금도 식품, 담배, 차
에 주유하는 데 도움이 된다. 연구 결과를 봐도 소액 지급이 종래
의 방식보다 효과적이고 생명을 더 많이 구한다.[1] 그렇지만 이러
한 정책은 약물 중독자가 올바른 선택을 할 때까지 처벌해야 한
다는 보편적 정서에 반한다. 현실에서는 현금 지급 정책을 찾아
보기가 힘들지만 높은 성공률과 수치심 없는 해결책이라는 점을
고려해 이러한 정책을 점차 시행해야 한다.

빈곤층에게 조건 없이 지원금을 주는 것도 또 하나의 잠재적
해결책이다. 빈곤층에게 결정적 문제는 경제적인 궁핍이다. 빈곤
은 기본소득을 보장해주면 직접적이고 신속하게 완화된다. 미국
정부가 2020년 코로나 대유행 초기에 재난지원금을 수표로 보
냈을 때, 그리고 2021년 3월에 통과된 미국 구조계획법안American
Rescue Plan Act으로 1조 9,000억 달러 규모의 재정 지출을 감행했을
때 우리는 이 효과를 목격했다. 전 국민이 지원금을 받으면 사회
적 낙인도 지원금 편중도 특별한 거래도 없다. 게다가 현행 제도

보다 비용이 훨씬 많이 드는 것도 아니다. 여분의 현금이 필요 없는 집단은 세금으로 조용히 돌려주면 된다.

백인의 수치심은 다양한 차원에서 청산이 필요한데 무엇보다 경제적 죗값을 치러야 한다. 세계 역사상 가장 부유한 국가인 미국의 막대한 부는 수 세기 동안 무상으로 강제노역에 시달리다가 권한과 기회를 박탈당한 채 자유인으로 해방된 자들이 일궈냈다. 진정한 청산을 하려면 손해배상이 필요하다. 합리적 요구임에도 사방에서 분노를 터뜨리는 모습을 보면 인종 문제에 관한 한 대다수 백인은 여전히 방어적이고 불만이 많다는 사실을 알 수 있다. 미국 사회는 피해자를 반사적으로 비난하고 모욕하면서 다른 한편으로 심각한 수준의 경제 불평등을 조장한다.

이 심각한 빈부격차의 한가운데에 부채가 있다. 수 세기 동안 빈곤층은 빚에 짓눌려 살아왔다. 1865년 노예제가 폐지된 후에도 소작농을 사실상 노예 상태로 묶은 것이 바로 빚이었다. 이 부채는 개인의 실패로 생긴 게 아니므로 채무자에게 책임이 없다. 이런 이유로 우리는 '부채 탕감'이라는 표현을 거부하고 대신 빈곤층에 대한 부채 폐지를 요구해야 한다.

불평등은 승자에게 상을 주고 패자에게 벌을 주며 끊임없이 서열화하는 사회에서 더욱 심화된다. 뉴욕시에 있는 억만장자의 고급 아파트 밖에서는, 옹기종기 모인 노숙자들이 지하철 환풍구에서 나오는 따뜻한 바람에 몸을 녹인다. 어떤 대학 시스템도, 설령 우수한 대학이라 해도 불평등한 어린 시절을 만회해주지는 못한다. 그렇기 때문에 우리는 무료 육아와 프리 케이pre-K(만 4세 아동에게 제공하는 예비유치원 프로그램 - 옮긴이)부터 시작해, 동등한 자금지원을 받는 양질의 교육, 나아가 지역 전문대학community college까지 제도적으로 보장하라고 요구해야 한다.

급부상하는 고독감 문제

한편 외로움과 불신이라는 이중의 사회악이 광범위한 고통을 유발하면서, 소셜 미디어 플랫폼의 주요 수익원으로 떠올랐다. 이 책에서 인셀과 히키코모리가 겪는 외로움, 백신접종 거부자와 음모론자를 부추기는 불신을 살펴봤다. 이들에게 수치심을 주는 행위는 분명 상황을 더욱 악화한다. 그렇다면 이러한 근원적 문제에 구조적으로 접근하려면 어떻게 해야 할까?

음모와 의혹의 대량 생산지인 페이스북을 출발점으로 삼을 수 있다. 이미 페이스북을 향한 펀치 업 캠페인과 그에 따른 규제기관의 경고가 잠시나마 성공을 거둔 적이 있다. 페이스북은 외부의 압박이 거세지자 내부 목표와 방침을 정하고 잘못된 정보에 선제 조치를 단행했다. 페이스북은 2020년 미국 대선을 앞두고 1억 8,000만 개의 콘텐츠에 경고 표시를 했다. 또 조작된 이미지를 감지하는 인공지능도 개발했는데, 그런 이미지 중 상당수가 가짜 뉴스와 관련이 있었다. 페이스북은 가짜 뉴스에 거짓 정보라고 표시하거나 해당 게시물을 내렸다.

이는 상당한 진전이었다. 그러나 2020년 대선 이후, 페이스북은 더 수익성 있는 유해 콘텐츠로 서서히 돌아갔다. 어쨌거나 트래픽을 끌어올리는 건 거짓말과 조롱이었다. 이러한 냉소적 태도는 불법화하거나 엄청난 벌금을 물려야 한다. 그러지 않으면 미국 정부가 기업에 책임을 묻기 전까지 의심스러운 정보가 계속 불어날 것이다.

이를 막는 한 가지 방법은 거짓 정보를 유포하는 소셜 미디어 회사에 망신을 주고, 동시에 거짓 메시지로 이익을 얻거나 그런 메시지와 연관된 곳에서 정치기부금을 받는 정치인에게 모욕을 주는 것이다. 미국 정부보다 소셜 미디어에 덜 휘둘리는 유럽연합은 허위 정보를 제공할 경우 수십억 달러에 달하는 막대한 벌금을 물린다. 거액의 벌금과 극적인 규제 조치가 있어야 현실은 바뀔 수 있다.

한편 코로나 대유행으로 많은 사람이 극심한 외로움에 빠졌고, 일부는 그런 외로움을 견디지 못했다. 이런 위기 상황에서 외로움 문제를 해결하려는 한 마을의 노력이 빛을 발했다. 일본 북부 아키타현의 후지사토 마을이었다. 21세기 초, 이 마을의 경제활동은 위축되고 있었다. 동시에 히키코모리가 위험할 정도로 증가해 18세에서 55세 마을 인구의 9퍼센트인 113명에 이르렀다. 1990년대부터 도쿄에 살면서 가끔 모습을 드러내는 히키코모리 보숏토 이케이다의 설명에 따르면, 마을 주민들은 직관에 반하는 전략으로 이 문제에 맞섰다. 히키코모리를 사회 문제로 보지 않고 병든 경제를 되살릴 잠재적 해결책으로 보았다. 2010년에 마을 주민들은 은둔 청년들이 머물 수 있는 쉼터인 이바쇼居場所를 만들었다. 쉼터에 탁구대와 보드게임을 준비해놓았고 차와 사케도 제공했다. 히키코모리 몇 명이 슬며시 밖으로 나와 이곳에 들렀고, 다른 이들도 그 뒤를 따랐다. 먼저 한 무리의 히키코모리가 용기 내어 이바쇼를 찾아오면, 쉼터 관리자가 요리 보조와 사회복지사로 일할 수 있는 직업훈련을 제안했다. "히키코모리는 나도 쓸모가 있는 존재라는 생각에 이 제안을 반겼을 것"이라고 이케이다는 설명했다.[2]

5년 후 113명의 히키코모리 중 86명이 후지사토 마을에서 사회활동에 참여했다. 수치심이라는 두꺼운 막이 녹아내린 듯 이들은 해방감을 맛보았을 것이다.

우리에게 남겨진 과제

이 수십 년에 걸친 드라마를 통해 나는 많은 것을 깨달았다. 지식만으로는 깊고 끈질긴 수치심과 두려움을 극복하지 못했다. 옛날 사람들은 적응에 필요한 이 감정들을 생존 기술로 발달시켰다. 수치심은 절대 사라지지 않았다. 그러므로 이 책은 평생을 따라다닌 수치심에서 완전히 벗어난 사례를 모은 자기계발서가 아니

다. 그런 책은 쓸 수도 없다. 수치심을 완전히 벗어나기란 불가능하기 때문이다. 이 책은 수치심을 뿌리 뽑자고 주장하지도 않는데, 때로 수치심은 불의에 맞설 수 있는 우리의 유일한 도구이기 때문이다.

그렇지만 개인 차원에서 우리는 떼로 몰려가 약자를 비하하는 부적절한 행동을 삼가고, 친구나 이웃 나아가 인류가 마음의 짐을 내려놓도록 도울 수 있다. 우리가 수치심에 대한 자각력을 길러 이를 세심하게 사용한다면, 그리고 공유 규범을 강제하는 목적으로만 이를 활용한다면, 사랑하는 가족을 비롯해 우리가 아는 사람들의 인생이 밝아질 수 있다.

그렇다면 어디서부터 시작해야 할까? 어떻게 해야 남들에게 불필요한 수치심을 주지 않을까? 우리가 인간관계에서 독소를 제거할 수 있다면, 삶은 지금보다 훨씬 더 보람 있고 평화로울 것이다. 이는 큰 과제이지만 작은 일부터 시작하면 된다.

더 건강한 인간관계를 맺기 위한 첫 번째 단계는 수치심 렌즈를 끼고 일상을 구석구석 살피는 것이다. 언제 수치심이 생기는지, 어떤 소통방식이 수치심을 낳는지 파악하는 것이다. 난민을 무시하는 이민국 직원의 태도, 열두 살 난 딸에게 뚱뚱하다고 무안 주는 엄마의 행동이 여기에 해당한다.

내 친한 친구 하나는 어린 시절 사제에게 성적 학대를 당했다. 으레 그렇듯 친구도 자신이 죄라도 지은 양 매우 괴로워했다. 친구는 이 사실을 수년간 비밀로 묻어두었다. 그래도 신앙심을 버리지 않았고, 지금은 개신교 교회에 다닌다. 그런데 주변 사람들이 그런 끔찍한 일을 겪고도 여전히 신을 믿는 내 친구를 이해할 수 없다며 비웃는다고 했다. 그들이 하는 행동은 신앙인 비하에 해당한다. 자신들의 행동을 역지사지로 생각하지 않는 한, 이런 생각은 못 할 것이다. 그들에게는 피해자의 수치심을 생각하는 시각이 필요하다. 이는 우리 모두에게 필요하다.

다음 과제는 수치심을 낳는 행동을 포착한 다음 이를 분석하는 것이다. 신앙심을 비웃는 행동이 사회에서 자주 본 모습을 따라 한 것인지, 개인의 상처나 불만에서 나온 행동인지, 아니면 일종의 개종 전략인지 살펴본다(내 친구는 자기 친구들을 '무신론 전도사'라고 부른다). 또 이들이 사제에게 학대당한 피해자를 비난하는지 아니면 교회를 향해 비판하는 것인지, 또 그런 비난으로 누가 어떤 이득을 보는지, 그 이득이 돈인지 지위인지 관계의 우위인지를 따져본다.

답은 명확하지 않을 수 있다. 그래도 그런 질문을 머릿속에 인지해야 우리의 행동도 달라진다. 머릿속에 수치심 항목을 만들어놓아야 무례한 댓글, 추잡한 비교행위, 남을 폄하하려는 리트윗, 불가능한 기대치 등 자존감을 꺾는 행동을 자제할 수 있다.

해로운 수치심인지 아닌지 판별할 때, 나는 우선 네·아니오 질문을 해본다. 예를 들어 그 사람에게 실행할 수 있는 선택지가 있는지 묻는다. 우리가 앞서 만난 젊은 시절의 블라섬 로저스는 크랙 중독자에 무일푼이고 플로리다주 어느 다리 밑에 세워둔 차

안에서 잠드는 신세였다. 이런 사람이 근사하게 차려입고 이력서를 출력해서 접수원 업무에 지원하는 일이 가능할까?

이는 현실적인 선택이 아니다. 그렇게 하려면 로저스는 상당 기간 재활치료를 받으며 자기 목소리와 의지를 되찾아야 한다. 한 인간으로서 자신을 긍정해야 한다. 따라서 경찰이 차에서 블라섬을 끌어내고 제압한 다음 몸수색을 하고 형사사법제도의 깊은 틈바구니에 집어넣는 것은 수치심을 일으키는 가장 잔인한 행동일 것이다. 이런 방식으로는 블라섬을 '올바른' 선택으로 이끌지 못한다. 블라섬에게 필요한 것은 도움이다.

두 번째로, 모욕당하는 대상에게 현실을 바꿀 힘이 있는지 확인해본다. 수십 명의 여성이 하비 와인스타인의 연쇄 성범죄를 방치한 영화사 미라맥스 필름을 비판했을 때, 영화사 이사회는 와인스타인을 해고할 권한이 있었는가? 당연히 있었다. 기업 이사회, 대학 총장, 최고 실권자 등이 모두 블라섬 로저스나 조애나 맥케이브와는 전혀 다른 위치에 있다. 맥케이브는 월마트 매장 통로에서 전동 카트가 뒤집히는 바람에 온라인에서 실컷 조롱당한 여성이었다. 선택권, 목소리, 권력 등이 타격 대상에게 없다면, 우리는 다른 방식으로 접근해야 하지 않을까?

우리가 할 수 있는 가장 중요한 행동은 남들이 약자를 놀릴 때 이에 동참하고 싶은 욕구를 억누르는 것이다. 상당수의 조롱 행위가 온라인에서 일어난다. 온종일 운이 따라주지 않는 유명인부터 이상한 디자인의 수영복을 입은 사람, 아메리카 원주민 노인과 험악한 눈싸움을 한 우익 고등학생까지, 모두가 온라인에서 놀림당한다. 조롱은 직장이나 동네, 어린이 야구장에서도 일어날 수 있다. 누가 잘못이라도 하면 다들 한마디씩 해도 되는 줄 안다. 저널리스트 에즈라 클라인은 이렇게 지적했다. "평범한 사람을 떼 지어 공격할 목적으로 소셜 미디어를 이용하면 안 된다."[3]

타격 대상에게 실행할 수 있는 선택지가 있고 경로를 바꿀 만한 힘이 있더라도, 우리는 무엇을 목표로 조롱하는지 따져봐야 한다. 그 사람의 행동을 고치려는 걸까? 나의 정의감을 친구들에게 과시하려는 걸까? 새로 뜬 캐런 영상은 충분히 공유되지 않았나? 이 여성이 직장을 잃고 다시는 일자리를 구하지 못하길 바라는 걸까? 공공연한 인종차별 행위를 인종차별이라고 외치는 게 의미가 있을까? 시야를 넓혀 인종차별의 원인을 짚어야 하지 않을까? 경찰이 애초에 백인에게 관대하게 공권력을 행사하고 백인의 경비대 역할을 자처하는 이유가 뭘까? 우리가 할 일은 리트윗이 아니라 경찰 개혁이 아닐까?

분노하지 말자. 무의식적으로 약자에게 분노하지 않는 것이 중요하다. 세상에는 분노할 일이 차고 넘친다. 분노는 중독성이 있다. 교도소 개혁에 힘쓰거나 유권자 억압에 저항하고 싶다면 뛰어들라. 그러나 종종 우리는 분노로써 행동을 대신하는데, 분노하면 속이 후련해지고 돈도 안 들기 때문이다. 분노는 모욕 행위를 부추길 뿐이다. 화가 치밀어오를 때, 내가 자기만족을 위해 화를 내는 건 아닌지 돌이켜보자.

다음으로, 수치심 전략이 언제 실제 효력을 갖는지 고민해야 한다. 타격 대상이 선택권과 목소리를 갖추는 것도 필요하지만, 동시에 구성원들 사이에 공유 규범과 신뢰가 있어야 한다. 이게 빠진다면 수치심 전략은 괴롭힘이거나 무익한 행동, 또는 둘 다일 것이다.

통통한 딸에게 무안을 주지 말고 신나치주의에 빠진 아들에게 지나친 훈계도 하지 말자. 역효과를 낳거나 장차 아이들의 선택지를 좁힐 뿐이다. 가치에 관한 이야기는 얼마든지 해도 좋지만, 아이에게 필요하고 아이가 원하는 것에 주목하면서, 아이 스스로 바람직하고 건전한 선택을 하도록 이끌어주자. 다른 사람의 입장에 서봐야 한다. 우리에게 에너지와 시간이 있다면 존엄성의 범위를 확대해보자. 그러면 분노에서 벗어나 남을 이해를 하는 데 도움이 되고 건설적인 단계로 나아갈 수 있다.

공감과 용서

"그냥 공감하라!"라는 나의 조언을 듣기 전에, 공감이 만병통치약은 아니라는 점을 기억해두자. 인간은 본성상 나와 비슷한 사람에게 쉽게 공감하므로, 공감에는 편견이 있을 수밖에 없다. 심리학자 자밀 자키는 『공감은 지능이다 The War for Kindness』에서, 백인 경찰들이 동료의 부패를 보고도 그에게 연민을 느껴, 이를 보고하거나 비판하지 않고 감싼 사례들을 언급했다.[4] 동료와 같이 훈련했거나, 동료의 가족이 걱정되어 그랬는지도 모른다. 이러한 부족 본능tribal instincts이 발동하면 우리는 내집단을 보호하고 외집단을 가차 없이 공격하려 든다. 사법제도에도 이와 동일한 역학이 작동한다. 사법제도를 이끄는 내집단은 외집단(이 논의에서는 유색인종)을 비난하고 이들을 대거 투옥하거나 심지어 사형에 처한다.

따라서 공감은 꼭 필요하지만, 이것만으로는 사회의 병폐를 바로 잡지 못한다. 대신 나름의 정당한 원칙을 세워야 한다. 되도록 다른 사람의 말을 믿으려는 태도가 이에 해당한다. 당사자가 의도하지 않았다고, 오해가 있을지 모른다고 생각해보는 것이다. 보통 실수를 저질렀을 때 당사자만큼 속상한 사람은 없다. 그러니 실수한 사람에게 내가 일을 망쳤을 때 받고 싶은 위로를 해주고, 인간적 존엄성을 지켜주도록 하자.

용서는 여러 가지 면에서 수치심의 이면이다.[5] 수치심이 상처를 찢어놓는다면, 용서는 상처를 봉합하는 힘이 있다. 넬슨 만델라는 "용서가 영혼을 자유롭게 한다. 용서가 두려움을 없앤다. (…) 따라서 용서는 아주 강력한 무기이다"라고 했다. 그렇지만 공감과 마찬가지로 용서는 힘든 일이며 일관된 기준을 세우기가 어렵다.

나는 이 책을 쓰면서 오스카 존스라는 수감자가 떠올랐다. 내가 그를 알게 된 건 재범再犯 알고리즘 분석 작업을 돕던 중 연방

교도소에서 그가 수십 년을 억울하게 복역했다는 사연을 접하면서였다. 핵심은 오스카 존스가 결백하다는 게 아니다. 그는 죄를 지었다. 아주 먼 과거에 끔찍한 범죄를 저질렀다. 40년도 더 전인 17살 때 70대 여성을 강간했다. 그는 보호자의 방임으로 일종의 아동학대를 받고 있었지만, 당연히 감옥에 가야 했다. 그는 38년 동안 묵묵히 수감생활을 하여 가석방을 승인받았다. 그러나 일리노이주에서 실시한 일련의 '재범 위험성' 평가에서 성범죄를 다시 저지를 가능성이 있다는 진단이 나왔다. 그는 3년을 더 갇혀 지내야 했다.

알고리즘 및 범죄 위험평가 전문가로서, 나는 오스카 측 변호사에게서 이 결정에 항소하도록 도와달라는 부탁을 받았다. 나는 법원에 서한을 보내 오스카가 감옥에서 달라진 모습이 재발 위험성 평가에 전혀 반영되지 않았다고 지적했다. 그 평가는 오스카를 성범죄자로 영원히 낙인찍었다. 이런 제도에서는 용서를 기대할 수 없다.

코로나로 2020년 3월에 예정됐던 증언 녹취deposition(재판에 앞서 쟁점을 명확히 하기 위해 변호사가 증인의 증언을 듣고 기록으로 남기는 절차 – 옮긴이)가 미뤄졌고, 이후 오스카는 폐암 4기라는 진단을 받았다. 2021년 초, 그는 석방됐다. 40년의 수감생활을 마치고 단 몇 주 동안 자유를 맛본 그는 4월 21일 가족에게 둘러싸여 눈을 감았다. 일리노이주는 그를 용서하지 않았지만, 가족은 그를 용서했다. 가족의 조건 없는 사랑과 보살핌은 용서와 공동체의 역할에 대한 진전한 실마리를 던져준다.

이 모든 과정을 지켜보며 나는 오스카 존스처럼 어린 시절 끔찍한 범죄를 저지른 사람을 어떻게 다뤄야 하나 의문이 들었다. 한편으로 그를 용서하는 것은 내 몫이 아니었다. 나는 그에게 당한 피해자가 아니었다.

다른 한편으로 내가 할 일은 오스카를 석방해야 한다고, 가짜 과학을 토대로 투옥 기간을 연장하면 안 된다고 주장하는 것이었다. 물론 사회에는 이런 입장에 반대하는 이들이 있다. 그들은 오스카 같은 사람이 평생 범죄에 묶여 우리의 시야에서 사라지기를, 감옥에 계속 갇혀있기를 바란다. 이런 견해는 이 세상에 선한 자와 악한 자가 있다는 단순한 이분법을 지탱하며, 악한 사람은 잘못된 선택을 했으니 옥에 가두고 인간성을 박탈해도 상관없다는 주장을 지지한다.

오늘날 수치심 체계에서 벗어나는 방법은, 사람들 스스로가 모두 실수하는 존재라는 점 그리고 우리 주변에 범죄를 저지르는 사람도 있다는 사실을 받아들이는 것이다. 인간은 자기가 한 행동에 책임을 지고 속죄해야 한다. 하지만 그 잘못 때문에 영원히 수치심의 늪에 갇혀야 하는가에 대해선 재고할 필요가 있다.[6]

본질적으로 수치심을 없애는 것은 그리 복잡하지 않다. 이는 저녁 식사 자리부터 복지사무소, 기업 이사회실에 이르기까지 제도적 영역이든 개인적 영역이든 모든 곳에서 모든 사람을 신뢰하고 존엄하게 대우하자고 요구하는 일이다.

서론: 존중이 사라진 사회, 혐오가 먹고사는 법

1 "Bat Wings and the Women Who Hate Them," Blue Hare, March 4, 2021, https://blueharemagazine.com/bat-wings-women-hate.

2 Barbara A. Babcock, "Pueblo Clowning and Pueblo Clay: From Icon to Caricature in Cochiti Figurative Ceramics, 1875–1900," in *Approaches to Iconology*(Leiden: E. J. Brill, 1988).

3 Paul Gilbert, "Evolution, Social Roles, and the Differences in Shame and Guilt," *Social Research* 70, no.4 (2003): 1205–1230, http://www.jstor.org/stable/40971967.

4 P. A. DeYoung, *Under-standing and Treating Chronic Shame: A Relational/Neurobiological Approach*(New York: Routledge, 2015).

5 Frank Bruni, "Am I My Brother's Keeper?," *The New York Times*, May 12, 2002, https://www.nytimes.com/2002/05/12/magazine/am-i-my-brother-s-keeper.html.

6 Thomas Farragher and Sacha Pfeiffer, "More Clergy Abuse, Secrecy Cases," *The Boston Globe*, May 1, 2012, https://www.bostonglobe.com/news/special-reports/2002/12/04/more-clergy-abuse-secrecy-cases/O5QkXOZG73XodD0X5hcPzJ/story.html.

1. 비만: 뚱뚱하다는 죄

1 Angelina R. Sutin and Antonio Terracciano, "Perceived Weight Discrimination and Obesity," *PLOS One* 8, no.7(July 24, 2013), https://doi.org/10.1371/journal.pone.0070048.

2 Gina Kolata, "Why Do Obese Patients Get Worse Care? Many Doctors Don't See Past the Fat," *The New York Times*, September 25, 2016, https://www.

nytimes.com/2016/09/26/health/obese-patients-health-care.html.

3   Stuart Wolpert, "Dieting Does Not Work, UCLA Researchers Report," UCLA
    Newsroom, April 3, 2007, https://newsroom.ucla.edu/releases/Dieting-Does-
    Not-Work-UCLA-Researchers-7832.

4   "The $72 Billion Weight Loss & Diet Control Market in the United States,
    2019-2023," *Business Wire*, February 25, 2019, https://www.businesswire.
    com/news/home/20190225005455.

5   Matthew Rees, "'Hooked' Review, Lured into Gluttony," *The Wall Street
    Journal*, March 11, 2021, https://www.wsj.com/articles/hooked-review-lured-
    into-gluttony -11615505415.

6   Daniel Luzer, "It's Not Just All of the People around You That Are Getting
    Fatter," *Pacific Standard*, June 14, 2017, https://psmag.com/social-justice/just-
    people-getting-fatter-65342.

7   Joseph P. Williams, "Scientific, Societal Factors to Blame for Obesity Epidemic,"
    U.S. News & World Report, May 16, 2019, https://www.usnews.com/news/
    healthiest-communities/articles/2019-05-16/understanding-obesity-in-
    america.

8   Jacques Peretti, "Fat Profits: How the Food Industry Cashed In on Obesity," *The
    Guardian*, August 7, 2013, https://www.theguardian.com/lifeandstyle/2013/
    aug/07/fat-profits-food-industry-obesity.

9   Susan A. Jebb et al., "Primary Care Referral to a Commercial Provider for
    Weight Loss Treatment versus Standard Care: A Randomised Controlled Trial,"
    The Lancet 378, no.9801 (October 22, 2011): 1485-1492, https://doi.org/10.1016/
    S0140-6736(11)61344-5.

10 Michael R. Lowe, Tanja V. E. Kral, and Karen Miller-Kovach, "Weight-Loss
    Maintenance 1, 2 and 5 Years after Successful Completion of a Weight-Loss
    Programme," *British Journal of Nutrition* 99, no.4 (April 2008): 925-930,
    https://doi.org/10.1017/S0007114507862416.

11 Kayla Reynolds, "Why Diets Don't Work," Noom, https://web.noom.com/
    blog/2016/12/diets-dont-work/.

12 S. O. Chin et al., "Successful Weight Reduction and Maintenance by Using a
    Smartphone Application in Those with Overweight and Obesity," *Scientific*

Reports, 6, no.1(2016), https://doi.org/10.1038/srep34563.

13 Alanna Nuñez, "Rachel Frederickson, The Biggest Loser, and Losing Weight Fast," *Shape*, April 3, 2014, https://www.shape.com/celebrities/rachel-frederickson-biggest-loser-and-losing-weight-fast.

14 Gina Kolata, "After 'The Biggest Loser,' Their Bodies Fought to Regain Weight," *The New York Times*, May 2, 2016, https://www.nytimes.com/2016/05/02/health/biggest-loser-weight-loss.html.

15 A. Chiu, "Jillian Michaels Asked Why People Are 'Celebrating' Lizzo's Body. Critics Slammed Her as 'Fatphobic,'" *The Washington Post*, January 9, 2020, https://www.washingtonpost.com/nation/2020/01/09/jillian-michaels-lizzo-fat-shaming/.

16 Jerica M. Berge et al., "Cumulative Encouragement to Diet from Adolescence to Adulthood: Longitudinal Associations with Health, Psychosocial Well-Being, and Romantic Relationships," *Journal of Adolescent Health* 65, no.5(November 2019): 690-697, https://doi.org/10.1016/j.jadohealth.2019.06.002.

2. 약물 중독: 낙인찍기와 책임 회피

1 Annie Broughton, "Blossom Rogers, Michelle Roberson, Sherry Anne, Part 1," *Florida Nite Line*, April 4, 2018, https://www.youtube.com/watch?v=WEiDg5187bc.

2 Cornelius Stafford, *Testify: Journey from Detour to Destiny; Five Stories of Transforming Life's Tragedies into Life's Triumphs* (CS Inspires Productions, 2017).

3 Matt Treeby and Raimondo Bruno, "Shame and Guilt-Proneness: Divergent Implications for Problematic Alcohol Use and Drinking to Cope with Anxiety and Depression Symptomatology," *Personality and Individual Differences* 53, no.5(October 2012): 613-617, https://doi.org/10.1016/j.paid.2012.05.011.

4 Shelly A. Wiechelt, "The Specter of Shame in Substance Misuse," *Substance Use & Misuse* 42, no.2-3(2007): 399-409, https://doi.org/10.1080/10826080601142196.

5 Susan Kitchens, "Shaming Smokers Can Backfire," *The Wall Street Journal*, June 8, 2020, https://www.wsj.com/articles/shaming-smokers-can-

backfire-11591640792.

6   Blossom Rogers, interview by the author, March 3, 2020.

7   Zoe Romanowsky, "What Happened to the Crack Babies?," *Crisis Magazine*, April 20, 2010, https://www.crisismagazine.com/2010/what-happened-to-the-crack-babies.

8   Dorothy E. Roberts, "Punishing Drug Addicts Who Have Babies: Women of Color, Equality, and the Right of Privacy," *Harvard Law Review* 104, no.7 (May 1991): 1419–1482.

9   Michel Martin, "Crack Babies: Twenty Years Later," National Public Radio, May 3, 2010, https://www.npr.org/templates/story/story.php?storyId=126478643.

10   Craig S. Palosky, "Born to the Burden of Crack," *The Boston Globe*, August 18, 1989.

11   "Annual Determination of Average Cost of Incarceration," *Federal Register*, April 30, 2018, https://www.federalregister.gov/documents/2018/04/30/2018-09062/annual-determination-of-average-cost-of-incarceration.

12   Kara Gotsch and Vinay Basti, "Capitalizing on Mass Incarceration: U.S. Growth in Private Prisons," The Sentencing Project, August 2, 2018, https://www.sentencingproject.org/publications/capitalizing-on-mass-incarceration-u-s-growth-in-private-prisons/.

13   Christopher Rowland, "Prescription Opioids Destroyed Families. Now, Victims Worry Addiction Stigma May Keep Them from Getting Justice," *The Washington Post*, December 2, 2019, https://www.washingtonpost.com/business/economy/prescription-opioids-destroyed-families-now-victims-worry-addiction-stigma-may-keep-them-from-getting-justice/2019/12/02/02f51c9e-0642-11ea-b17d-8b867891d39d_story.html.

14   "Medication-Assisted Treatment Improves Outcomes for Patients with Opioid Use Disorder," Pew Charitable Trusts, November 22, 2016, https://www.pewtrusts.org/en/research-and-analysis/fact-sheets/2016/11/medication-assisted-treatment-improves-outcomes-for-patients-with-opioid-use-disorder.

15   "Security Officer Charged with Stealing Insulin from St. Louis Park Clinic," FOX 9 Minneapolis–St. Paul, July 25, 2019, https://www.fox9.com/news/securityofficer-charged-with-stealing-insulin-from-st-louis-park-clinic.

16 Eric Westervelt, "County Jails Struggle with a New Role as America's Prime Centers for Opioid Detox," National Public Radio, April 24, 2019, https://www.npr.org/2019/04/24/716398909/county-jails-struggle-with-a-new-role-as-americas-prime-centers-for-opioid-detox.

17 The notice of hearing where Jennifer Warren's license was revoked mentions she "used and exploited her clients for her personal benefit"; see https://www.documentcloud.org/documents/4365410-Notice-of-Hearing-022212.html#document/p13/a404194.

18 Amy Julia Harris and Shoshana Walter, "She Said She'd Free Them from Addiction. She Turned Them into Her Personal Servants," *Reveal*, May 21, 2018, https://revealnews.org/article/drug-users-got-exploited-disabled-patients-got-hurt-one-woman-benefited-from-it-all/.

3. 빈곤: 가난한 자들을 위한 나라는 없다

1 Scott Hutchins, interview by the author, August 17, 2020.

2 Martin Gilens, *Why Americans Hate Welfare: Race, Media, and the Politics of Antipoverty Policy* (Chicago: University of Chicago Press, 1999).

3 Shawn Fremstad, "The Official U.S. Poverty Rate Is Based on a Hopelessly Out-of-Date Metric," *The Washington Post*, September 16, 2019, https://www.washingtonpost.com/outlook/2019/09/16/official-us-poverty-rate-is-based-hopelessly-out-of-date-metric/.

4 Mihir Zaveri, "Number of Homeless Students Rises to New High, Report Says," *The New York Times*, February 2, 2020, https://www.nytimes.com/2020/02/03/us/Homeless-students-public-schools.html?smid=nytcore-ios-share.

5 Issac Bailey, "Stop Shaming Poor People for Being Poor," CNN Opinion, March 29, 2017, https://www.cnn.com/2017/03/29/opinions/stop-shaming-poor-for-being-poor-bailey/index.html.

6 Bettina Elias Siegel, "Shaming Children so Parents Will Pay the School Lunch Bill," *The New York Times*, April 30, 2017, https://www.nytimes.com/2017/04/30/well/family/lunch-shaming-children-parents-school-bills.html.

7   Ivana Hrynkiw, "'I Need Lunch Money,' Alabama School Stamps on Child's Arm," *Birmingham Real-Time News*, March 7, 2019, https://www.al.com/news/birmingham/2016/06/gardendale_elementary_student.html.

8   Neal Gabler, "The Secret Shame of Middle-Class Americans," *The Atlantic*, May 2016, https://www.theatlantic.com/magazine/archive/2016/05/my-secret-shame/476415/.

9   Arnoud Plantinga and Seger M. Breugelmans, "Shame in Poverty and Social Withdrawal," Open Science Framework, March 2017, https://www.arnoudplantinga.nl/pdf/Shame%20in%20Poverty%20and%20Social%20Withdrawal.pdf.

10 Jordan Weissmann, "The Failure of Welfare Reform," *Slate*, June 1, 2016, https://slate.com/news-and-politics/2016/06/how-welfare-reform-failed.html.

11 "Policy Basics: The Earned Income Tax Credit," Center on Budget and Policy Priorities, December 10, 2019, https://www.cbpp.org/research/federal-tax/policy-basics-the-earned-income-tax -credit.

12 Lloyd Doggett, "Rep. Doggett: It's Time to Fix the Broken Welfare System," TalkPoverty, April 22, 2016, https://talkpoverty.org/2016/08/22/rep-doggett-time-fix-broken-welfare-system/.

13 "What Is 'Deep Poverty'?," Center for Poverty & Inequality Research, University of California, Davis, January 16, 2018, https://poverty.ucdavis.edu/faq/what-deep-poverty.

14 Angela Rachidi, "How Would a Child Allowance Affect Unemployment?," American Enterprise Institute, February 8, 2021, https://www.aei.org/poverty-studies/how-would-a-child-allowance-affect-employment/.

15 GuideStar Profile, Center for Employment Opportunities, Inc., https://www.guidestar.org/profile/13-3843322.

16 Duane Townes, interview by the author, April 11, 2020.

17 David Robinson, interview by the author, April 9, 2020.

18 Cindy Redcross et al., "More Than a Job: Final Results from the Evaluation of the Center for Employment Opportunities (CEO) Transitional Jobs Program," MDRC, OPRE Report 2011–2018, January 2012, https://www.mdrc.org/sites/

default/files/full_451.pdf.

19 Tamir Rosenblum, email to the author, April 3, 2020.

20 Dallas Augustine, Noah Zatz, and Naomi Sugie, "Why Do Employers Discriminate against People with Records?," UCLA Institute for Research on Labor and Employment, July 2020, https://irle.ucla.edu/wp-content/uploads/2020/07/Criminal-Records-Final-6.pdf.

21 Erin Hatton, ed., *Labor and Punishment: Work in and out of Prison* (Oakland: University of California Press, 2021).

22 The company insists that it complies with all wage and hour laws and that "CEO has worked to develop and refine an evidence-based program model which has consistently demonstrated reductions in recidivism in high-quality studies." They encourage readers to visit their website (ceoworks.org) to read their reports.

23 Y. Shoda, W. Mischel, and P. K. Peake, "Predicting Adolescent Cognitive and Self-Regulatory Competencies from Preschool Delay of Gratification: Identifying Diagnostic Conditions," *Developmental Psychology* 26, no.6(1990): 978–986, https://doi.org/10.1037/0012-1649.26.6.978.

24 Proverbs 21:20 (New International Version).

25 Tyler W. Watts, Greg J. Duncan, and Haonan Quan, "Revisiting the Marshmallow Test: A Conceptual Replication Investigating Links between Early Delay of Gratification and Later Outcomes," *Psychological Science* 29, no.7(2018): 1159–1177, https://journals.sagepub.com/doi/10.1177/0956797618761661.

4. 외모: 코르셋을 권하는 사회

1 Krista Torres, "It Used to Be Common for Women to Use Lysol to Clean Their Vagina and Here's Why," BuzzFeed, May 22, 2020, https://www.buzzfeed.com/kristatorres/women-used-to-wash-their-vaginas-with-lysol-so-heres-how-an.

2 Rose Eveleth, "Lysol's Vintage Ads Subtly Pushed Women to Use Its Disinfectant as Birth Control," *Smithsonian*, September 30, 2013, https://www.smithsonianmag.com/smart-news/lysols-vintage-ads-subtly-pushed-

women-to-use-its-disinfectant-as-birth-control-218734/.

3   Robert H. Shmerling, "FDA Curbs Unfounded Memory Supplement Claims," Harvard Health Blog, May 31, 2019, https://www.health.harvard.edu/blog/fda-curbs-unfounded-memory-supplement-claims-2019053116772.

4   Jen Gunter, "Merchants of Shame," *The Vajenda*, February 24, 2021, https://vajenda.substack.com/p/merchants-of-shame.

5   Vagisil, "In the Know: Vaginal Odor," https://www.vagisil.com/health-guide/vaginal-odor.

6   https://www.vagisil.com/products.

7   https://drjengunter.com.

8   Gunter, "Merchants of Shame."

9   Jocelyn J. Fitzgerald (@jfitzgeraldMD), Twitter, February 6, 2021, https://twitter.com/jfitzgeraldMD/status/1358083328864354310.

10   Marissa DeSantis, "Kardashian Rich List: From Kim Kardashian Reaching Billionaire Status to Kylie's *Actual* Net Worth," *Evening Standard*, September 10, 2020, https://www.standard.co.uk/insider/celebrity/kardashian-family-net-worth-a4484961.html.

11   Heather R. Gallivan, "Teens, Social Media and Body Image," Park Nicollet Melrose Center, Spring 2014, https://www.macmh.org/wp-content/uploads/2014/05/18_Gallivan_Teens-social-media-body-image-presentation-H-Gallivan-Spring-2014.pdf.

12   David Gelles, "Gwyneth Paltrow Is All Business," *The New York Times*, March 6, 2019, https://www.nytimes.com/2019/03/06/business/gwyneth-paltrow-goop-corner-office.html.

13   Ashton Applewhite, interview by the author, November 19, 2018.

14   Chiara Eisner, "Americans Took Prevagen for Years–as the FDA Questioned Its Safety," *Wired*, October 21, 2020, https://www.wired.com/story/prevagen-made-millions-fda-questioned-safety.

15   "FDA Warning Letter to Quincy Bioscience," Casewatch, Quackwatch, October 16, 2012, https://quackwatch.org/cases/fdawarning/prod/fda-warning-letters-about-products-2012/quincy.

16   Shmerling, "FDA Curbs Unfounded Memory Supplement Claims."

17 Federal Trade Commission and People of the State of New York v. Quincy Bioscience Holding Company, Inc., case 17–3745, March 5, 2018, https://www. ftc.gov/system/files/documents/cases/quincy_bioscience_ca2_ftc_brief_special_ appendix_2018–0228.pdf.

18 Megan L. Head et al., "The Extent and Consequences of P-Hacking in Science," *PLOS Biology* 13, no.3(2015), https://doi.org/10.1371/journal.pbio. 1002106.

19 Federal Trade Commission, case 17–3745.

20 D. Hicks and D. Tutu, *Dignity: The Essential Role It Plays in Resolving Conflict* (New Haven, Conn.: Yale University Press, 2011).

5. 사이버 불링: 공유, 좋아요 그리고 돌 던지기

1 Jennifer Knapp Wilkinson, " 'My 15 Minutes of Fame': What Happened When a Cruel Photo of Me Went Viral," Today.com, January 30, 2017, https://www. today.com/health/my-15-minutes-fame-what-happened-when-cruel- photo-me-t107163.

2 Molly Crockett, interview by the author, October 16, 2020.

3 Jon Ronson, *So You've Been Publicly Shamed* (New York: Picador, 2015).

4 Evan Gerstmann, "The Level of Violent Imagery Directed against Covington High Boys Is Dangerous and Wrong," *Forbes*, January 24, 2019, https://www. forbes.com/sites/evangerstmann/2019/01/24/the-level-of-violent-imagery- directed-against-covington-high-boys-is-dangerous-and-wrong/.

5 "Multiple Investigations into Twitter Users Making Terroristic Threats against Covington Students," Fox News, January 23, 2019, https://www.foxnews. com/transcript/report - multiple-investigations-into-twitter-users-making- terroristic-threats-against-covington-students.

6 Zack Beauchamp, "The Real Politics behind the Covington Catholic Controversy, Explained," *Vox*, January 23, 2019, https://www.vox.com/policy- and-politics/2019/1/23/18192831/covington-catholic-maga-hat-native- american-nathan-phillips.

7 Julian Barnes, *The Man in the Red Coat* (New York: Knopf, 2020).

8 Jeff Horwitz and Deepa Seetharaman, "Facebook Executives Shut Down

Efforts to Make the Site Less Divisive," *The Wall Street Journal*, May 26, 2020, https://www.wsj.com/articles/facebook-knows-it-encourages-division-top-executives-nixed-solutions-11590507499.

9 Laura W. Murphy, "Facebook's Civil Rights Audit," July 8, 2020, https://about.fb.com/wp-content/uploads/2020/07/Civil-Rights-Audit-Final-Report.pdf.

10 Nadra Nittle, "Spend 'Frivolously' and Be Penalized under China's New Social Credit System," *Vox*, November 2, 2018, https://www.vox.com/the-goods/2018/11/2/18057450/china-social-credit-score-spend-frivolously-video-games.

11 Sarah Esther Lageson, "There's No Such Thing as Expunging a Criminal Record Anymore," *Slate*, January 7, 2019, https://slate.com/technology/2019/01/criminal-record-expungement-internet-due-process.html.

12 Body Tune, Slim & Skinny Photo Reviews 2021, https://justuseapp.com/en/app/1222515036/body-tune-slim-skinny-photo/reviews.

6. 차별: 차별의 네트워크

1 Merrit Kennedy, "Fired after Calling 911 on a Black Bird-Watcher, Amy Cooper Sues for Discrimination," National Public Radio, May 27, 2021, https://www.npr.org/2021/05/27/1000831280/amy-cooper-911-call-black-bird-watcher-lawsuit.

2 Andrew Marantz, "When an App Is Called Racist," *The New Yorker*, July 29, 2015, https://www.newyorker.com/business/currency/what-to-do-when-your-app-is-racist.

3 Leon Festinger, Henry W. Riecken, and Stanley Schachter, *When Prophecy Fails* (Minneapolis: University of Minnesota Press, 1956).

4 @MizFlagPin, Twitter, July 1, 2020, https://twitter.com/MizFlagPin/status/1278178042171572224.

5 Ben Mathis-Lilley, "Andrew Cuomo Blames 'Cancel Culture' for Dozens of Accounts of Him Being a Lying, Obnoxious Creep," *Slate*, March 12, 2021, https://slate.com/news-and-politics/2021/03/andrew-cuomo-wont-resign-blames-cancel-culture-for-reports-hes-a-lying-obnoxious-creep.html.

6 Christian Cooper, "Opinion: Christian Cooper: Why I Have Chosen Not to Aid the Investigation of Amy Cooper," *The Washington Post*, July 14, 2020, https://

www.washingtonpost.com/opinions/christian-cooper-why-I-am-declining-to-be-involved-in-amy-coopers-prosecution/2020/07/14/1ba3a920-c5d4-11ea-b037-f9711f89ee46_story.html.

7 Bennett Minton, "The Lies Our Textbooks Told My Generation of Virginians about Slavery," *The Washington Post*, July 31, 2020, https://www.washington post.com/outlook/slavery-history-virginia-textbook/2020/07/31/d8571eda-d1f0-11ea-8c55-61e7fa5e82ab_story.html.

8 Eddie S. Glaude, Jr., "Blaming Trump Is Too Easy: This Is Us," Deadline White House, August 5, 2019, https://www.msnbc.com/deadline-white-house/watch/blaming-trump-is-too-easy-this-is-us-65354309615.

9 E. Pendharkar, "A $5 Million Fine for Classroom Discussions on Race? In Tennessee, This Is the New Reality," *Education Week*, August 4, 2021, https://www.edweek.org/leadership/a-5-million-fine-for-classroom-discussions-on-race-in-tennessee-this-is-the-new-reality/2021/08.

10 Martin Berny, "The Hollywood Indian Stereotype: The Cinematic Othering and Assimilation of Native Americans at the Turn of the 20th Century," *Angles*, October 2020, https://doi.org/10.4000/angles/331.

11 Gwynne Hogan and Jake Offenhartz, "Angry Upper West Siders Wanted Homeless 'Scum' Out of Their Neighborhood. De Blasio Took Their Side," *Gothamist*, September 11, 2020, https://gothamist.com/news/angry-upper-west-siders-wanted-homeless-scum-out-their-neighborhood-de-blasio-took-their-side.

12 Dave Karpf, Twitter, August 26, 2019, https://twitter.com/davekarpf/status/1166094950024515584.

13 Hannah Knowles, "Bret Stephens Is Still Talking about Bedbugs—and Now, the Language of the Holocaust," *The Washington Post*, August 31, 2019, https://www.washingtonpost.com/arts-entertainment/2019/08/31/bret-stephens-is-still-talking-about-bedbugs-now-language-holocaust.

14 Bret Stephens, "World War II and the Ingredients of Slaughter," *The New York Times*, August 30, 2019, https://www.nytimes.com/2019/08/30/opinion/world-war-ii-anniversary.html.

15 David Karpf, "Op-Ed: I Made a Joke about Bret Stephens and Bedbugs. His

Response Was Never about Civility," *Los Angeles Times*, August 28, 2019, https://www.latimes.com/opinion/story/2019 08-28/bedbug-bret-stephens-twitter-speech-civility-new-york-times.

16 Karpf, "I Made a Joke about Bret Stephens."

17 Stacy Conradt, "How Barbra Streisand Inspired the 'Streisand Effect,'" *Mental Floss*, August 18, 2015, https://www.mentalfloss.com/article/67299/how-barbra-streisand-inspired – streisand-effect.

18 "A Letter on Justice and Open Debate," *Harper's Magazine*, August 21, 2020, https://harpers.org/a-letter-on-justice-and-open-debate.

19 Jennifer Schuessler and Elizabeth A. Harris, "Artists and Writers Warn of an 'Intolerant Climate.' Reaction Is Swift," *The New York Times*, July 7, 2020, https://www.nytimes.com/2020/07/07/arts/harpers-letter.html.

20 DMP from Pennsylvania. Comment on: Schuessler and Harris, "Artists and Writers Warn of an 'Intolerant Climate.' Reaction Is Swift." Comment posted July 8, 2020.

21 "'Segregation Forever': A Fiery Pledge Forgiven, but Not Forgotten," *All Things Considered*, Radio Diaries, National Public Radio, January 10, 2013, https://www.npr.org/2013/01/14/169080969/segregation-forever-a-fiery-pledge-forgiven-but-not-forgotten.

22 Jonathan Capehart, "Opinion: How Segregationist George Wallace Became a Model for Racial Reconciliation," episode 6 of "Voices of the Movement," *The Washington Post*, May 16, 2019, https://www.washingtonpost.com/opinions/2019/05/16/changed-minds-reconciliation-voices-movement-episode.

23 Capehart, "How Segregationist George Wallace Became a Model for Racial Reconciliation."

7. 인셀: 피해의식과 폭력성의 발현

1 "Retribution," YouTube, May 24, 2014, *The New York Times*, https://www.nytimes.com/video/us/100000002900707/youtube-video-retribution.html.

2 Dean C. Alexander and Dominic Lesniewski, "The Violent Fringe of the Incel Movement," Police1, Lexipol, September 19, 2019, https://www.police1.

com/mass-casualty/articles/the-violent-fringe-of-the-incel-movement-M2E5rlB5BYTDesoL.

3 Bradley Hinds, interviews by the author, August 7 and August 17, 2020.

4 "Demographics of Inceldom," Incels Wiki, June 7, 2021.

5 Sylvia Jaki et al., "Online Hatred of Women in the Incels.me Forum: Linguistic Analysis and Automatic Detection," *Journal of Language Aggression and Conflict* 7, no.2(2019): 240–268, https://doi.org/10.1075/jlac.00026.jak.

6 "Joe Rogan-Jordan Peterson Clarifies His Incels Comment," YouTube, July 2018, JRE Clips, https://www.youtube.com/watch?v=jsMqSBB3ZTY.

7 Nellie Bowles, "Jordan Peterson, Custodian of the Patriarchy," *The New York Times*, May 18, 2018, https://www.nytimes.com/2018/05/18/style/jordan-peterson-12-rules-for-life.html.

8 Robin Hanson, "Two Types of Envy," Overcoming Bias, April 26, 2018, https://www.overcomingbias.com/2018/04/two-types-of-envy.html.

9 Nellie Bowles, "'Replacement Theory,' a Racist, Sexist Doctrine, Spreads in Far-Right Circles," *The New York Times*, March 18, 2019, https://www.nytimes.com/2019/03/18/technology/replacement-theory.html.

10 Cristian Martini Grimaldi, "The Social Suicide of Japan's 'Hikikomori'" UCA News, December 28, 2020, https://www.ucanews.com/news/the-social-suicide-of-japans-hikikomori/90827#.

11 Sekiguchi Hiroshi, "Islands of Solitude: A Psychiatrist's View of the Hikikomori," Nippon.com, December 13, 2017.

12 Gavin Blair, "In Japan, Extreme Bids to Help Hikikomori Are Causing Them Further Distress," *South China Morning Post*, June 27, 2020, https://www.scmp.com/week-asia/people/article/3090786/japan-extreme-bids-help-hikikomori-are-causing-them-further.

13 Blair, "In Japan, Extreme Bids to Help Hikikomori."

14 Michael S. Kimmel, "The Making-and Unmaking-of Violent Men," in *Healing from Hate: How Young Men Get into-and out of-Violent Extremism* (Oakland: University of California Press, 2018), 1–27.

8. 공공 에티켓: 팬데믹과 마스크

1 Robert Barnes et al., "Supreme Court Appears Ready to Uphold Affordable Care Act over Latest Challenge from Trump, GOP," *The Washington Post*, November 10, 2020, https://www.washingtonpost.com/politics/2020/11/10/ scotus-hearing-aca-live-updates.

2 Amanda Hess, "The Social-Distancing Shamers Are Watching," *The New York Times*, May 11, 2020, https://www.nytimes.com/2020/05/11/arts/social-distance-shaming.html.

3 sonia(@soniapatriot), Twitter, June 26, 2020.

4 Robert L. Klitzman, "If You See Someone Not Wearing a Mask, Do You Say Something?," *The New York Times*, September 10, 2020, https://www.nytimes.com/2020/09/10/well/live/mask-shaming.html.

5 Annie Gowen, "'God Be with Us,'" *The Washington Post*, December 9, 2020, https://www.washingtonpost.com/nation/2020/12/09/south-dakota-mitchell-covid-masks.

6 J. Clara Chan, "NIH Official to Retire after He's Exposed as RedState Editor Who Called Fauci a 'Mask Nazi'" TheWrap, September 21, 2020, https://www.thewrap.com/nih-official-to-retire-after-hes-exposed-as-redstate-editor-who-called-fauci-a-mask-nazi.

7 Alain Labrique et al., "Webinar: National Pandemic Pulse Round 1," covidinequities.org, November 12, 2020, https://www.covidinequities.org/post/webinar-national-pandemic-pulse-round-1.

8 Stefan Riedel, "Edward Jenner and the History of Smallpox Vaccination," *Baylor University Medical Center Proceedings* 18, no.1(2005), https://www.tandfonline.com/doi/abs/10.1080/08998280.2005.11928028.

9 A. Sabra, J. A. Bellanti, and A. R. Colón, "Ileal-Lymphoid-Nodular Hyperplasia, Non-Specific Colitis, and Pervasive Developmental Disorder in Children," *The Lancet*, 352, no.9123(1998): 234-235, https://doi.org/10.1016/s0140-6736(05)77837-5.

10 Saundra Young, "Black Vaccine Hesitancy Rooted in Mistrust, Doubts, WebMD, February 2, 2021, https://www.webmd.com/vaccines/covid-19-vaccine/news/20210202/black-vaccine-hesitancy-rooted-in-mistrust-doubts.

11 "The Tuskegee Timeline," Centers for Disease Control and Prevention, April 22, 2021, https://www.cdc.gov/tuskegee/timeline.htm.

12 "Henrietta Lacks: Science Must Right a Historical Wrong," editorial, *Nature* 585, no.7(September 2020), https://www.nature.com/articles/d41586-020-02494-z.

13 H. Dreyfus, "Why Some Orthodox Jewish Women Won't Get Vaccinated," *The New York Times*, June 11, 2021, https://www.nytimes.com/2021/06/11/nyregion/orthodox-jewish-vaccinations.html.

14 T. Armus, "Brooklyn's Orthodox Jews Burn Masks in Violent Protests as New York Cracks Down on Rising Coronavirus Cases," *The Washington Post*, October 8, 2020, https://www.washingtonpost.com/nation/2020/10/08/orthodox-jews-protest-covid-brooklyn/.

15 I. Derysh, "Fauci 'Absolutely Not' Surprised Trump Got COVID: He 'Equates Wearing a Mask with Weakness'" *Salon*, October 19, 2020, https://www.salon.com/2020/10/19/fauci-absolutely-not-surprised-trump-got-covid-he-equates-wearing-a-mask-with-weakness.

16 Derek Hawkins, "117 Staffers Sue over Houston Hospital's Vaccine Mandate, Saying They Don't Want to Be 'Guinea Pigs'" *The Washington Post*, May 30, 2021, https://www.washingtonpost.com/nation/2021/05/29/texas-hospital-vaccine-lawsuit.

17 Kristen Choi(@kristenrchoi), "I'm often asked 'Why are so many nurses declining the COVID vaccine?' - & I'm usually unsure how to respond. I'm torn between being embarrassed/upset by low vaccine uptake among nurses or sympathetic to the reasons why nurses don't automatically trust hospitals & biomedicine." Twitter, April 9, 2021, https://twitter.com/kristenrchoi/status/1380705692684754945.

18 Stephanie Sierra, "Pacifica Yoga Studio Continues to Hold 'Mask Free, Virus Free' Classes, Prompts New Investigation," ABC7 San Francisco, KGO-TV, December 20, 2020, https://abc7news.com/pacifica-beach-yoga-bay-area-indoor-classes-studio-defies-covid-19-order-san-mateo-health-noncompliance/8910067.

19 Jan Hoffman, "Clergy Preach Faith in the Covid Vaccine to Doubters," *The New York Times*, March 14, 2021, https://www.nytimes.com/2021/03/14/health/

clergy-covid-vaccine.html.

20 Katie Jackson, "For Gathering Safely with Her Congregation and Traveling: Pastor Gets COVID-19 Vaccine" WellSpan Health, May 21, 2021, https://www.wellspan.org/news/story/for-gathering-safely-with-her-congregation-and-traveling-pastor-gets-covid-19-vaccine/N6392.

9. 권력과 저항: 촛불집회, 미투 운동, 부당해고

1 Jennifer Jacquet, *Is Shame Necessary? New Uses for an Old Tool* (New York: Vintage, 2016).

2 Frederick Douglass, letter, Glasgow (Scotland), April 15, 1846. To Horace Greeley. Philip Fonered, *Life and Writings of Frederick Douglass*, vol.1 (New York: International Publishers, 1950), 144.

3 Chukwuemeka Anyikwa, "End Sars Protests: Why Anthony Unuode Gave His Life for a Better Nigeria," BBC News, November 3, 2020, https://www.bbc.com/news/world-africa-54747916.

4 M. Buhari, "The hard work to deliver a better Nigeria continues, building on the foundations of peace, rule of law and opportunities for all. We have no other motive than to serve Nigeria with our hearts and might, and build a nation which we and generations to come can be proud of", pic.twitter.com/EOO5To78mL, Twitter, https://mobile.twitter.com/mbuhari/status/11007970663 91867392?lang=bg.

5 "Gandhi's Salt March, the Tax Protest That Changed Indian History", https://www.history.co.uk/article/gandhis-salt-march-the-tax-protest-that-changed-indian-history.

6 Whitney Sanford, "What Gandhi Can Teach Today's Protesters," ed. Beth Daley, The Conversation, October 1, 2017, https://theconversation.com/what-gandhi-can-teach-todays-protesters-83404.

7 E. Andrews, "When Gandhi's Salt March Rattled British Colonial Rule," *The Daily Star*, March 14, 2021, https://www.thedailystar.net/in-focus/news/when-gandhis-salt-march-rattled-british-colonial-rule-2060665.

8 Daniel Lewis, "Larry Kramer, Playwright and Outspoken AIDS Activist, Dies at 84," *The New York Times*, May 27, 2020, https://www.nytimes.

com/2020/05/27/us/larry-kramer-dead.html.

9 Larry Kramer, "An Open Letter to Dr. Anthony Fauci," *The Village Voice*, May 31, 1988, https://www.villagevoice.com/2020/05/28/an-open-letter-to-dr-anthony-fauci.

10 Alex Witchel, "At Home With: Larry Kramer; When a Roaring Lion Learns to Purr," *The New York Times*, January 12, 1995, https://www.nytimes.com/1995/01/12/garden/at-home-with-larry-kramer-when-a-roaring-lion-learns-to-purr.html.

11 Zack Beauchamp, "Sarah Sanders and the Failure of 'Civility'" *Vox*, June 25, 2018, https://www.vox.com/policy-and-politics/2018/6/25/17499036/sarah-sanders-red-hen-restaurant-civility.

12 E. Board, "Let the Trump Team Eat in Peace," *The Washington Post*, June 25, 2018, https://www.washingtonpost.com/opinions/let-the-trump-team-eat-in-peace/2018/06/24/46882e16-779a-11e8-80be-6d32e182a3bc_story.html.

13 @NeverAgainMSD, Facebook, February 15, 2018.

14 Laura Ingraham(@IngrahamAngle), "David Hogg Rejected By Four Colleges To Which He Applied and whines about it. (Dinged by UCLA with a 4.1 GPA ⋯ totally predictable given acceptance rates.), https://t.co/wflA4hWHXY," Twitter, March 28, 2018, https://twitter.com/ingrahamangle/status/979021639458459648?lang=en.

15 David Hogg (@davidhogg111), "Pick a number 1-12 contact the company next to that # Top Laura Ingraham Advertisers: 1. @sleepnumber 2. @ATT 3. Nutrish 4. @Allstate & @esurance 5. @Bayer 6. @RocketMortgage Mortgage 7. @LibertyMutual 8. @Arbys 9. @TripAdvisor 10. @Nestle 11. @hulu 12. @Wayfair", Twitter, March 28, 2018, https://twitter.com/davidhogg111/status/979168957180579840?lang=en.

16 E. Edwards, "3 Boston-Area Businesses Pull Ads from Fox News Show after David Hogg Comment", *The Daily Free Press*, April 4, 2018, https://dailyfreepress.com/2018/04/04/3-boston-area-businesses-pull-ads-from-fox-news-show-after-david-hogg-comment.

17 @ChunkFlex158, Twitter, June 7, 2021. The original tweet and associated account no longer exist.

18 Nadeem Muaddi and Jamiel Lynch, "Publix Suspends Political Contributions following Criticism for Supporting Pro-NRA Candidate," CNN Politics, May 26, 2018, https://www.cnn.com/2018/05/25/politics/publix-putnam-hogg-protest/index.html.

19 David Hogg(@davidhogg111), "@Publix is a #NRASellOut In Parkland we will have a die in the Friday (the 25th) before memorial day weekend. Starting at 4pm for 12 min inside our 2 Publix stores. Just go an lie down starting at 4. Feel free to die in with us at as many other @Publix as possible", Twitter, May 23, 2018, https://twitter.com/davidhogg111/status/999288175511113729?lang=en.

20 R. Farrow, "From Aggressive Overtures to Sexual Assault: Harvey Weinstein's Accusers Tell Their Stories," *The New Yorker*, October 10, 2017, https://www.newyorker.com/news/news-desk/from-aggressive-overtures-to-sexual-assault-harvey-weinsteins-accusers-tell-their-stories.

21 Irin Carmon and Amy Brittain, "Eight Women Say Charlie Rose Sexually Harassed Them-with Nudity, Groping and Lewd Calls," *The Washington Post*, November 20, 2017, https://www.washingtonpost.com/investigations/eight-women-say-charlie-rose-sexually-harassed-them-with-nudity-groping-and-lewd-calls/2017/11/20/9b168de8-caec-11e7-8321-481fd63f174d_story.html.

22 Audrey Carlsen et al., "#MeToo Brought Down 201 Powerful Men. Nearly Half of Their Replacements Are Women," *The New York Times*, October 23, 2018, https://www.nytimes.com/interactive/2018/10/23/us/metoo-replacements.html.

23 Blair Rotstein, "How Do Men Feel about #MeToo? Some Are Sad & Angry, Others Feel 'Nothing'" *Flare*, February 28, 2018, https://www.flare.com/news/how-do-men-feel-about-metoo.

24 Carrie C(@brutalcountry), "Hey, @adultswim and @cartoonnetwork, how do you feel about this racist post from Squidbillies voice actor, #stuartbaker? Pic.twitter.com/wWKlXAS9Uf" Twitter, August 13, 2020, https://twitter.com/brutalcountry/status/1294098886617858049.

25 Tim Clodfelter, "'Squidbillies' Drops Lead Actor after Controversial Posts,"

Winston-Salem Journal, August 16, 2020, https://journalnow.com/entertainment/squidbillies-drops-lead-actor-after-controversial-posts/article_7b41f368-e015-11ea-980d-4f5a32112ada.html.

26 Andy Swift, "Fired Squidbillies Star Sounds Off: 'I Hope You A-holes Are Happy'" TVLine, August 18, 2020, https://tvline.com/2020/08/18/squidbillies-star-fired-stuart-baker-response-controversy.

27 Joy Buolamwini and Timnit Gebru, "Gender Shades: Intersectional Accuracy Disparities in Commercial Gender Classification," ed. Sorelle A. Friedler and Christo Wilson, *Proceedings of Machine Learning Research* 81 (2018): 1-15, https://proceedings.mlr.press/v81/buolamwini18a/buolamwini18a.pdf.

28 Nitasha Tiku, "Google Hired Timnit Gebru to Be an Outspoken Critic of Unethical AI. Then She Was Fired for It," *The Washington Post*, December 23, 2020, https://www.washingtonpost.com/technology/2020/12/23/google-timnit-gebru-ai-ethics.

29 Karen Hao, "We Read the Paper That Forced Timnit Gebru out of Google. Here's What It Says," *MIT Technology Review*, December 4, 2020, https://www.technologyreview.com/2020/12/04/1013294/google-ai-ethics-research-paper-forced-out-timnit-gebru.

30 Casey Newton, "The Withering Email That Got an Ethical AI Researcher Fired at Google," Platformer, December 3, 2020, https://www.platformer.news/p/the-withering-email-that-got-an-ethical.

31 Larry W. Sonsini, David J. Segre, and William H. Hinman, Amendment No.4 to Form S-1 Registration Statement, Google, July 26, 2004, https://www.sec.gov/Archives/edgar/data/1288776/000119312504124025/ds1a.htm.

32 "Standing with Dr. Timnit Gebru - #ISupportTimnit #BelieveBlackWomen," Google Walkout for Real Change, Medium, December 3, 2020, https://googlewalkout.medium.com/standing-with-dr-timnit-gebru-isupporttimnit-believeblackwomen-6dadc300d382.

33 Ina Fried, "Scoop: Google CEO Pledges to Investigate Exit of Top AI Ethicist," Axios, December 9, 2020, https://www.axios.com/sundar-pichai-memo-timnit-gebru-exit-18b0efb0-5bc3-41e6-ac28-2956732ed78b.html.

34 Tom Simonite, "A Second AI Researcher Says She Was Fired by Google,"

Wired, February 19, 2021, https://www.wired.com/story/second-ai-researcher-says-fired-google.

35 "On the Firing of Dr. Timnit Gebru," Google Docs, accessed June 7, 2021, https://docs.google.com/document/d/1ERi2crDToYhYjEjxRoOzO-uOUeLgdoLPfnx1JOErg2w/view.

36 MMitchell(@mmitchell_ai), Twitter, February 19, 2021, https://twitter.com/mmitchell_ai/status/1362885356127801345?lang-en.

10. 자아존중감 극복의 굴레

1 Mark Hyman, *The Eat Fat, Get Thin Cookbook: More Than 175 Delicious Recipes for Sustained Weight Loss and Vibrant Health* (New York: Little, Brown, 2016).

결론: 누구에게 책임을 물어야 하는가

1 Abby Goodnough, "This Addiction Treatment Works. Why Is It So Underused?," *The New York Times*, October 27, 2020, https://www.nytimes.com/2020/10/27/health/meth-addiction-treatment.html.

2 "Milano-Tokyo Dialogue over Hikikomori," *Hikikomori News*, August 7, 2017, http://www.hikikomori-news.com/?p=2380.

3 Ezra Klein, "A Different Way of Thinking about Cancel Culture," *The New York Times*, April 18, 2021, https://www.nytimes.com/2021/04/18/opinion/cancel-culture-social-media.html.

4 Jamil Zaki, *The War for Kindness: Building Empathy in a Fractured World* (New York: Crown, 2019), 134.

5 K. Thelwell, "9 inspiring Nelson Mandela quotes on forgiveness," The Borgen Project, November 5, 2019, https://borgenproject.org/nelson-mandela-quotes-on-forgiveness.

6 In *Hiding from Humanity*, Martha C. Nussbaum masterfully argues against the explicit use of shame and disgust in our penal code on legal, moral, and ethical grounds. Martha C. Nussbaum, *Hiding from Humanity: Disgust, Shame, and the Law* (Princeton, N.J.: Princeton University Press, 2009).

옮긴이 김선영

이화여자대학교 신문방송학과를 졸업하고 서울대학교 대학원에서 경제학을 공부했다. 현재 바른번역에서 전문 번역가로 활동 중이다. 옮긴 책으로는 『마인』『정의는 어떻게 실현되는가』『개소리는 어떻게 세상을 정복했는가』『금융의 지배』『엑소더스』『식량의 종말』등이 있다.

세임 머신

초판 1쇄 발행 2023년 4월 3일
초판 2쇄 발행 2023년 4월 18일

지은이 캐시 오닐
옮긴이 김선영
펴낸이 유정연

이사 김귀분
기획편집 신성식 조현주 유리슬아 서옥수 황서연 **디자인** 안수진 기경란
마케팅 이승헌 반지영 박중혁 하유정 **제작** 임정호 **경영지원** 박소영 **교정교열** 고정용

펴낸곳 흐름출판(주) **출판등록** 제313-2003-199호(2003년 5월 28일)
주소 서울시 마포구 월드컵북로5길 48-9(서교동)
전화 (02)325-4944 **팩스** (02)325-4945 **이메일** book@hbooks.co.kr
홈페이지 http://www.hbooks.co.kr **블로그** blog.naver.com/nextwave7
출력·인쇄·제본 (주)상지사 **용지** 월드페이퍼(주) **후가공** (주)이지앤비(특허 제10-1081185호)

ISBN 978-89-6596-563-3 03300